野球独立リーグの教科書

夢だけじゃない、ビジネスだけでもない

It's not just a dream, it's not just a business

広尾 晃
Koh Hiroo

彩流社

はじめに……7

第一章　そもそも独立リーグとは何か？……9
1-0　「独立リーグ」前史　10
1-1　「四国アイランドリーグplus」波頭を越えて、フロンティアの船出　16
1-2　一人の凄腕営業マンが興した、日本最大の独立リーグ、「ルートインBCリーグ」　30
1-3　大都市圏、関西に誕生した「関西独立リーグ（初代）」、その波乱に満ちた歩み　44
1-4　「負の遺産」からのスタート？・徐々に特色を打ち出しつつある「さわかみ関西独立リーグ」　52
1-5　〝ベースボール〟と〝フロンティア〟、北の大地で異なる道を歩み始めた二つの独立リーグ、その未来は？　59
1-6　社会人野球の運営実績を背景にスタートした「ヤマエグループ九州アジア野球リーグ」の矜持と先進性　67
1-7　「野球好き経営者」が、新風を起こす。「日本海オセアンリーグ」の将来性。　75
コラム①　藤川球児、高知ファイティングドッグスに入団　85
ソフトバンク又吉克樹選手のメッセージ　88

第二章　データで見る独立リーグ……89
2-1　観客動員はプロ野球の100分の1　90
2-2　経営規模もプロ野球の100分の1　94
2-3　経営の実態と経営者の意識　100

2-4 NPBへの人材輩出 108
2-5 NPB選手の復帰 123
コラム② マニー・ラミレスの独立リーグ珍道中 127
ソフトバンク藤井皓哉選手のメッセージ 130
第三章 独立リーグの文化とステイタス…… 131
3-1 「選手」以前よりシビアになった独立リーガーを取り巻く環境 132
3-2 「指導者」常に「斜め上」を見ながら 141
3-3 「経営者」野球界とは違う「肌合い」？ 149
3-4 「審判」「公式記録員」NPBと独立リーグをつなぐ「かけはし」 159
3-5 「スポンサー」どんなメリット、意義があるのか？ 165
3-6 「行政」独立リーグの「信用」の後ろ盾として 172
3-7 「ファン」何を求めて応援し続けるのか？ 179
3-8 「IPBL」独立リーグの信用とステイタスを担保する 186
3-9 「スキャンダル、不祥事」信用を徹底的に破壊する「宿痾」 192
3-10 アメリカのマイナーリーグ、独立リーグ 196
コラム③ 男、村田修一、栃木の晴れ姿 205
女子プロ野球と独立リーグ 208

第四章　独立リーグの「ビジネスモデル」はどうあるべきか？……209
4-1　鍵山誠・NPBとの連携で未来を目指せ　210
4-2　小崎貴紀・独立リーグ、IPBLの現在と未来　216
4-3　村山哲二・存在意義は「地域創生」にある。選手育成はその「手段」　221
4-4　荒井健司・「NPBへの選手輩出」というビジネスモデル　226
4-5　馬郡健・「身の丈に合った経営」のさらに先を目指すべき　232
4-6　小林至・NPBのマイナーリーグ化に向けて努力すべし　236
4-7　根鈴雄次・独立リーグからNPBにすぐに移籍できる道筋を　242
4-8　荒木重雄・スタジアムをいっぱいにするコンテンツ　247
4-9　石毛宏典・独立リーグの創設、志半ばとはなったが　254
寄稿①『ビッグバンの波は、いまも――』スポーツライター　高田博史　262
ジャパンウィンターリーグ　268
第五章　独立リーグ球団の戦績、変遷……269
5-1　四国アイランドリーグPlus　270
5-2　ルートインBCリーグ　279
5-3　ヤマエグループ九州アジアリーグ（KAL）　295
5-4　北海道フロンティアリーグ（HFL）　298

5-5　関西独立リーグ（初代/KANDOK）　301
5-6　ジャパン・フューチャーベースボールリーグ(JFBL)　307
5-7　さわかみ関西独立リーグ(KANDOK)　309
5-8　北海道ベースボールリーグ(HBL)　314
5-9　日本海オセアンリーグ(NOL)　318
5-10　IPBLグランドチャンピオンシップ戦績　323

寄稿②地域にとっての独立リーグの意味・役割　中村哲也氏、野水愛氏　324

提言　僭越ながら　330
1．球団経営者に　330
2．選手に　333
3．日本野球界に　336

あとがき……　338
参考資料……　341

（※写真は表記がない限り筆者が撮影した）

はじめに

筆者が初めて独立リーグの試合を見たのは２００５年のことだった。当時、大阪市の旅行会社に勤務していたが、観光地視察のついでに香川県の試合を観に行ったのだ。初年度の四国アイランドリーグだったが、すでに応援団がいてテレビカメラも入り、小ぶりながらも「プロ野球」の体裁を整えていた。

しかしお客は数百人で、のんびりした空気が漂っていた。筆者は十数年前まで熱心に通っていた大阪球場や日生球場のパ・リーグの試合を思い出したものだ。

率直に言って、こんな貧弱な「プロ野球」が長続きするようにも思えなかった。

しかし独立リーグはその後も命脈を保ち、次第にエキスパンション（拡張）もするようになった。

筆者は２０１０年頃から野球のブログを書き始め、それがきっかけで野球ライターになったが、それ以降は独立リーグの取材に通うようになった。

新参者の筆者にとって、ＮＰＢは敷居が高かった。取材申請をしてもなかなか難しいことも多かった。独立リーグはその点気軽で、申請すれば簡単に取材することができた。

取材を重ねているうちに、独立リーグの様々な特性や、問題点なども見えてくるようになった。

筆者はライター稼業が長く、会社の経営者に話を聞く機会が多かった。また事業計画を立てるような仕事も多かったが、そうした観点で独立リーグの長所、短所が見えてくるようになった。

いつの日か「独立リーグのビジネス」について本を書きたいと言う思いを抱くようになったが、率直に言って独立リーグは数あるカテゴリーの中で、非常に人気薄なのだ。相当な野球通であっても、独立リーグは見たことがない、何をしているのかわからない、と言う人がかなり多い。

メディアも独立リーグネタはいい顔をしないことが多かった。筆者はNumber Web、東洋経済オンライン、プレジデントオンラインなどに寄稿しているがそのままの「独立リーグネタ」では編集者があまり反応しない。元NPB選手や、NPBのドラフトとの関連性がある記事でなければ、掲載できないのが現状だ。

そのことも筆者にとっては大いに不満ではあった。

出版に当たっても、困難が予想されたが、彩流社さんが理解を示してくださって、刊行に至った。

この本では「誰が何勝した」「何本塁打打った」のような記事はほとんどない。独立リーグのビジネスモデルを中心とした記載が中心だ。

実は若い野球指導者などに話を聞くと「将来、地域に独立リーグ球団を作りたい」みたいな願望を抱く人がしばしばいる。そういう人を想定して「独立リーグのリアル」に迫ったつもりだ。

「教科書」とは僭越な言葉ではあるが、あえて背伸びをして書名を付けた次第だ。野球だけでなく地域スポーツに興味のある方に読んでいただければ幸いだ。

第一章　そもそも独立リーグとは何か？

知っているようでよく知らない「独立リーグの定義」と、その歴史について振り返る。さらには日本に現存する独立リーグの歩みを追いかける。

2015年四国アイランドリーグplus 高知と徳島の試合

1－0 「独立リーグ」前史

独立リーグは何から「独立」しているのか？

そもそもの話として「独立リーグ」とは、何か？　何から「独立」しているのか？

ひとことで言えば、野球の「独立リーグ」とは、その国の「トップリーグ」から独立しているリーグ、プロ野球のトップリーグの傘下にないチームによるリーグだ。

アメリカの東部でプロの野球チームが生まれたのは、19世紀半ばのことだ。そのなかの強豪チームが集まって初めてのメジャーリーグであるナショナル・リーグを結成したのは１８７６年。日本でいえば明治９年のことだ。

しかしこのときにいろいろな事情でナショナル・リーグに加わらなかったチームもあった。そうしたチームかが集まって別のリーグを作った。これらはメジャーリーグから見れば「独立したリーグ」になるので「Indipendent League」と呼ばれるようになったのだ。

さらに１９０１年にもう一つのメジャーリーグであるアメリカン・リーグができてＭＬＢ（メジャーリーグベースボール）が成立したが、この時点でもＭＬＢに加わらないチームが多数あり、複数の独立リーグが存在した。彼らは１９０１年にＮＡ（The National Association of Professional Baseball Leagues）を結成し、ＭＬＢとの間に移籍に関する契約を結んだ。下部組織を持っていなかった当時のＭＬＢ球団は、独立リーグのチームから選手をスカウトして補強した。ベーブ・ルースも独立リーグの一つ、インターナショナル・リーグのボルチモア・オリオールズ（現在のチームとは別）から引き抜かれＭＬＢアメリカン・リーグのボストン・レッドソックスに移籍した。レッドソックスからオリオールズには「移籍金」が支払われた。※詳細は三章3－10アメリカのマイナーリーグ、独立リーグを参照。

こうしたやり方が一般的だったが、ナショナル・リーグのセントルイス・カージナルスのＧＭブランチ・リッキーが独立リーグのチームをまるごと傘下に入れて選手の育成システムを作る。リッキーはこのやり方の方が独立リーグチームに移籍金を払って選手を獲得するより安上がりで確実だと考えたのだ。カージナルスが強豪チームになったので、以後、ＭＬＢ球団は次々と独立リーグのチームを傘下に入れる。こうして独立リーグの多くのチームは、メジャー傘下のマイナー球団になり、メジャー傘下の球団によるマイナーリーグが誕生した。

しかしそれでも独立リーグはまだ存続した。

ＭＬＢは１９５０年代まで西海岸には進出していなかった。ロサンゼルスやサンフランシスコなど西海岸では独立リーグ球団が人気を博していたが、１９５７年、ニューヨークを本拠とするブルックリン・ドジャースとニューヨーク・ジャイアンツが西海岸に移転しロサンゼルス・ドジャースとサンフランシスコ・ジャイアンツになり、西海岸の独立リーグ球団を傘下に収めたので、１９８０年代にはアメリカの独立リーグはいったん消滅した。

しかし1990年代に入り、MLBが球団拡張に乗り出すとともに、選手の絶対数が不足したこともあり、独立リーグが復活し、現在に至っている。

2022年、巨人で大活躍の元独立リーガー

現在、アメリカ、カナダには6つの独立リーグが存在している。このうち4つはMLB球団のパートナーリーグでスカウトや巡回コーチが定期的に見回るような関係にある。

またメキシコのプロリーグであるメキシカン・リーグは2020年までMLB傘下の「マイナーリーグAAAクラス」という格付けだったが、2021年からはMLBとの関係を解消し「海外の独立リーグ」になっている。

当然のことながら、独立リーグはMLBに比べて経済基盤が弱く、選手も実力的に劣るが、長い歴史を有するチームもあり、地域に密着して1万人近い観客を集めるチームもある。また、MLB球団を戦力外となり、独立リーグに移籍してから実力を蓄えて再びMLBと契約する選手も少数ながらいる。

2022年、巨人の新戦力として大活躍したアダム・ウォーカーは2012年ドラフト3巡目でツインズに入団したが、マイナーリーグの壁を破ることができず2018年、独立リーグ、アメリカン・アソシエーションのカンザスシティ・Tボーンズに移籍。翌年同じリーグのミルウォーキー・ミルクメンに移籍、この2チームで大活躍し、リーグMVPを2年連続で獲得し、巨人にやっ

てきた。メジャーリーガーではないので、年俸は巨人の外国人選手としては格安の３４００万円だったが、守備に難はあるものの殊勲打を連発して大注目される選手になっている。

アメリカの「独立リーグ」はＭＬＢ、マイナーリーグの階層には属さず、すそ野の一番下にあるが、それでも選手には出世のチャンスは残っている。また地域ではコミュニティの中心として、人々に親しまれている。

日本プロ野球草創期からあった「独立リーグ設立」の動き

日本でも「独立リーグ」は、日本のトッププロリーグである「ＮＰＢ」に属しないリーグと言うことになる。

その歴史は、日本プロ野球が誕生した１９３６年までさかのぼる。この年、讀賣新聞社長の正力松太郎は「日本職業野球連盟」を設立した。今のＮＰＢの始まりだが、ライバルの國民新聞社は同じタイミングで「大日本野球連盟」という別のリーグの設立を画策、國民新聞が親会社の大東京軍、新愛知新聞が親会社の名古屋軍の２チームを設立したが、リーグ構想はとん挫し、大東京軍、名古屋軍は正力が作った「日本職業野球連盟」に合流した。もしこのリーグができていたら、日本初の独立リーグになったはずだ。

戦後、プロ野球が再開し、人気がうなぎ上りに高まると、新規参入したい企業が増加。その一部が１９４７年に「国民リーグ」を設立した。結城ブレーブス、大塚アスレチックス、宇高レッド

位	前期	勝	敗	分	勝率	差
1	結城ブレーブス	20	10	0	0.667	-
2	大塚アスレチックス	17	13	0	0.567	3.0
3	宇高レッドソックス	16	14	0	0.533	1.0
4	唐崎クラウン	7	23	0	0.233	9.0

位	後期	勝	敗	分	勝率	差
1	大塚アスレチックス	15	6	0	0.714	-
2	結城ブレーブス	12	7	2	0.632	2.0
3	熊谷レッドソックス	9	10	2	0.474	3.0
4	唐崎クラウン	4	17	0	0.190	7.0

1947年　国民リーグのペナントレース結果

ソックス、唐崎クラウンの4球団からなる新リーグはペナントレースを開始したが、プロ野球側が球場を貸さないなどしたこともあり、資金不足のためリーグは1年で崩壊した。この「国民リーグ」が実際に稼働した日本初の独立リーグと言うことになる。

なお、これとは別に１９４５年、当時の日本プロ野球に参入しようとして果たせなかった東京カップスという球団もあったが、１９４６年に消滅した。

１９６９年には日本、アメリカ、ドミニカ共和国、ベネズエラ、プエルトリコを舞台にした「グローバルリーグ」が誕生した。これもＮＰＢやＭＬＢいずれにも属さない「独立リーグ」だ。日本では東京ドラゴンズが設立され、中日の本塁打王だった森徹がプレイングマネージャーになるが資金不足のため、1年で休止した。

ここまで日本で誕生した独立リーグはいずれも、「第3のリーグに」という目標を掲げ、先行するトップリーグであるＮＰＢ、セ・パ両リーグのシェアを奪い、対抗する目的で設立された。ＮＰＢ側は、当然、ライバル視し、非協力的だった。

しかし国民の圧倒的な支持を得る巨大スポーツ産業になっていたＮＰＢと競合するリーグの設立、

存続するのは、非常に厳しい道だったと言えるだろう。

石毛宏典氏が打ち出した新しい独立リーグ構想

２００４年に元西武、ダイエーのスター選手でオリックスの監督を務めた石毛宏典氏が打ち出した「独立リーグ構想」は従来のものとは全く異なるものだった。

石毛氏はアメリカの野球を視察し、ＭＬＢと独立リーグが協力関係にあり、共存していることを知った。そこで日本にもＮＰＢと共存できる新しいリーグの設立を思い立ち、オリックスの監督を辞した２００４年に構想を発表。四国アイランドリーグを設立し、リーグの運営会社ＩＢＬＪの社長に就任した。２００７年にはＢＣ（ベースボールチャレンジングリーグ）の設立にも関与、さらに２００９年には関西独立リーグを設立した。

石毛氏自身はその後、各リーグを離れたが、３つのリーグ共に経営難に見舞われるなど紆余曲折はあったものの存続している（関西独立リーグは一度解散し、新たな組織として発足）。これは「ＮＰＢと共存し、地方に野球のすそ野を広げる」という石毛氏の理念が正しかったことを意味している。経営手腕などは別にして、石毛宏典氏は日本の独立リーグのファウンダー（創業者）ということになろう。

これらのリーグからは毎年、ＮＰＢにドラフトで選手を送り込んでいる。ＮＰＢ球団のファームとの交流戦も実施、また監督やコーチの多くはＮＰＢで選手経験のある野球人が務めている。さらに審判員も交流している。

2014年には独立リーグの統括団体として日本独立リーグ野球機構（IPBL）が設立され、NPBやJABA（社会人野球）の交渉窓口になった。

2020年には北海道ベースボールリーグ、2021年には九州アジア野球リーグが誕生。2022年にはルートインBCリーグから日本海オセアンリーグが分離独立、北海道ベースボールリーグから北海道フロンティアリーグが独立、独立リーグは7リーグ30球団に拡大している。

各リーグ、球団のビジネスモデルは様々だが、設立から17年で日本の独立リーグは地域社会にすっかり定着したと言えるだろう。

ただ既存の独立リーグには「安値安定」の印象が強い。変質するスポーツ界にあって、独立リーグは「新たなビジネスモデルの創出」を志向すべき時に来ている。

1-1 「四国アイランドリーグplus」波頭を越えて、フロンティアの船出

石毛宏典氏が創設した独立リーグ

四国アイランドリーグは元西武、ダイエーのスター選手で、オリックスの監督を務めた石毛宏典氏が創設した。

石毛氏の著書「石毛宏典の『独立リーグ』奮闘記」（アトラス社刊）によれば、石毛氏は現役引退

後の1997年に1年間アメリカに野球留学をして、MLB傘下のマイナーリーグについてつぶさに実態を学んだ。オリックスの監督を辞した2003年、石毛氏は野球選手の受け皿が非常に少ない日本の現状を問題視し「若者がプロ野球を目指す夢のチャレンジの場を作り、元野球人が指導者として職場を得るにはどうしたらいいだろう」と考えて、独立リーグ創設を思い立ち、大学の同級生など数人の仲間と協議を始めたという。

石毛氏は千葉県の出身で、所属したチームも関東、九州、関西であり、四国には縁がなかったが、仲間と独立リーグ創設の話し合いを続けるうちに「四国がいいんじゃないか」と言う声が上がった。野球人気が高いうえに、高速道路が通っているから遠征もやりやすい、そして高校野球でも4県はライバル関係にあるから盛り上がるに違いない。

石毛氏の著書

石毛氏と仲間は、事業計画を立てた。年間90試合を行い、監督、コーチには5~600万円、選手には月20万円程度の給料を支払う。年間のコストは1億~1・5億円。リーグ全体の運営コストは6億円、入場者は平均800人、スポンサー収入は全体で2・4億円程度。

この計画は、17年後の現在からみればかなり甘い部分もあるが、健全な経営をしている独立リーグ球団の中には、この事業規模に近い運営をしている球団もある。事業のサイズとしてはほぼ妥当なものだったと言えよう。

しかし石毛氏のプロジェクトに決定的に欠けていたのは、球団、リーグを実際に運営する「実務家」だった。※四国アイランドリーグ草創期の状況については四章4-9で、石毛氏本人が語っている。

開幕前から躓いた経営

前年8月には四国コカ・コーラがメインスポンサーに決まるなど、事業は順調に進んでいるように思えた。9月30日には愛媛県で記者会見が行われたが、記者団に「球場の確保はできているのか」と質問されて、石毛氏は返答することができなかった。四国アイランドリーグは土日はデーゲーム、平日はナイターでの試合開催を中心に想定していたが、土日は高校野球や社会人などの試合で埋まっている。また高知県には照明施設がある野球場がなかった。独立リーグの構想は、肝心の球場の確保の見通しもないままに、ゴーサインが出てしまっていたのだ。

その後、地元との調整がついて球場は何とか確保することができたが、今度は11月に事業資金が底をついた。開幕すればスポンサー収入が入って来るが、それまでは、四国アイランドリーグを運営する株式会社IBLJの資本金1000万円を運転資金にしなければいけない。この手当ができていなかったのだ。石毛氏は奔走し、12月にようやく7000万円を増資することができた。このとき5000万円を出資したのがスポーツデータを手掛ける株式会社データスタジアムだった。この会社はＮＨＫ・ＢＳの野球番組「球辞苑」でもおなじみだが、日本初の本格的なスポーツアナリスト集団であり、その後、独立リーグの運営に深くかかわるようになる。※データスタジアムについては四章4-2、小崎貴紀氏の項参照。

開幕1か月余りで実質的な経営者交替

紆余曲折を経て4月29日に四国アイランドリーグは開幕したが、開幕から間もない5月下旬に株式会社ＩＢＬＪの資金が7月にもショートする見込みであることが明らかになった。開幕すれば入金されるはずのスポンサー収入が入金されなかったのだ。多くのスポンサーとは口約束のレベルであり、中には金額の設定もなかった企業もあった。石毛氏は債権支払いの延期を取引先に依頼するとともに、新たな出資先を探した。

開幕した2005年の試合風景

その中で、徳島インディゴソックスのスポンサー企業の社長だった鍵山誠氏が支援を申し出た。鍵山氏はここまでの株式会社ＩＢＬＪの迷走の責任を明らかにするために、石毛氏以外の経営陣の退陣を求めた。

8月に新体制が発足、石毛氏は経営陣に残ったが、鍵山氏やデータスタジアム、さらに四国の広告代理店であるセーラー広告株式会社が経営に参画した。

石毛氏は選手、指導者としてはともかく、経営者としては成功したとは言い難いが、自身の著書で四国アイランドリーグ設立から経営交代までの経緯を率直かつ真摯に振り返っている。石毛氏はリーグ運営に「失敗」したものの、素早く善後策を考え、保身にまわることなくリーグ存続のために奔走した。石毛氏のこの決断がなければ、その後の独立リーグの物語は続かなかったことを考えると、石毛宏典氏は「独立リーグのファウンダー」として功績があると考えるべきだろう。

事業を引き継いだ鍵山誠氏は語る。

「四国アイランドリーグの徳島のスポンサーになったのは、四国コカ・コーラさんのご紹介でした。でも徳島球団も経営実態がなかったので、僕が担当したような形になっていました。IBLJを引き継いだ時には、すでに資金ショートしていたので、資金をこちらから出しました。そもそも会計の方がいなかったので、請求書が来たら払うような感じで、1年目だけでも結構なお金が出ていきました。

セーラー広告さんも広告費の支払いが滞ったので経営に参画し、データスタジアムさんからは小崎貴紀さんが加わって、経営を担うことになりました」

何とか2005年のシーズンを終えることができ、高知ファイティングドッグスが初代王者となる。また、この年12月1日NPBドラフト会議の育成ドラフトで西山道隆(愛媛→ソフトバンク)と中谷翼(愛媛→広島)が初めてNPBからの指名を受けた。

育成とは言え、1年目からNPBに選手を輩出できたことは、今から思えば驚くべきことではある。これは四国アイランドリーグの選手のレベルが1年目から相当に高かったことを意味している。また石毛氏のコネクションもあったから、NPBのスカウトが1年目から注目したとは言えるだろう。

1年目からNPBに選手を輩出

1年目は、徳島、愛媛、香川、高知の4球団をIBLJ1社で運営していたが、2年目の2006年に、それぞれを別会社として独立させることにした。当初はIBLJの100%出資だったが、経営を引き継いでくれる会社、個人を地元で探した。8月にIBLJは徳島、愛媛、香川の3球団の経営を引き継いでくれる新会社に売却したと発表したが、高知だけは引き継ぐ企業が見つからず、引き続きIBLJが直轄で経営することになる。

2005年開幕年の観客席

2006年11月21日NPBドラフト会議で深沢和帆(香川→巨人)と角中勝也(高知→ロッテ)が指名され、育成ドラフトでも伊藤秀範(香川→ヤクルト)が指名される。

このうち角中はロッテの中心打者に成長し、首位打者2回、1000本安打など輝かしい実績を上げる。角中は、独立リーグのステイタスを向上させるうえで、多大な貢献をしている。

以後も、現在に至るまで、四国アイランドリーグからは毎年、ドラフトでNPBに入団する選手が出ている。

2007年に、四国アイランドリーグ創設者の石毛宏典氏は、コミッショナーを退任した。

またこの年には福岡、長崎で球団創設の動きがあり、リーグは四国・九州アイランドリーグと名称を変更することになる。

こうして日本初の本格的な独立リーグである四国アイランドリーグは船出し、港を出ることができた。しかしここからの航路も決して順風満帆ではなかった。

4球団の経営変革

2006年に分社化した四国4球団だが、各球団ともに経営者が代わっている。

徳島インディゴソックスは、当初、徳島県の医療関係企業だったユーセイホールディングスが主たる出資者になっていたが、2010年3月に撤退。一時はリーグ運営会社IBLJが暫定的に運営していたが、2015年1月に株式会社パブリックベースボールクラブ徳島が設立され、事業を継承している。

高知ファイティングドッグスは2006年の分社化時点では事業継承者が見つからずIBLJ直轄となったが、翌2007年10月に高知ファイティングドッグス球団株式会社が設立された。

2014年には四国初の「10年選手」となった梶田宙氏が引退して社長に就任したが、2018年に株式会社高知犬が事業を引き継いでいる。

香川オリーブガイナーズは2006年に設立された香川オリーブガイナーズ球団株式会社が今も運営しているが、経営主体は香川県の交通事業会社東交バスを経て、現在は電気通信事業の株式会社サクセスが事業を継承している。2017年から21年まで初の女性社長である三野環氏が球団運営を切り盛りして注目を集めた。

愛媛マンダリンパイレーツは、愛媛県内の広告代理店の星企画が愛媛マンダリンパイレーツ球団株式会社を設立したが、2010年に愛媛県と県内全市町、さらに県内の多くの有志企業から出資を仰ぎ、愛媛県民球団株式会社となった。独立リーグには他にも「県民球団」を名乗る球団があるが、100%地元出資の球団は愛媛だけである。※三章3-6「行政」を参照。

各球団は、経営者の交代だけでなく、その都度ビジネスモデルも変化し、ここまでやってきた。

九州、三重の新加入球団は長続きせず

2008年には九州で新球団加入の動きがあった。一つは長崎セインツがこの年からリーグ参加、2009年前期は優勝し、この年ドラフトで松井宏次が楽天で育成指名されるなど、実力的には4球団にそん色がなかったが、2010年経営破綻した。

同年、福岡県を本拠とする福岡レッドワーブラーズもリーグ戦に参加、このオフには金無英がド

ラフト6位でソフトバンクから指名され入団したが、2009年に経営難に陥り、球団としては活動を停止。

さらに、2011年にはジャパン・フューチャーベースボールリーグに参加していた三重スリーアローズがリーグ戦に参加したが、このシーズン限りでリーグを脱退し11月にはチームは解散している。

四国以外のチームは長続きしなかった。一つは、地理的な制約。四国の4チームはバスで半日以内の移動が可能で、宿泊は必要ないが、九州、三重県のチームは宿泊が伴うことが多い。時間的、経済的な負担は小さなものではなかった。

もう一つは地元の支援。2005年オフに四国アイランドリーグが分社化するに際して四国四県の知事は、「分社化しておらが町の球団となった方が、応援のし甲斐がある」と理解を示した。紆余曲折を経て地元が応援する機運ができていたのだ。

しかし長崎、福岡、三重ではそうした支援体制が万全ではなかったと言えるだろう。独立リーグ球団は「地元の支援」が不可欠なのだ。

四国アイランドリーグは2008年九州球団の加入と共に四国・九州アイランドリーグとなり、2011年には九州球団の脱退と三重県球団の加入によって四国アイランドリーグ plus となった。そして三重が脱退後もこの名称を名乗っている。これはエキスパンションなどの可能性を否定していないということになるだろう。

2014年8月　四国・香川とソフトバンク3軍の交流戦

NPBやアメリカとの積極的な交流

四国アイランドリーグは、設立当初からNPBとの交流を積極的に行ってきた。

2007年からNPB12球団秋季教育リーグ（みやざきフェニックス・リーグ）に連合チームを組んで参加。2008年からはイースタン・リーグ混成チームのフューチャーズとの交流戦に参加。さらに2011年から福岡ソフトバンクホークス3軍と交流戦を実施、2012年からはNPB球団に所属する育成選手を独立リーグ所属球団に派遣する制度が開始。2016年からは読売巨人軍（3軍）と定期交流戦を実施。

特に、ソフトバンク3軍との交流戦は各球団8試合、計32試合も行われている。四国の側は公式戦に組み入れているが、この交流戦を通じて、選手、指導者はNPB選手との「実力差」を実感できる。NPBのスカウトにとっても四国の選手の品定めをするうえで格好の機会になっている。

2021年、高知の藤井皓哉はソフトバンク3軍を相手にノーヒットノーランを記録した。藤井は前年広島を戦力外になって高知に入団したが、ソフトバンクは藤井の実力を評価して育成で獲得、2022年春、藤井は支配下登録され、セットアッパーとして「勝利の方程式」を担った。

ＩＰＢＬの設立と４球団の〝独り立ち〟

２０１４年、設立10年目を迎えた四国アイランドリーグplusはこの年、大きな節目を迎えた。

９月１日に四国アイランドリーグplusとルートインBCリーグは、一般社団法人日本独立リーグ野球機構（ＩＰＢＬ）を設立した。独立リーグが試合開催や選手獲得などの活動が活発になるにつれて、社会人野球（公益財団法人日本野球連盟、ＪＡＢＡ）や学生野球（公益財団法人 日本学生野球協会、ＪＳＢＡ）と折衝、交渉する機会が増えてきた。従来は「独立リーグ連絡協議会（ＪＩＢＬＡ）」という任意団体が窓口になっていたが、法人格のある交渉団体を作る必要性が高まり、設立に至った。会長は四国の鍵山誠氏、副会長はルートインBCリーグ代表の村山哲二氏が務めた。

ＩＰＢＬの設立によって独立リーグには日本野球界における「一定のステイタス」を得たと言えよう。またＩＰＢＬは加盟に当たっての審査を行っている。審査をパスして加盟しているリーグ、球団は一定の信頼がおけると言えよう。（※三章３－８「ＩＰＢＬ」を参照。）

四国アイランドリーグ plus 設立１０周年のポスター

またこの年12月に行われた四国アイランドリーグ10周年の記念式典で、鍵山誠氏は大胆なリーグ改革案を提示した。これまで前後期３か月、90試合行っていたリーグ戦を前後期２か月68試合に圧縮した。それとと

もに、4球団の「経済的な自立」を促した。鍵山氏は球団経営者、関係者、報道陣を前に

「この10年間、リーグの赤字は私が経営する企業グループが補てんをしてきました。しかし、こんなことがいつまでも続くわけではない。11年目からは自分たちで黒字にすること。収支が黒字になれば、少なくとも赤字を出さなければ、リーグをずっと続けていける。高い理想ばかり求めて突然死するわけにはいきません。１００点取ることを目指して倒れてしまうより、70点でも取り続けて存続するほうが選手にとっても大事だし、観客の皆さんにとっても大切だと思ったのです」と語った。

この式典では4球団の収支が公表されたが、ここで出た赤字をすべて鍵山氏の企業で負担していたのだ。

１０周年記念式典、鍵山理事長を中心に当時の経営陣が壇上に

翌２０１５年から4球団は、純然たる独立採算企業となって、収入の範囲で球団を切り盛りすることになった。

また２０１５年からは北米の独立リーグ球団と交流戦を行うことも発表された。選抜チーム「四国アイランドリーグ plus ALLSTARS」が結成され、前後期の間の期間に北米を遠征した。２０１６年、２０１９年と行われたが、コロナ禍以降は行われていない。

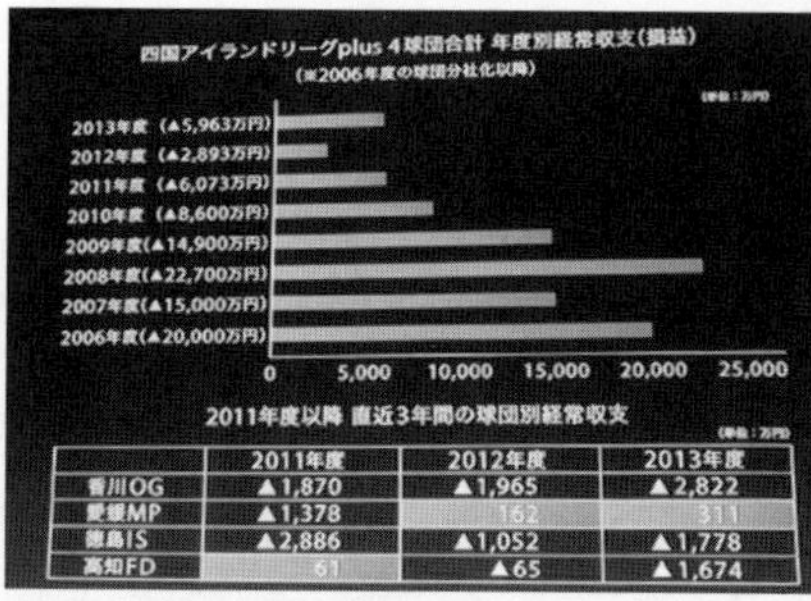

１０周年記念式典で公開された４球団の収支

経営体質の変革も

あれから8年、四国4球団は、以後も経営危機に直面しながら、何とか存続してきた。この間、4球団のビジネスモデルは全く異なるものになっていった。

鍵山誠氏は２０１６年にＩＢＬＪの代表取締役を退任、翌年にはリーグ理事長も退任。２０１９年からは馬郡健氏がＩＢＬＪ社長、リーグ理事長を務めている。またＩＰＢＬの会長も引き継いだ。

「就任したときの印象は、4球団が違う方向を向いているのでは、というものでした。そこで球団とリーグ、球団同士の情報のやり取りをひとつのプラットフォームに上げることにしました。球団間だけでなく、経営陣と現場の情報格差も感じたのですが、これも共有化しました。情報を丸出しにするから、みんなで考えてほしいと言いました」

２０２０年、新型コロナ禍によって四国アイランドリーグplusも大きな影響を受けたが、四国アイランドリーグは情報共有を進め、持続化給付金の申請方法なども共有した。

馬郡氏はＩＰＢＬ会長として、ルートインＢＣリーグなどとも情報共有し、独立リーグを挙げて感染対策を実施。

さらに、4球団ともに試合のオンライン中継も実施、コロナによって経営体質の変革、強化が進むこととなった。

しかしながら、四国4県のマーケットは小さいうえに、4県ともに人口減少が進んでいる。18年を経て、リーグ、球団を維持するためには、さらなる経営変革が必要になるだろう。

従来、老舗の四国アイランドリーグplusには、NPB入りを志望する有力選手が入団し、毎年オフのNPBドラフト会議では四国の選手がドラフト指名されることが多かった。後発のルートインBCリーグは球団数は多いが、NPBで活躍する選手は四国の方が多かった。しかしBCリーグでも選手獲得に力を入れるために本格的なトライアウトをする球団が現れた。また2021年に発足した九州アジアリーグには、社会人チームを母体とする有力チームがあり、1年目からドラフト上位で選手が指名された。徳島のように「NPBに選手を輩出すること」を第一目的にする球団もあるが、四国アイランドリーグplusの「NPBに最も近い独立リーグ」という優位性は揺らぎつつある。野球の実力という点でも、四国はさらなるパワーアップが期待されるところだ。

四国アイランドリーグplusは2023年、19年目を迎え、波頭を乗り越えて未来を模索している。

１−２　一人の凄腕営業マンが興した、日本最大の独立リーグ、「ルートインBCリーグ」

ベースボール・チャレンジ・リーグ（BCリーグ）は、２００７年４月に開幕した。日本の本格的な独立リーグとしては、２００５年３月に開幕した四国アイランドリーグに続いて２番目だ。そして現時点では８球団と、日本最大の球団数を有する。

ＢＣリーグは、広告代理店の営業マンだった現株式会社ジャパン・ベースボール・マーケティング社長、村山哲二氏の「決断」と「転身」によって生まれたと言ってよい。

村山氏は２０１１年に「もしあなたがプロ野球を作れと言われたら」（ベースボール・マガジン社刊）を上梓したが、この著作と新たに村山氏にインタビューを行った内容で、ＢＣリーグ設立の経緯をたどる。

村山哲二氏の著書

敏腕広告営業マンとしてスポーツビジネス界で活躍

村山氏は新潟県の出身。

「高校までは野球をしていて、大学でも硬式野球を続けたかったのですが、親父がお前は足が遅いから通用しないと。それで普通に試験を受けて駒澤大に行き、準硬式野球をやりました。卒業後はBMWのディーラーになり、営業成績日本一に2回なって、9年間で14回海外旅行に行かせてもらいました。この力をもっとレベルの高い分野で活かしたいと思っていた時に、電通東日本支社（のち電通東日本）の中途採用の募集があったんです。当時、電通は新卒では駒澤大出身者なんて採らないと言われていましたし、応募者は600人もいましたが、僕はいけるんじゃないかと思って受けてアカウント（営業職）で採用されました」

一流企業をクライアントにする電通の営業はシビアなビジネス環境だったが村山氏は頭角を現し、入社早々、サッカーのアルビレックス新潟を担当することになった。アルビレックスはJFLに昇格したばかりだった。

「1998年に日本が初めてサッカーワールドカップに出場してから、サッカーブームになっていました。アルビレックスは1999年にJ2に加盟。2001年反町康治監督のときにJ1に昇格するとスタジアムに大観衆が押しかけました。僕は野球出身で、当初はオフサイドの意味も分からなかったのに、どんどんのめりこんでいった。電通の仕事として携わっていましたが、同時にサポーターで、その熱量をビジネスに転化することが、ノウハウとして出来つつあったんですね」

アルビレックス新潟のJ1昇格がかかる試合の速報で、毎試合、ホームページのサーバーがダウンした。

「ホームは4万人のスタジアムがあるからスタジアムで応援できる。アウェーにいけないサポーターの為に、アルビレックスの試合をライブでサポーターに届けるのは、広告マンとしての俺の使命だ」と確信した村山氏はＴＢＳ系の地元ラジオ局に掛け合い、アウェーの試合速報をラジオで流した。劇的なアクセスがあった。

そうした取り組みの成果を含めて、電通東日本支社の取り扱いは当初の１０００万円から約３・５億円と35倍になった。

独立リーグ創設を企画立案

村山氏は「そのころになると、アルビレックス新潟の営業会議に広告代理店の私も出席していました」と述懐する。そんなある日、当時のアルビレックス新潟のオーナーで、ＮＳＧ（新潟総合学院）グループの池田弘氏から「野球のビジネスモデルを作ってくれ」と依頼されたのだ。運命のオファーだった。

「池田さんは、今のプロ野球は12球団の所在地周辺の限られた人たちにしか楽しめないコンテンツだけど、新潟にも気楽に応援できる野球を作る可能性を探ってほしい、と言いました」

そこで村山氏は①ＮＰＢ球団の誘致、②社会人野球の招致、③独立リーグ設立の３つの選択肢を考え、検討に入った。

「選択肢①についてＮＰＢ事務局にも話を聞きましたが、当時は新潟にプロ野球開催が可能な本格的な球場の計画はなかったし、球場建設を含めれば、４００億、５００億というイニシャルコストがかかる。それを出せる事業家を探し出すことは私には難しかった。

②の社会人野球は鈥ちゃん球団を招致するようなイメージでしたが、社会人野球のモデルは私がやりたいマーケティングの領域が制限されるのでビジネス的には成立させることが難しい。
そこで一番可能性が低いと思っていた③独立リーグということになりました。２００５年から四国アイランドリーグが始まっていました。創設者の石毛宏典さんは駒澤大の先輩です。会いに行っていろいろ話を聞いて、大変だという認識はありましたが、単独の球団ではなく、地方創生のための野球リーグを作るのなら良いのでは、となって、池田さんに企画書を提案したら〝面白い〟ということになりました。リーグの立ち上げに必要な費用は１億５０００万円と試算しました」

〝お前がやれ〟で変わった運命

村山氏はあくまで池田氏、アルビレックスグループへの「提案」をしたつもりだった。

「僕は当時、電通東日本支社の営業部長で、サッカー、バスケットなどアルビレックスグループのスポーツの取り扱いの上に野球リーグも増えれば、また売り上げが上がるな、くらいに思っていたのですが、１週間後、池田さんはこんな面白いモデル作ったんだから、金出してやるから、お前やれって言ったんです」

村山氏の運命はこの時、音を立てて変わった。とき２００５年、まさにＮＰＢでは「球界再編」が起こり、四国でも独立リーグが誕生していた。

村山氏は石毛宏典氏が興した四国アイランドリーグを視察し、その課題や独自性をピックアップした。

1. 四国は選手育成が目的だが、私達は地方創生を目的としたい。
2. 四国の主役は選手だが、私達の主役は地域のファンとしたい。
3. リーグとチームの経営形態は独立採算制にすべき。

新リーグ設立に当たってはこれらを参考にして、組織や経営形態を決めていった。リーグ設立にあたり、設立準備室が立ち上がった。主要メンバーの一人として、石毛氏より中村洋一郎氏を紹介された。中村氏は四国アイランドリーグの立ち上げを経験しており、事業計画、各種契約書、各種ルールの策定に加えて、長野、富山、石川の各球団設立に向けて活躍した。

村山氏は、2006年3月に電通東日本支社を退社し、足元の新潟だけでなく、長野県、富山県、石川県の野球界、経済界に球団設立の折衝を始めた。

石毛宏典氏も時間があれば同行した。石毛氏の「知名度」は、地方の野球界を説得するうえで大きくモノを言った。

「池田さんはJC（日本青年会議所）のご出身で、各地の経済界に精通した方でしたので、長野ならこういう人がいる、富山ならこの人と紹介してくださいました。そういう人脈をたどっていき

2012年信濃－新潟の公式戦

ました。僕は〝野球をやりましょう〟とは言わなかった。〝地方創生の手段として野球を〟と説得しました。会社の社長には野球人がなりましたが、設立したのはみんな地元の経済人でした」

新潟は、アルビレックス後援会専務理事で野球事業の話が起こった時から行動を共にしていた藤橋公一氏が球団社長に就任。

長野は株式会社長野県民球団が設立され、長野県出身で前日本ハムファイターズの取締役統括本部長、三澤今朝治氏が代表取締役社長に、現飯島建設社長で明治大学野球部出身の飯島泰臣氏が副社長に就任。

村山哲二氏と水島新司氏が描いたBCリーグ開幕時のポスター

富山は株式会社富山サンダーバーズベースボールクラブが設立され、富山県を代表する複数の企業の支援の下、高岡市のITベンチャーの永森茂氏が社長に就任。

しかし、石川県は引き受ける会社、人物が見つからなかったために見切り発車となった。

北信越ベースボール・チャレンジ・リーグの出発

村山氏は2006年5月に独立リーグ設立を記者発表。リーグ運営と球団経営を別個に行うと言う考え方に基づき7月、株式会社ジャパン・ベースボール・マーケティング(JBM)を設立し、社長に就任した。

10月になって石川県内の星稜高校野球部出身の会社経営者、端保聡氏が事業を引き受け、株式会社石川ミリオンスターズが設立された。

こうしてみるとBCリーグ設立の経緯は、四国アイランドリーグと大きく異なっている。四国は野球人石毛宏典氏が立ち上げ、経営者である鍵山誠氏が引き継いだが、BCは最初からビジネス畑の村山氏が立ち上げたのだ。

さらに、村山氏は新潟出身の漫画家、水島新司氏にアンバサダー就任を依頼する。

「同じ新潟県と言うことで、二つ返事で了解いただきました」

野球界にも精通する水島氏は「プロ野球OBクラブ」を紹介、各球団の監督、コーチはこのネットワークで決まっていった。

こういう形で地域の経済界、野球界が結集してBCリーグは形になっていった。11月、12月にはトライアウトを実施。選手も集まり、陣容は決まった。

当初は、球団の所在地から北信越ベースボール・チャレンジ・リーグと言う名称で、2007年4月に開幕を迎えた。

村山氏は初年度のリーグを
「レベルの高い選手は一握り。残りは『ストライクの入らないピッチャー』と『アウトの取れない内野手』と言う状態」と述懐する。

選手のプレーの態度、マナーも良くなかった。球場に集まった野球ファンの中には「草野球よりひどい」と離れていく人もいたと言う。

それでも1年目、11月のNPBドラフト会議で、石川の内村賢介が楽天から育成1位で指名され入団。163㎝と小柄な内村だが、翌年には支配下登録され、ユーティリティプレイヤーとして楽天、DeNAで596試合に出場した。

日本で2番目の独立リーグ、BCリーグはこうしてスタートした。

いきなりの資金ショート、経営危機

しかし、BCリーグは立ち上げ早々、いきなり危機が訪れた。

BCリーグは設立時にリーグ運営会社である株式会社ジャパン・ベースボール・マーケティング(JBM)が各球団に一定金額の分配金を支給することをコミットしていた。その原資としてスポンサー収入を1・6億円と見込んでいたが、実際には6000万円弱しか集まらなかった。村山氏ら経営陣は、球団に分配金の削減を了承してもらうとともに、コスト削減に奔走したが、2008年には債務超過に陥ってしまった、村山氏は私財を拠出するとともに、親族にも支援を依頼、難局を乗り切った。

4球団で始まった北信越ベースボールチャレンジングリーグだが、翌2008年には群馬ダイヤモンドペガサスと福井ミラクルエレファンツが加入、6球団となる。地域が広がったので、この年からベースボールチャレンジングリーグ(BCリーグ)という名称になる。

経営基盤をさらに強化するため、BCリーグは、2009年、当時の6球団の本拠がある地方新聞社に支援を要請した。こうして地域のメディアが独立リーグを支える体制が出来上がった。

リーグ主導でコンセプトを固めていく

2007年の開幕に際してBCリーグは〝MIKITO AED PROJECT〟を立ち上げた。これは前年7月9日、少年野球の試合前に9歳で急死した水島樹人君にちなんだもの。水島君の母から「あのときAEDの設備があれば命が助かったかもしれない」との手紙が村山氏に届き「水島君の悲劇を繰り返さないために」AEDの普及活動をリーグとして行うことになった。

今も公式戦では〝MIKITO AED PROJECT〟の告知が行われている。

開幕してからも、一部選手のマナーの悪さが目立った。トラブルも起こった。また、独立リーグの存在意義を深く理解していないと思われる選手も散見されたので、2009年開幕時に「BCリーグ憲章」を制定し、リーグとしての姿勢を明確化した。

2017年新潟と巨人の交流戦

・BCリーグは、地域の子どもたちを、地域とともに育てることが使命である。
・BCリーグは、常に全力のプレーを行うことにより、地域と、地域の子どもたちに夢を与える。
・BCリーグは、常にフェアプレーを行うことにより、地域と、地域の子どもたちに夢を与える。
・BCリーグは、野球場の内外を問わず、地域と、地域の子どもたちの規範となる。

このように、BCリーグはリーグ主導でコンセプトや方針を決めることが多かった。4球団が独自に方針を立てることが多かった四国アイランドリーグとは対照的だ。設立者である村山氏が、マーケティングや広告の専門家で、コンセプトの企画、立案に長けていたことが大きいかもしれない。

なお、NPBファームとの交流戦は創設年の2007年に日本ハムとの試合が組まれたが、2012年はDeNAと、2014年は巨人、オリックス、広島などと、2016年からは巨人との交流戦が行われている。

また初年度の2007年から四国アイランドリーグの優勝チームとの間でグランドチャンピオンシップが行われている。

2018年にルートインBCリーグは「26歳定年制」を導入した。これはオーバーエイジ選手を除いて、26歳のシーズンで選手は退団するという制度。これによって選手のセカンドキャリアへの転身を促した。(後に一部緩和される)。

四国の10倍近い大きなマーケットで

２０１４年にリーグのネーミングライツをホテル業のルートイングループが取得。ルートインＢＣリーグとなる。

またこの年四国アイランドリーグplusと一般社団法人日本独立リーグ野球機構（ＩＰＢＬ）を設立、村山哲二氏は副会長に就任した。

翌２０１５年から武蔵ヒートベアーズと福島ホープスが加入し、８球団体制となる。さらに２０１７年には滋賀ユナイテッドと栃木ゴールデンブレーブスが加入。

リーグ	県	県人口	リーグ総人口
四国アイランドリーグplus	愛媛県	1,334,841	3,696,171
	香川県	950,244	
	徳島県	719,559	
	高知県	691,527	
ルートインBCリーグ	神奈川県	9,237,337	33,751,615
	埼玉県	7,344,765	
	茨城県	2,867,009	
	新潟県	2,201,272	
	長野県	2,048,011	
	群馬県	1,939,110	
	栃木県	1,933,146	
	福島県	1,833,152	
	滋賀県	1,413,610	
	石川県	1,132,526	
	富山県	1,034,814	
	福井県	766,863	

両リーグが所在する県の人口を比較する（２０２０年時点）

そして２０１９年には茨城アストロプラネッツが、２０２０年には神奈川フューチャードリームスが加わり、ルートインＢＣリーグは12球団になった。

四国アイランドリーグもエキスパンション（リーグ拡張）を行い、四国4球団だけでなく、長崎、福岡、三重と球団が誕生したが、長続きしなかった。リーグの本拠地が四国であり、他地域の球団は移動に大きな負担がかかったうえに、地元の支援体制も弱かった。

しかしＢＣリーグはもともと北陸、中部、関東、東海と球団が広域に所在している。移動などのコストに不公平感はない。また、四国と比べてルートインBCリーグがカバーするエリアは広大で、人口も圧倒的に多い。

ルートインBCリーグは、四国アイランドリーグplusの10倍近い大きなマーケットに立脚していることがわかる。

ビジネスの可能性も、四国よりも大きく、独立リーグが存続できる基盤があったと言えよう。

リーグ内格差が顕在化

ルートインBCリーグ自身も「野球事業を通じて地域の活性化にチャレンジする」ことを謳っており、エキスパンションを積極的に推進した。その結果、毎年のように各県から加盟申請が提出され、リーグ理事会で可否が健闘された。中には静岡県のように「時期尚早」として準加盟のままに申請が見送られたケースもあるが、加盟したい地域があればリーグ側も積極的にアドバイスし、体制つくりに協力したのだ。

そんな中から、新潟アルビレックスBCのように、健全経営で黒字を生み出す球団も出てきた。また2017年の加入ながら栃木ゴールデンブレーブスは、親会社が手掛けるスポーツ人材派遣業と連動し、村田修一、西岡剛、川﨑宗徳、ティモンディ高岸宏行など話題性のある選手を獲得し、多くの観客を集めた。

2018年グラウンド整備をする武蔵ナイン

ただし、すべての球団の経営が順調だったわけではない。

2018年には福島ホープスを運営する株式会社福島野球団が経営難に陥り、球団運営を新たに設立した株式会社Y・O・Aに移管し、元メジャーリーガーでプレイングマネージャーだった岩村明憲氏が代表兼監督となりチーム名も福島レッドホープスとなった。

滋賀ユナイテッドベースボールクラブは2019年に経営難に陥り経営者が交代、さらにスポンサーだったオセアングループが経営を引き継ぎ、オセアン滋賀ブラックスとなった。

さらに福井ミラクルエレファンツを運営する株式会社福井県民球団は、2019年オフに会社清算に入ると発表、村山哲二氏などリーグ関係者が球団存続のために奔走し、株式会社FBAが設立され、球団名も福井ワイルドラプターズとなった。

端的に言えば、12球団と球団数が増え、本拠地も本州の広いエリアに広がる中で、観客度員や経済状況でリーグ内の「格差」が顕在化しつつあったと言えよう。

新型コロナ禍で新たな動きが

2020年の新型コロナ禍はルートインBCリーグにも大きな影響を与えた。

2020年は開幕が6月にずれ込み、巨人との交流戦も行われなかった。またリーグは東、中、西の3地区に分かれて行われ、試合数も圧縮された。

2021年も3地区制で行われたが、東、中が地区をまたいだ交流戦を行ったのに対し、西地区は他地区との交流戦を行わなかった。観客動員も制限され、各球団はリーグ運営に苦心した。そんな中でネットを使った試合中継を行うなど、さまざまな試みも行われた。

しかし、コロナ禍以降、人的交流や、コミュニケーションが少なくなる中で、地域の「温度差」が顕在化したことは否めない。

2021年9月、ルートインBCリーグの西地区4球団は来季から新たな独立リーグ、日本海オセアンリーグを設立すると発表した。

2019年栃木に前阪神、西岡剛が入団

西地区4球団からは、リーグ全体の運営から取り残された、リーグがどう動こうとしているのかわからない。という声が上がっていた。コロナ禍によるコミュニケーションロスが、今回の分離独立の背景にあったのは間違いないところだ。

また、福井、石川、富山、滋賀という北陸を中心にした4球団は、他地域とは違うマーケティング特性があったのも事実だ。

四国は当初から「4つでまとまるのが当たり前」だったが、広域に球団が点在するBCは常にリーグを組んで野球をする「意味」を確認しながら運営していかなければならなかった。ガバナンスの難しさがあったと言えるのではないか。

四国アイランドリーグplusとルートインBCリーグはともに野球を通じた地域貢献と、NPBへの選手輩出を大きな目標としているが、BCの村山哲二代表は「地域貢献をより重視したい」と強調する。このあたりが四国との違いだ。

4球団が抜けて2022年から8球団になったルートインBCリーグ。2023年は創設17年目を迎え、新たなビジネスモデルの創出に取り組む時期を迎えている。

1-3　大都市圏、関西に誕生した「関西独立リーグ(初代)」、その波乱に満ちた歩み

四国アイランドリーグplus、ルートインBCリーグに続く日本で3番目の独立リーグ、関西独立リーグ(初代)がスタートしたのは2009年のことだった。

ある不信感

2009年3月、筆者は関西独立リーグ(初代)の開幕戦のチケットを購入するために、大阪市の心斎橋にあった事務所を訪れた。

事務所では数人の男性が打ち合わせをしていた。チケットは事務所で購入するのが確実との情報

があったので出向いたのだが、声をかけても誰も振り向かなかった。

彼らは開幕イベントについて熱心に話し合っていたようだった。ゲストをどのように呼び入れるか、どんな演出をするのか。数分経ってようやく筆者の存在に気が付いたようで、チケットを販売してくれた。

端的に言って、この時の印象は良いとは言えなかった。この一事だけで何かを判断してはいけないだろうが「プロ野球ごっこ」をしているという印象を抱いたのは事実だ。

関西独立リーグ(初代)は前年の2008年、四国アイランドリーグ創設者の石毛宏典氏らを呼びかけ人として構想が発表された。

2009年3月関西独立リーグ開幕戦で始球式をする橋下徹大阪府知事(当時)

初年度は、大阪、神戸、紀州、明石の4球団が参加して前後期制のペナントレースを行う。監督、コーチはNPB出身者とする。それぞれの球団は、個別の企業が運営し、別途リーグ運営を株式会社ステラが担う。
この体制は2007年に始まったBCリーグと基本的に同じだった。石毛宏典氏が顧問として関与していることも同様だった。

開幕戦は華やかだったが

この年の3月27日、京セラドーム大阪で行われた大阪ゴールドビリケーンズと神戸9クルーズの開幕戦には、1万5000人の観客が集まった。橋下徹・大阪府知事(当時)が始球式で投げ、メディアも注目する中で華々しく開幕した。

神戸9クルーズは、救援で「ナックル姫」こと吉田えりが登板。神戸の監督は、当時、関西の情報番組に出演していた元阪神の中田良弘であり、赤井英和氏もかけつけるなど「関西ローカルの有名人」がにぎやかに登場した。

しかし、この盛況はわずかしか続かなかった。5月に入ると、リーグが開幕当初、各球団に支給すると約束していた分配金3000万円を支払うことができなくなり、運営会社ステラが撤退した。顧問の石毛氏も退任。

このあたりもBCリーグとよく似ているが、BCリーグが減額はしたもののリーグ運営者が私財をなげうって分配金を支払ったのに対し、関西独立リーグ(初代)は支払うことができなかった。

分配金の原資はスポンサー収入を当て込んでいた。大阪には大企業がたくさんあったから、その調達は容易だと思えたが、前年に起こったリーマンショックがスポンサー企業を直撃、ほとんどの企業で支払いが不能になったという。

関西独立リーグは選手に一律20万円という独立リーグとしては異例の高給を保証していた。しかし分配金がなくなったことで、これも空手形に終わった。

6月には紀州球団が主導して運営会社の株式会社関西独立リーグが設立されたが、以後もリーグ運営は迷走した。

新規参入球団が入り乱れる

関西独立リーグ(初代)の不思議なところは、リーグ運営が迷走しているさなかにも新規参入球団の話がいくつも入り乱れていたことだ。

開幕時の球団は、大阪ゴールドビリケーンズ、神戸9クルーズ、紀州レンジャーズ、明石レッドソルジャーズの4球団だったが、開幕前から滋賀、京都、三重で球団設立の動きがあった。このうち三重スリーアローズが2010年に参入を表明したが、大阪が脱退して新たな独立リーグジャパン・フューチャーベースボールリーグの設立を表明すると、三重はそちらに参入。代わって2010年からオール韓国人選手による球団コリア・ヘチが参入。また神戸が活動を停止し、兵庫ブルーサンダーズに選手が移籍。さらに新たに大阪ホークスドリームが参入する。

2011年は明石が活動を休止し、神戸サンズが参入。

2012年には大阪を本拠とする06ブルズと奈良県を本拠とする大和侍レッズが参入。シーズン中に大阪ホークスドリームが撤退。

2013年には大和と神戸が撤退し、兵庫、06、紀州でペナントレースを行う。恐らくリーグ関係者も記憶できないような球団の出入りである。

この背景には、リーグ運営者たちの「独立リーグは採算がとれる」という思い込みがあったと思われる。四国や北陸とは異なり、関西は大都市圏だ。開幕すればお客はたくさん入るから、経営は容易なはずだ。グッズ収入や放映権なども含めれば、利益は出るだろう。事実、京セラドームでの開幕戦には1・5万人ものお客が入ったのだから。リーグ運営者は、成算があると感じ、各地で球団設立を働きかけたと思われる。

しかし2009年の関西独立リーグ（初代）が集めた観客は144試合で9万人余り。1試合平均で620人ほど。四国やBCよりもお客が少なかった。

確かにマーケットは大きいかもしれないが、関西には阪神タイガース、オリックス・バファローズというNPB球団があり、合わせて年間140試合以上を行い、300万人以上の観客を動員している。ファームも100試合以上を行い20万人以上を動員している。

関西独立リーグ（初代）にとってこれらのNPB球団は「競合」に他ならない。選手の能力でも、開催球場でも大きく見劣りする独立リーグが太刀打ちできるはずもなかった。

なお、NPBとの関係でいえば関西独立リーグ（初代）は、2010年、明石の深江真登がオリックス5位指名、神戸の福泉敬大が巨人に育成3位で指名されたが、一軍では深江が81試合に出場したのみ。

この地で独立リーグとして存続するために必要だったのは、派手なイベントではなく、本拠地周辺での地道なマーケティングであり、同時に、観客の信頼を得るために選手と試合の「品質」を上げることだったのだ。しかし、そうした努力はあまり顧みられなかった。

門田博光監督の怒声

筆者は2011年6月26日、大阪住之江球場で大阪ホークスドリームと神戸サンズの試合を観戦した。

大阪の監督は門田博光、神戸の選手兼任監督はマック鈴木という大物だった。

しかし、チケット売り場には私服の男性が1人いるだけ。場内整理も何もなく、犬の散歩をする男性が勝手に入ってくる始末だった。観客は数十人しかいなかったが、観客席では大声で喧嘩が始まっていた。

試合では大阪の選手はだらだらと試合をして、だらしない負け方をした。

2011年6月大阪ホークスドリームの門田博光監督

「こんな試合するんやったら、やめてまえ!」

試合後、ベンチ裏からは、門田監督の怒鳴り声が聞こえた。

3日前には、大阪の監督の田中実が詐欺容疑で逮捕されていた。この日は総監督だった門田博光が監督になって最初の試合だった。大阪ホークスドリームは翌年にはリーグ戦を脱退した。

2013年でリーグは活動を停止

2013年12月、関西独立リーグ（初代）はリーグ運営を停止した。直接的には兵庫ブルーサンダーズが学校法人芦屋学園と提携したことがきっかけだった。兵庫はすでに芦屋大学硬式野球部を兵庫の二軍にしていたが、これに加えて芦屋学園高校を三軍にすることとした。芦屋大学の当時の比嘉悟理事長（現学長）は筆者に「野球選手に、甲子園とは違う選択肢を与えてやりたい」と語った。しかしこれはアマ球界側が定めた「プロアマ規定」に抵触する。芦屋学園高校は日本高野連から脱退することとなった。

しかし芦屋学園と組むことは、JABA（日本野球連盟）を頂点とするアマチュア球界との関係を難しくするなど、独立リーグにとっても問題を抱えることになった。残る2球団、06と紀州はこれに難色を示し、結局3球団ともにリーグを脱退した。

直接的にはこれが引き金となったが、実質的には不透明な運営が続き、各球団がリーグに対して不信感を抱いていたことが大きいだろう。当時の平均観客数は200人台、選手への給与はほとんど支払われていなかった。

JFLも1年で終わる

2010年、関西独立リーグ（初代）を脱退した三重スリーアローズと大阪ゴールドビリケーンズが作ったジャパン・フューチャーベースボールリーグ（JFL）は、日本4番目の独立リーグとなりペナントレースを開始したが、6月に大阪の8選手が野球賭博に関わっていたことが明らかになり解雇される。ペナントレースは続行され、三重が優勝したが、この年限りで活動を休止した。このリーグは四国・九州アイランドリーグとの交流戦も行っていた。三重は翌年、四国・九州アイランドリーグに加盟した。

2009年3月登板する神戸、吉田えり

「反面教師」としての存在意義

関西独立リーグ(初代)は、5年間、ペナントレースを行ったが、運営は安定せず、離合集散を繰り返した。また選手の待遇も悪かった。

端的に言えば、独立リーグを運営する「理念」がなかった。そして四国、BCには存在した「社会的使命感をもってリーグを運営する経営者」がいなかった。さらに言えば、独立リーグにとって最も重要な「地域密着」の考え方が希薄だった。

十分な準備をすることなく安易に球団を立ち上げては、短期間で活動を休止する。不祥事も起こる。結果的に、大都市圏の独立リーグのビジネスモデルはまだ確立されていない。

厳しい言い方をすれば関西独立リーグ(初代)は、使命感の薄い「無責任体質」だった。その結果として、独立リーグの信用を貶めたと言わざるを得ない。

日本の独立リーグの歴史では、関西独立リーグ(初代)は「反面教師」ということになるだろうか?

1-4「負の遺産」からのスタート? 徐々に特色を打ち出しつつある「さわかみ関西独立リーグ」

2009年にスタートした関西独立リーグ(初代)は、5年で活動を停止した。そして、その翌年からBASEBALL FIRST LEAGUEがスタートした。このリーグは現在さわかみ関西独立リーグと名乗っている。初代と同じ関西エリアをマーケットとする独立リーグだ。

新体制になってリスタートを目指す

2013年12月、関西独立リーグ(初代)に所属していた紀州レンジャーズ、兵庫ブルーサンダーズ、06ブルズが揃ってリーグを脱退した。

脱退の理由は、前項で述べた通り、兵庫が学校法人芦屋学園と提携したことで、リーグと日本高野連や学生野球協会など、アマチュア球界の関係が難しくなることだとされたが、当の兵庫も揃って脱退したことでもわかるように、実際にはリーグ運営を刷新して、新たな体制でリーグを再スタートしたいと言う意向があったのではないかと思われる。

関西独立リーグ（初代）はこの5年間、球団の転入・脱退が続き、大都市圏にありながら観客動員に苦しみ、経済的にも困窮していた。心機一転して、この状況を打破したいと言うことだろう。

当時の06ブルズの経営者は、関西独立リーグ（初代）の不祥事が続く中、一時は球団運営を断念しようかと思ったが、地元の小学生から続けてほしいとの要望が相次ぎ、存続を決意したと語った。

兵庫も厳しい状況ではあったが、地元三田市とのむすびつきを強める中で、リーグ存続を模索した。また芦屋学園とは引き続き提携関係を結んでいた。

ただし、紀州は２０１４年になって新たなリーグに参加しないと表明し脱退、代わってＮＰＯ法人ベストベースボールアソシエーションが運営する姫路GoToWORLDが加入。

2021 年兵庫で力投する元巨人坂本工宜

3球団はBASEBALL FIRST LEAGUEを設立、運営は一般社団法人ベースボール・ファースト・リーグが担い、２０１４年４月からリーグ戦を開始した。

しかし姫路は２０１５年には運営法人が手を引き、リーグ運営会社が暫定的に経営する形となったが、これも続かず、２０１６年限りで撤退。

代わって、２０１７年から和歌山県田辺市を本拠としＮＰＯ法人

2021年大阪市南港中央野球場で　堺シュライクス、ファンの見送り

「ANFUTURE」が運営する和歌山ファイティングバーズが加入。3球団体制となる。

２０１８年12月には関西独立リーグ（二代目）と名称を変え、２０２０年には投資財団のさわかみ財団とネーミングライツ契約を結び、さわかみ関西独立リーグとなった。

さらに２０１９年には大阪府堺市を本拠とする堺シュライクスが加入。４球団体制となった。

リーグ創設当初は、関西独立リーグ（初代）と同様、加盟球団と脱退する球団の出入りがあったが、さわかみ財団がネーミングライツ契約をして以降、リーグ運営は比較的安定している。

運営面、選手の実力面でも見劣り

しかしながら、各球団の経済状況は四国アイランドリーグplusやルートインＢＣリーグに比較すると脆弱で、選手への給与は一部の球団では支払われていない。また、観客動員は1試合平均１００人前後と、他のリーグと比較しても少ない。試合開催時のスタッフの数も少なく、管理が行き届いているとはいいがたい状況も見られる。

選手の実力面でも、さわかみ関西独立リーグは、他の独立リーグと比して見劣りする。

さわかみ関西独立リーグからは２０１６年に兵庫の向谷拓巳が楽天に育成3位で、同じく兵庫の山川和大が巨人に育成3位、２０１７年に兵庫の田中耀飛が楽天に5位で指名されたが、３人ともに一軍で成績を残すことなく退団している。

各球団は、毎年オフに巨人などが実施している非公式の入団テストに選手を送り出している。なかには最終選考まで残る選手もいるが、ドラフトにかかる選手はいないのが現状だ。

現在、さわかみ関西独立リーグに入団する選手の中には、他の独立リーグでのプレー経験を積んだ選手が多い。以前のリーグでレギュラーを獲得できなかった選手がリベンジを期して入団することが多い。端的に言えば、他の独立リーグよりハードルが低いこともあって入団する選手が多いのだ。

ただ、現在の4球団の運営体制は選手の待遇や試合の運営面でも初代の時代と比較すれば格段に進化している。

独立リーグは、企業としてのマネジメントが、選手の実力や観客動員に反映する部分が多い。端的に言えば、選手が安心してプレーでき、ファンが安心して観戦できる環境を作ることが、リーグ、球団の安定運営につながると言うことだ。

06ブルズの永峰要一社長(現顧問)は「スポーツ保険に加盟して、選手がケガをしてもお金が出るようにするなど、球団としての最低限の運営を着実に行っていけば、信頼も回復できると思う」と語った。

また和歌山ファイティングバーズの2020年当時の経営者は「現在スポンサーは限られているが、応援したいと声をかけてくださる方が徐々に出てきた。地元企業の支援をいただきながら、地元に根差した地域貢献でチームを運営しようと考えている」と語った。なお、和歌山は2022年12月に運営会社が変わり、チーム名も和歌山ウェイブスとなった。

2019年に、兵庫は経営陣が代わりチーム名も2021年に神戸三田ブレイバーズ、2022年から兵庫ブレイバーズとなったが、川崎大介社長は「再生途上で派手なことはできないが、できることを一つひとつやっていきたい」と語った。芦屋学園とはスポンサー契約はしているが、高校、大学生を二軍、三軍に組み入れる連携は現時点ではストップしている。

堺シュライクスは、2019年に参入したが、2020年、2021年とリーグ連覇。夏凪一仁社長は2021年からは堺市に新設された「くら寿司スタジアム」を本拠として、堅実な経営を行っている。「これからはスポンサー頼みにならない経営をしたい。子どもの運動教室も始めるなど、努力を地道に続けていって、自立していきたい」と語る。

IPBLへの加盟問題

2010年に独立リーグ連絡協議会が設立されたときは、関西独立リーグ(初代)は、四国・九州アイランドリーグ、BCリーグとともに参加していた。この組織は任意団体だったが。2014年に一般社団法人日本独立リーグ野球機構(IPBL)が設立された際は、設立されたばかりの

BASEBALL FIRST LEAGUEは、参加することができなかった。設立当初で体制が固まっていなかったこともあるが、ＩＰＢＬが、ＪＡＢＡ(日本野球連盟)などアマチュア球界やＮＰＢなどとの「交渉団体」として設立されたのに対し、BASEBALL FIRST LEAGUEの所属する兵庫が芦屋学園との提携を続けていたことがネックになったと思われる。

２０２０年以降、ＩＰＢＬへの加盟申請を行っているが、今年の時点では加盟は認められていない。

ＩＰＢＬの馬郡健会長は

「独立リーグの仲間が増えることは非常に頼もしく、うれしいことだ。一方で、独立リーグや球団の運営は、模索しながら少しずつ前に進んでいる状況だ。新しく加盟を目指すリーグや球団には、すでにある知見を共有しながら、より質の高い運営を目指していただきたい。そのための運営・経営のベースづくり、環境づくりが非常に重要だと考えている。さわかみ関西独立リーグのみならず、新しく加盟を目指すリーグには運営体制や運営ルール、また契約ルールなど条件を確認させていただいている。また機構の理念などに共感いただき、新しい独立リーグの形を一緒につくっていくことを前提にしている」

と語る。関係者の話によると、ＩＰＢＬ内でも「さわかみ関西独立リーグの運営体制は、かなり改善されている。加盟を認めてもよいのではないか」という意見も出たという。しかし慎重論もあって、２０２２年度の加盟は見送られた。

コロナ禍を超えて

2020年のコロナ禍によって、さわかみ関西独立リーグ4球団の経営も苦境に立たされた。もともと独立リーグは入場料収入は多くはなく、スポンサー収入に依拠する部分が多かった。コロナ禍で、飲食業、サービス業などのスポンサー企業の業績が悪化し、スポンサードを辞めるケースが続出したのだ。

しかし4球団とも経営努力によって現在もペナントレースを続けている。

2016年からさわかみ関西独立リーグの代表となった仲木威雄氏は、

関西独立リーグ代表　仲木威雄氏

「4球団すべてが黒字化しないと自立できない。それをサポートするのが私の仕事だ。新型コロナ禍は大変な事態だが、各球団はその前から体制変革期だったので、準備期間ができたという一面もあった。そういう部分もポジティブに考えるべきだと思う」と話す。

逆説めくが、独立リーグはそのリーグだけで「独立」していては、発展性は見込めない。日本各地に生まれた他の独立リーグと連携し、一つのカテゴリーとして他団体と交渉するためにも経営体質を強化して、IPBLへの早期の加盟が求められるところだ。

2023年からは兵庫県淡路市の淡路佐野野球場を本拠地とする新球団淡路島ウォリアーズが加

入。監督は元近鉄の赤堀元之と発表された。奇数の球団数はペナントレースを組む上で不都合もあるが、遅ればせながら大都市圏の関西にあると言うメリットを活かした球団運営を期待する。

1-5 〝ベースボール〟と〝フロンティア〟、北の大地で異なる道を歩み始めた二つの独立リーグ、その未来は？

2020年、北海道にも独立リーグが誕生した。しかしその道のりは平たんではない。

HBL 奈井江・空知ストレーツと富良野ブルーリッジの試合

廃線の向こうにあるスタジアム

2022年6月、筆者は北海道ベースボールリーグ（略称HBL）の公式戦を観戦するために、北海道に赴いた。奈井江・空知ストレーツと富良野ブルーリッジの試合だ。球場は浦臼町ふるさと運動公園野球場。

最寄り駅の函館本線奈井江駅の駅前は閑散としている。タクシーもいない。公共交通は浦臼町が日に数便運航する巡回バスだけ。これに乗車し、約30分で「浦臼駅」に着く。「駅」と言っても鉄道は通っていない。札幌から浦臼にはJR札沼線が通っていたが

2020年5月に一部廃線となり、線路だけが取り残されている。ここから線路沿いに西へ15分ほど歩いて、球場に着いた。

入り口には女性の係員がいたので、取材であることを告げて球場に入る。両翼95m、中堅115m、硬式野球の球場としてはやや狭い。施設は老朽化している。グラウンド整備も十分ではなく、砂煙が立っている。

観客は10人程度。こういう環境で、奈井江・空知対富良野の試合が始まった。投手の球速は120㎞／h程度か。守備も他の独立リーグに比して緩慢な印象。しかし選手は終始笑顔で、楽しそうに野球をやっていた。

リーグ創設者の出合裕太氏は語る。

「北海道ベースボールリーグは、私がはじめた北海道ベースボールアカデミーが母体です。

私は札幌大で野球をして卒業後、JICAに就職し、野球文化のない国で野球の巡回指導を行う使命を帯びて西アフリカのブルキナファソに着任しました。そして子供たちに野球を教えたのですが2年間の任期を終えて、私は現地の子供たちに日本でプロ野球選手になる道を作ることを決意しました。

2013年にその一人のサンフォ・ラシィナ選手を日本に呼び、いろんな研修やトレーニングを受けてもらって、四国アイランドリーグplusの高知ファイティングドッグスに入団しました。その成果を受けて北海道ベースボールアカデミーを設立しました」

サンフォ・ラシィナは2015年に高知に入団。7年後の今年も中軸打者として活躍している。

意欲的な事業構想

2016年10月、出合氏は北海道、富良野市で北海道ベースボールアカデミーの設立を発表。2017年から活動を開始したが、2019年、出合氏はこれを発展させて北海道初の独立リーグ、北海道ベースボールリーグの設立を発表した。

石狩と士別の試合

レラハンクス富良野BCと美唄ブラックダイヤモンズの2球団からなるこのリーグの運営方針は非常にユニークで

・40人弱の選手を国内外から募集
・全寮制で生活費はリーグが負担
・選手は1日4時間程度、地元企業、農家で働く
・地域内のみで使用できる地域通貨を受け取る

というものだった。

過疎化が深刻化する北海道にあって「人材確保」「移住」の可能性をも視野に入れた、意欲的な事業構想だったと言えよう。

コロナ禍もあってリーグの開幕は2020年5月にずれ込んだが、2球団でペナントレースを行い、1年目は美唄が優勝。

２年目の２０２１年には士別サムライブレイズと石狩レッドフェニックスが参加。富良野は富良野ブルーリッジと改称、美唄ブラックダイヤモンズも併せ４球団でペナントレースを開始した。

２年目シーズンは石狩が優勝したが、このオフに美唄、士別、石狩の３球団がＨＢＬの脱退を宣言、新たに北海道フロンティアリーグ（ＨＦＬ）の設立を発表した。

リーグが分裂の背景にあった「見解の相違」

脱退劇の背景には、独立リーグのビジネスモデルに対する「見解の相違」があった。

出合氏は「人材育成」「地域交流」を重要視し、球団の事業化については「次のステップ」と考えていたようだ。

石狩レッドフェニックス坪井智哉監督

しかしＨＦＬの３球団の経営者は、いずれも地域の企業経営者であり、独立リーグを地域振興の核にしたいという意向があった。

ＨＦＬの代表理事で、美唄ブラックダイヤモンズ代表の荘司光哉氏は

「出合氏が独立リーグを北海道内で作りたいという思いに賛同しました。２人で市役所にも申請に行きました。ただリーグ

戦を続けていくうちに、いろんな問題が見えてきた。

たとえばＩＰＢＬに入っていないと、ＪＡＢＡ（日本野球協会）に所属するアマチュアチームとは試合ができないとか、他の独立リーグとの交流戦もできないとか。

そもそも我々が独立リーグを作ったときにはＩＰＢＬと言う存在も知らなかったのですが、いろいろ状況がわかって来るうちに、ＩＰＢＬに加盟して『独立リーグ』の一員になるべきだと思ったんです。

出合氏もＩＰＢＬに入ることには賛成でしたが『体制が整ってから』という感じでした。でも我々は２０２２年には必ず加盟したいと思っていたので、新たなリーグを作ることにしました。

そしてＩＰＢＬ副代表で、ルートインＢＣリーグ代表の村山哲二氏をアドバイザーにお迎えして、体制を整備したんです」

ＩＰＢＬは、独立リーグ球団の「企業としての側面」を重視している。明確な事業計画のもと、選手、従業員の生活を保障し、地域貢献も行わなければならない。

ＨＦＬはこうした部分を、村山氏のアドバイスを受けながら整備していった。

「ただ球団の組織作りはもともとしていたので、方針を大きく変えたことはありませんでした」

と荘司氏は語る。

２０２２年２月28日にはＩＰＢＬへの加盟が認可された。

独立リーグ「スタンダード」の試合風景

同じ6月、士別ふどう野球場で、HFLの士別サムライブレイズと石狩レッドフェニックスの試合を見た。士別市郊外にある球場は収容人員は4800人と小ぶりだが、入り口ではスタッフが受付をし、周辺にはグッズやスナック類の売店が並ぶ。いわゆる独立リーグ「スタンダード」の試合風景だった。

この日は士別と美唄ブラックダイヤモンズとの試合も予定されていたが、各チームの応援団の姿も見えた。

HFL 荘司光哉代表理事

率直に言ってHFLの運営体制はHBLよりもかなり上だと思われた。士別の監督は、近鉄の強打者として鳴らしたラルフ・ブライアント、石狩は阪神、日本ハム、オリックスで活躍した坪井智哉だ。観客数は200人ほど。

投手の球速は130㎞／hそこそこ。打撃や守備も他の独立リーグから見ればやや見劣りするが、1年目のリーグとしては上々のスタートではなかったか。

一方、北海道ベースボールリーグ（HBL）は2022年シーズンから砂川リバーズと奈井江・空知ストレーツの3球団でリーグ戦を戦っている。冒頭に紹介したように観客数は数十人程度である。今年8月にはロッテ、阪神、DeNAで活躍した久保康友が短期的に富良野に入団した。

ビジネスモデルの相違

出合氏が創設したＨＢＬは、端的に言えば「北海道の地に〝野球の種まき〟をしたい」という目標で作られた。将来の目標もあるが、まずは北の大地で思い切り野球をする仲間を作る。さらに、地元で働くことで地域交流を進める。「青年海外協力隊」が海外で行ってきた事業を北海道で展開していくと言うニュアンスも感じた。過疎が進行し、若者がいなくなっている北海道ではこうした「人材育成」「定住化促進」につながる取り組みは重要ではあろう。

一方ＨＦＬを創設した経営者は、３人とも地域の事業家であり、それぞれ企業を率いていた。当然、独立リーグには地域振興など経済的な期待感もあった。野球による「町おこし」というべきか。代表の荘司氏は

「ＮＰＢに人材を輩出するのは、今のところ現実的な目標とは言えないが、独立リーグとして地域の話題を集め、試合やいろんなイベントを通じて、街を活性化することを考えている」

と語った。

ＩＰＢＬに加盟して、全国の独立リーグやアマ球界、ＮＰＢとの連携を模索するのも、そうした流れによるものだ。

出合氏も荘司氏もＨＢＬとＨＦＬは「喧嘩別れしたのではない」と言った。時期が来れば合流してもよいし、同じ北海道で野球をする仲間として、共に歩んでいきたいと語る。

北の大地で「野球と生きていく」

北海道と言う土地は、過疎が進み、鉄道の廃線が続くなどインフラが衰えつつある。しかも土地は広大で、移動距離は非常に長い。その状況は、本州以南とは大いに異なっている。

北海道日本ハムファイターズも近年、観客動員で苦しんでいる。新球場エスコンフィールド北海道の開場を２０２３年に控えているが、新庄剛志 BIGBOSS 監督の人気をもってしても北海道民の気持ちを動かすのは難しそうだ。

昭和の時代、炭鉱ブームに沸いた北海道には、夏季にプロ野球の二軍戦が各地で行われた。国鉄スワローズは読売ジャイアンツを帯同して通常編成の車両の後ろに両軍選手が乗る車両を連結して、各地を巡業して回った。連日大入りだった。若き日のジャイアント馬場こと馬場正平は「巨人軍の巨人」として人気を博した。若手選手にとっては「夏の北海道遠征」は、大きな楽しみだった。

そういう形でかつての北海道は、内地とは異なる「野球の楽しみ方」を知っていたのだ。

大事なことは、どういうレベルであれ、どういう運営形態であれ「続ける」ことだろう。その中で新たな展開が見えてくるのではないか。

9月30日ＨＦＬの士別サムライブレイズとＨＢＬの富良野ブルーリッジの交流戦が旭川スタルヒン球場で行われた。「頑張る上川の2チームを応援し、地域愛を深めてほしい」と、上川総合振興局が主催した取り組みだ。※詳細は第三章３‐６「行政」独立リーグの「信用」の後ろ盾として参照。

ＨＢＬは２０２３年から旭川市を中心に旭川ビースターズが加盟すると発表した。これでＨＢＬは４球団、ＨＦＬは３球団となる。

北海道の地で「野球と生きていく」と腹をくくった仲間同士、運営方針の違いを乗り越えて一緒に歩んでほしいと思う。

1-6　社会人野球の運営実績を背景にスタートした「ヤマエグループ九州アジア野球リーグ」の矜持と先進性

２０２１年春、九州地区で新たな独立リーグが開幕した。熊本を本拠地とする火の国サラマンダーズと大分を本拠地とする大分Ｂ-リングスの２球団からなる九州アジアリーグだ。

このリーグは、２００５年に始まった日本の独立リーグの歴史に「画期をなす」と言ってよいだろう。

著名な野球人がファウンダーとなった異色のリーグ

このリーグの創設者で代表理事に就任した田中敏弘氏は、九州学院高時代の１９８７年には夏の甲子園に出場。２回戦で野村弘樹、立浪和義らのＰＬ学園に２-７で敗退。明治大学に進み、内野

2021年火の国と大分の公式戦

ヤマエ久野九州アジアリーグ
田中敏弘前代表理事

手として活躍。

さらに日本通運浦和(のち日本通運)でもプレー。1994年社会人野球日本選手権で、日産自動車を下して優勝したメンバーの一人となっている。

2000年に引退後は、郷里熊本でスーパーマーケット株式会社鮮ど市場の経営者となるが、2005年に社会人野球の「熊本ゴールデンラークス」を創設、翌年から日本野球連盟に加盟し、都市対抗野球や社会人野球日本選手権にも出場。4人のプロ野球選手を輩出するなど、九州地区の強豪として活躍した。

つまりトップクラスの野球選手であり、野球指導者だったのだ。その上に企業経営者としても辣腕をふるって事業を拡大し、さらに社会人野球チームを創設して強豪チームに育て上げたのだ。

独立リーグ球団の経営者には、ベンチャー企業や広告代理店、人材派遣会社などの出身者が多い。石毛宏典氏をはじめ野球界の出身者は何人か経営にかかわってきたが、リーグの運営を仕切ってきたのは、野球界とは異なる経験を積んだ人たちだった。

田中氏は日本野球界の本流を歩いた人であり、独立リーグ界これまでほとんどいなかったタイプの経営者だったと言えよう。

うちは独立リーグとは名乗っていない

九州アジアリーグは、創設と同時に一般社団法人 日本独立リーグ野球機構（IPBL）に加盟した。

田中氏は語る。

「IPBLに加盟してはいますが、うちは独立リーグとは名乗っていません。〝独立〟というのは、日本のプロ野球リーグ（NPB）から独立したリーグという意味ですが、私はそれを意識していません。九州に新たなプロ野球のリーグができたという認識です。プロ野球との関係や、他の独立リーグとの連携ももちろん大事ですが、九州にできたこのリーグからどんなことができるか、私はそれを考えています」

もともと田中氏は、自らが手掛けた「熊本ゴールデンラークス」を「県民球団」に移行しようと考えていた。

「熊本市のリブワーク藤崎台球場は、高校野球の聖地であり熊本球児には甲子園みたいなものですが、老朽化が進む中、改修もままならなかった。そこへ熊本地震があった。この先どうなるんだろうと考えて、熊本復興の証しとして新球場設立を、と活動を始めたんです。署名活動などもやりましたが、なかなか機運が盛り上がらない。

そこで県民球団を設立して活動することで、県民に訴えかけようと考えたんです。まず球団ありきでしたが、野球は1チームではできない。そこで大分にも働きかけてもう1球団ができて、九州リーグを設立することになったんです」

独立リーグ球団の経営はスポンサーありきになりがちだが、田中氏はそうは考えなかった。

「スタートラインにおいてスポンサーありきのリーグ経営では長続きしません。まずは理念、思想をもった独立した法人格として、しっかりリーグ運営をするのが重要です。私自身、会社経営をしながら野球に携わっていたので、自分たちで野球をして飯を食うという気構えがなければ続かないと考えています。

もちろんスポンサーは重要ですが、柱をもう1本立てたいと思います。それは、野球による町おこし、社会貢献です。SDGsの考え方にもつながる地域創生をつねに考えています。

球場でのサービスだけでなく、地域創生担当、行政担当、アジア圏などを担当する国際部などいろんな部署を設置してすでに動き出しています。球団運営は各球団に任せて、僕は先行する市場に働きかけようと考えています」

火の国サラマンダーズの圧倒的な強さ

2021年、1年目の九州アジアリーグで際立ったのは火の国サラマンダーズの「強さ」だった。公式戦は火の国と大分の2チームで戦い、火の国が23勝9敗と大きく勝ち越した。

2021年9月、球団設立記者会見での堀江貴文氏

ドラフト3位になった火の国石森大誠（左）と馬原監督

交流戦として四国アイランドリーグplus、琉球ブルーオーシャンズ、ソフトバンクホークス3軍と対戦したが、火の国は12勝6敗1分、大分は5勝11敗だった。特に火の国は四国には6勝0敗だった。

1年目のオフに火の国の石森大誠がドラフト3位で中日に指名された。これは、香川の又吉克樹が2013年にドラフト2位で中日に指名されたのに次ぎ、徳島の伊藤翔が2017年西武にドラフト3位で指名されたのと並ぶ高位での指名だった。

社会人野球を母体にしたとはいえ、火の国サラマンダーズの強さは、10数年独立リーグを運営してきた他リーグにとっても衝撃的だっただろう。

〝ホリエモン球団〟が参加した2022年シーズン

そして2年目には実業家堀江貴文氏がオーナーとなって、福岡北九州フェニックスがリーグに加わった。

堀江氏は語る。

「まったく何もない中でのスタートになりますので皆さん〝本当

にあいつはできるのだろうか〟とか疑問に思っていると思いますが、働き方、生き方が大きく変わりつつある現在、リモートワークやＤＸ（デジタルトランスフォーメーション）の進展で『人の仕事』がなくなってしまう。なんとなく会社に来て、なんとなくパソコンの前に向かって時間を過ごすような働き方はなくなり、大量に空き時間ができる。その時間をいかに埋めていくかが大きな課題となる。独立リーグ球団の設立は、その実践の場です」と話した。

ノックをする北九州西岡剛監督

堀江氏はすでに自らのオンラインサロンで、３人制バスケットのチームを運営するなど、サロンの仲間とプロスポーツの分野に乗り出していた。さらに大きなチームを作ろうと、設立に至ったという。

「ただし日本にはすでにＮＰＢがあるので、ガチなファン以外を取り込むのが大きなテーマとなる。野球が大好きじゃない人が圧倒的な中で、いかに球場に呼びこんだり、ファンになってもらうかが課題です」

堀江氏が２００４年に「仙台ライブドア・フェニックス」という球団名でＮＰＢに参入しようとした時期には、巨人、阪神など大都市圏のセ・リーグのチームが人気だったが、その後、ソフトバンクが福岡でドーム球場、ホテル、プロ野球チームで大人気になったように、地方に本拠を置いたパ・リーグがセ・リーグに肩を並べるようになった。

「仙台なんかで球団つくったって客入るわけねーだろ、パ・リーグみんな赤字じゃねーかよとか、めちゃくちゃ言われましたけど今、どうですか？

当時と比べても今は、SNSの利用が進み、DXが進展しつつあります。空き時間がさらに増える中、プロスポーツはまだまだ足りない、球場を核として小回りの利く、新しい施策を打ち出していきます。

あのとき（2004年の球界再編時）は12球団を10球団、8球団に減らす案が出ていました。世界的にも同じ議論がありましたが、MLBでは反対に1990年の16球団が、30球団にエキスパンションして大成功しました。その後楽天さんが参入して、日本一のときは僕もその場にいてよかったなと心底思いましたが、今はローカルなプロスポーツ、エンターテインメントをつくっていく使命感、〝おせっかい〟に近いが、うまくいったらそれでいいじゃないかと思います」と語った。

リーグは、2021年9月には大手食品商社ヤマエ久野とネーミングライツ契約を結び、ヤマエ久野九州アジアリーグとなる。

11月には北九州の選手兼任監督に西岡剛が就任した。

野球の実力に加え、日本中の注目を集める異色のオーナーのチームも参加。2022年の北九州での開幕戦は雨天で1日流れたが、1248人の観客を集めメディアの大きな注目を集めた。

新球団も参入し、さらなる進化を志向する

田中敏弘代表理事は２０２２年10月に退任を発表した。田中氏は「熊本県民球団創設に始まり、リーグ設立、来期は構想通りに４球団体制でのリーグ戦の実施、ソフトバンクホークス様との試合交流と事業連携など、ある程度の形は作れたと思っています。スポーツビジネスの世界観と独立リーグに触れて、様々な経験を得ました。この財産を活かして今後も微力ながら野球界の復興と発展に尽力していきます」と語った。今後は東南アジアでの野球の普及活動に専念するとのこと。後任は熊本ゴールデンラークス元監督で、専務理事だった徳丸哲史氏。

２０２２年10月１日に行われたＩＰＢＬグランドチャンピオンシップでは、九州アジア代表の火の国サラマンダーズは、北海道フロンティアリーグ勝者の士別、ルートインＢＣリーグの勝者の信濃を圧倒して優勝、独立リーグ日本一に輝いた。

２０２２年９月９日、ヤマエ久野九州アジアリーグは、宮崎県民球団をつくる会が運営する宮崎サンシャインズの連盟加入申請を承認したと発表した。来季からリーグは４球団体制でリーグ戦を展開する。またソフトバンク３軍、新設された４軍との交流戦も行う。

さらにネーミングライツスポンサー・ヤマエ久野株式会社のホールディングス化により、リーグ名も２０２２年１１月からヤマエグループ 九州アジアリーグと変更された。また福岡北九州フェ

ニックスは2023年から北九州下関フェニックスに球団名を変更すると発表された。

経営面でも実力面でも屈指の実力を保有した独立リーグを創設した田中敏弘氏の功績は大きい。

ヤマエグループ九州アジアリーグは、独立リーグのフロントランナーとして今後も目が離せない。

1-7 「野球好き経営者」が、新風を起こす。「日本海オセアンリーグ」の将来性。

2021年9月、12球団からなるルートインBCリーグから4球団が独立し、日本海オセアンリーグ(以下NOL)を結成するという発表があった。

西地区4球団による新リーグ設立

新リーグ設立を主導したのは、横浜市の大洋建設を中心とした不動産、デベロップメント、介護事業などを束ねる企業グループであるオセアングループ(以下オセアン)。
オセアンは、2019年に滋賀ユナイテッドBCのスポンサーとなり、2021年から経営を継承、チームを強化するとともに、石川、富山、福井球団に働きかけて新リーグを創設することとした。
日本海オセアンリーグの4球団
富山GRNサンダーバーズ

石川ミリオンスターズ
滋賀GOブラックス
福井ネクサスエレファンツ

オセアングループ代表の黒田翔一氏(当時)は語る。

「オセアングループの部門の一つにスポーツマネジメント事業があります。野球と、ウィンタースポーツのアスリートのサポートをしています。もともとは地域貢献のつもりで中学硬式野球のヤングリーグのチームを横浜に立ち上げたのが始まりでした。想像以上にチームが強くなり、全国大会で優勝する実績を残しています。

2021年9月16日のリーグ発足記者会見

こうして野球界にご縁ができてルートインBCリーグの滋賀ユナイテッドBCのスポンサードをするようになったんです。翌年にはネーミングライツで球団名がオセアン滋賀ブラックスになりました。ところがこの球団が経営難になりました。オセアンという名前がついている手前、放っておくわけに行かず、私たちが直接経営に乗り出すことにしました。

オセアングループ母体の大洋建設社長である父に『1年間やらせてくれ、しっかり立て直すから』と言って経営に参画し、2021シーズンは地区優勝するなど球団の立て直しに成功しました。

2021年11月トライアウト

黒田翔一代表(当時)

こうして球団運営をする中で、リーグ運営にも疑問を抱くようになりました。今の独立リーグはもっといろいろと改革できるのではないか、と考えてルートインBCリーグの村山哲二代表と話し合って4球団で独立することになったんです。

リーグ運営となると球団運営とは違った課題がいくつかあります。まず富山、福井、石川は雪が降る地方です。これは不利な要素ですが、石川と富山はBCリーグ創設時から唯一、継続的に経営を続けている球団です。両球団の社長は独立リーグ運営の様々なノウハウを持っておられます。NPBにも人材をたくさん輩出している。この2球団の経験をリーグとしても共有させてもらおうと考えました」

地域特性を活かしたリーグ運営

ルートインBCリーグの項でも紹介した通り、東は福島県、北は新潟県から、西は滋賀県まで本州の広いエリアに球団が点在しているこのリーグは、コロナ前は2地区に分かれてペナントレースが行われていたが、地区をまたいだ交流戦もあり、周辺部のチームにとっては移動、宿泊コストが大きな負担になっていた。

また、新潟、栃木、群馬など観客動員も多く、強いチームがいる一方で、近年は観客動員に苦しむチームや、極端に低い勝率になるチームもあり、格差が拡大していた。

各球団はおかれた環境も異なり、経済事情も様々だ。１２球団が全部同じ条件でペナントレースを行うのがだんだん難しくなっていたのだ。

今回ＮＯＬに所属する４球団は、コロナ禍の２０２０年以降、大規模な移動を伴う遠征をやめることとなり、４球団だけでリーグ戦を行っていた。今回の独立は、形式上は、ここ２年間やってきたリーグ戦をそのまま追認したような形になっている。

しかしながら、ＮＯＬは、同時に、これまでの独立リーグにはない意欲的な取り組みも行う。

新機軸を打ち出す

まず、４チームのシーズン試合数は72試合から60試合程度に圧縮する。平日に開催する試合数を減らし、土日に集中して試合を行う。また土日の試合は１球場に４球団が集結して、それぞれが１日で２試合ずつ行う。

これまで大きな負担になっていた遠征費を圧縮するとともに、密度の高い試合を行うことで観客動員も増やしていくという考えだ。

そしてリーグ戦がない日には、ＮＰＢファームなどとの交流戦を積極的に組んでいく。

第二に、選手の待遇を上げる。独立リーグの給料は多くて10万円程度、報酬期間はシーズン期間だけ。オフシーズンの間はアルバイトをして生計を立てている。独立リーガーは厳しい衣食住の中で辛うじて野球を続けているのが実情だ。

しかし新リーグは報酬対価の底上げを実施すると発表。新卒社会人同等の報酬を得ることで選手が安心して野球ができる環境を提供する。それに加えて、オフシーズンの一部期間も報酬を出すことを発表した。

最近の独立リーグは、優秀な選手を積極的にスカウトするため、有望選手の取り合いが起こっていた。NOLの「報酬の底上げ」と「報酬期間の拡大」は魅力的な条件ではあろう。

さらに、引退する選手にスポンサー企業をセカンドキャリアとして積極的に紹介する。

実は独立リーグは「野球をやめる」「あきらめる」選手の処遇もポイントだ。オセアングループをはじめとしたリーグスポンサー及び球団スポンサーに対して、積極的に引退を表明した選手を紹介する仕組みづくりをNOLは行う。スポンサー企業と密接なつながりのある独立リーグ球団は、セカンドキャリアの問題も重要なポイントなのだ。

そして、NOLは、リーグ専用アプリ〝BOSSK〟を使用し品質の高い試合放送を生中継で配信する。〝BOSSK〟はNOLが独自開発したアプリであり、野球中継の他にモータースポーツや他動画コンテンツも配信する予定だ。NOLとしては〝BOSSK〟の普及を広げ、独自のエンタメ性を展開していく目論見だ。

セントラル開催方式でペナントレース始まる

2022年4月2日、日本海オセアンリーグの開幕戦が、滋賀県彦根市のオセアンBCスタジアム彦根で行われた。

滋賀県の三日月大造知事の祝辞、前日本ハムで福井ネクサスエレファンツの秋吉亮(退団)と三代目J SOUL BROTHERS from EXILE TRIBEのELLYさんの一打席勝負の始球式などのあと、滋賀GOブラックス対福井ネクサスエレファンツ、石川ミリオンスターズ対富山GRNサンダーバーズの2試合が行われた。

2022年4月日本海オセアンリーグの開幕戦

1試合目と2試合目の間のインターバルは改善の余地があるように思えたが、こうして新しい独立リーグがまた誕生した。

NOLは、オセアングループがリーグ全体を後援しているだけでなく、リーグも運営している。

オセアングループは千葉ロッテマリーンズ、横浜DeNAベイスターズ、オリックス・バファローズなどのスポンサーになったり、業務を請け負うなどNPB球団とも深いつながりがある。九州アジア野球リーグとは状況は異なるが、プロ野球など既存の野球界に近い企業グループが運営していることが大きな特色だろう。

4チームが本拠とする石川、福井、富山、滋賀の4県は旧BCリーグがカバーしていたエリアの中でも最も人口が少ない4県でもあった。それだけに今後の経営手腕が問われるところだ。このリーグもDX(デジタルトランスフォーメーション)を駆使した新しい独立リーグになっていくことだろう。

ただし、設立準備が十分でないためIPBL(一般社団法人日本独立リーグ野球機構)への加盟は見送られた。

2023年は2リーグに分裂

2022年10月20日のプロ野球ドラフト会議では、福井の濱将乃介がドラフト5位で中日から指名された。これはこの年の独立リーグでは最高の指名順位だった。また、石川の野村和輝も育成1位で西武から指名された。創設1年目で2人の選手がドラフト指名されるのは異例のことだ。

しかし10月31日、その福井を運営する株式会社S・Sマネジメント福井より、福井ネクサスエレファンツの活動休止、解散の申請がありリーグは承認した。さらに滋賀GOブラックスも2023年の活動を休止すると発表(ただし解散はせず)。

一方で千葉県船橋市を本拠地とした新球団千葉スカイセラーズ設立の申請があり、リーグはこれを承認した。これに続き、神奈川県でもYKSホワイトキングスの設立が発表された。

12月26日には、来季から富山と石川は日本海オセアンリーグには参加せず、「株式会社PORT」

が運営する「日本海リーグ」に参加し、リーグ戦を行うこととなった。また日本海オセアンリーグはリーグ名称を「ベイサイドリーグ」と変更し、千葉と・神奈川の新球団でリーグ戦を行う。両リーグは独立運営となるが、業務提携リーグとして交流戦を予定している。

このさ中の12月12日には、黒田翔一氏が代表を退任し、滋賀球団の監督だった柳川洋平氏がリーグ代表に就任した。2つのリーグは2023年新しい体制でスタートすることになる。

琉球ブルーオーシャンズ

最後に2019年7月に沖縄県に設立された琉球ブルーオーシャンズについて触れておきたい。

北川智哉球団社長(2020年)

筆者は2020年2月、沖縄県東風平の春季キャンプを訪ねた。球団社長の北川智哉氏は外資系証券会社などでトレーダーを務めた後、不動産会社の投資部門などを経て、琉球ブルーオーシャンズを運営する株式会社BASE沖縄野球球団を設立。

「MLBでは基本的に単体の企業でその企業価値を高めて売ると言うことを考えている。うちもバリューアップを企業の価値を高めていく」

と語った。球場の会議室にはケータリングが入り、豪華な食事が並べられていた。清水直行監督や選手には独立リーグとしては高額な年俸が支払われていた。北川氏は具体的な構想は話さなかったが、その時点では独立リーグとの連携は考えておらず、むしろＮＰＢへの参入を考えているような口ぶりだった。

しかし3月にＩＰＢＬ（日本独立リーグ野球機構）に加盟。これによりアマチュア野球チームとの試合が可能となった。２０２０年は沖縄県内の社会人野球などとの試合を行い、地元放送局が中継することになっていたが、コロナ禍で無観客となるなど不運が続いた。

コロナ禍に翻弄された球団運営

２０２１年はヤマエ久野九州野球リーグとの交流戦を行ったが、チームにクラスターが発生し、活動停止。10月には大部分の選手が退団。

翌２０２２年2月にはＩＰＢＬから除名を通告されたが、琉球側は法的措置を講ずると発表。その後、沖縄県にて「アジアウィンターリーグ」を行うとの発表があった。別の団体によって11月末から「ジャパンウィンターリーグ」の開催が予定される中、今後の動向が気がかりだったが、10月に入って中止が発表された。

さらに11月11日、以下の発表があった。

「この度、２０２２年11月11日をもって、琉球ブルーオーシャンズの活動を一時休止する事と致しましたので、お知らせいたします。

琉球ブルーオーシャンズは、将来的な日本プロ野球機構（ＮＰＢ）入りを目標とし、〝沖縄の地を

2020年春季キャンプ風景

リスペクトし、県民と共に歩み、共に繁栄する〟を球団理念とし、沖縄県の皆様に野球を通じ笑顔を届けることを目的とし発足いたしました。しかし、発足直後より新型コロナウィルスの影響を大きく受け、活動が大きく制限されるなど、厳しい経営環境下での舵取りを迫られました。その後も、活動を続けてまいりましたが、長引く新型コロナの影響により、依然球団を取り巻く環境は厳しい状況にあり、今年度のチーム活動が終了しました本日を持ちまして、活動を一時休止することと致しました。

現在、新たなスポンサーと協議中であり、正式に決定次第、ご報告いたします。

これまで多大なご理解、ご協力、そして応援を賜りました皆様には心より感謝申し上げます」

コラム①　藤川球児、高知ファイティングドッグスに入団

２０１５年６月１日、四国アイランドリーグPlusの高知ファイティングドッグスは、元阪神の藤川球児の入団を発表した。この年、テキサス・レンジャーズで投げた藤川はＤＦＡ（戦力外）となり、ＭＬＢの他球団移籍か、ＮＰＢ球団への復帰かと報道されていた。

６月８日、高知市の老舗旅館の宴会場に設けられた入団記者会見場には、東京のキー局をはじめ、多くの報道陣が押し寄せた。

藤川は高知市出身。高知商時代は兄の順一とバッテリーを組み、１９９７年の夏の甲子園に出場した。１９９８年のドラフト１位で阪神に入団。１９８０年生まれの「松坂世代」を代表する投手であり、２００３年に救援投手に転向してからは勝利の方程式「ＪＦＫ」のセットアッパーとして２年連続最多ホールド、２００７年からはクローザーとして圧倒的な数字を残してきた。また侍ジャパンの代表として２００６年、２００９年のＷＢＣの連覇に貢献した。

２０１２年には海外ＦＡ権を行使してシカゴ・カブスに移籍。２０１３年にトミー・ジョン手術を受けたこともあり、ＭＬＢ通算では29試合１勝１敗２セーブ１ホールド、防御率５・74に終わった。

会見には高知の梶田宙社長と弘田澄男監督のほかに、当時の四国アイランドリーグPlusの運営

会社、株式会社IBLJの鍵山誠CEOも出席した。

藤川との契約は、とりあえずNPB球団への移籍期限である7月31日までであり、その後については未定だと話した。藤川は無報酬で投げ、登板した試合の入場料収入から10%を児童養護施設に寄付すると発表された。

藤川はこの会見で「これまで野球だけの人生で、子どもたちとの時間を作ることができなかった。夏の間は子どもたちに高知の自然を体験させてやりたい。バーベキューをしたり、魚釣りをしたりいろいろ経験させたい。そしてチームのメンバーには、僕の経験したことを少しでも学んでもらえるようにしたい。一瞬一瞬が大事、責任を感じている」と語った。

2015年8月6日、高知入団記者会見での藤川球児。右は梶田宙球団社長

6月20日には高知市野球場で香川徳島連合チームとのオープン戦が行われ、藤川が先発した。試合開始、藤川は先頭打者を三塁ゴロに仕留めたが、その打球をこの年、練習生としてブルキナファソから入団したばかりの18歳、サンホ・ラシィナがファンブル。球場内は一瞬凍り付いたが、藤川はラシィナに柔和な笑顔を見せた。この回に失点したが、藤川は2回から4回までを無失点で降板した。

7月31日までにNPB球団との契約締結に至らなかったた

め、藤川は8月の後期シーズンも高知で投げることになった。公式戦では6試合に登板し2勝1敗、33回を投げ、自責点3、防御率0・82。9月7日に高知で行われた香川オリーブガイナーズ戦では先発して香川を3安打完封し、健在ぶりをアピールした。

シーズン終了後の2015年11月、阪神タイガースは藤川の復帰を発表。以後、藤川は5シーズンで23セーブ61ホールドを挙げ、阪神の守護神としてチームに再び貢献した。

21年に及ぶ選手生活の中で、藤川にとっての独立リーグ時代は6月から9月のわずか100日足らずにすぎないが、この期間の「充電」は、その後のキャリアに大きな意味があったと考えられる。高知のファンはいまだに「あの年、藤川が戻ってきてくれたことは忘れない」と話す。短く暑い夏だった。

2015年高知ファイティングドッグスの藤川球児

福岡ソフトバンクホークス

＃14　又吉克樹投手

・独立リーグは野球を続けるチャンスをくれた場所であり、同時に野球への未練を断つ場所でもありました。
一年でNPBに行くことができなければ野球を辞め、地元へ帰るつもりだったので、人生の中でもあの一年が今の野球人生に繋がっていると感じています。

覚悟を決めて進路を断ち、野球だけに没頭する。そんな経験をさせてくれた場所です。

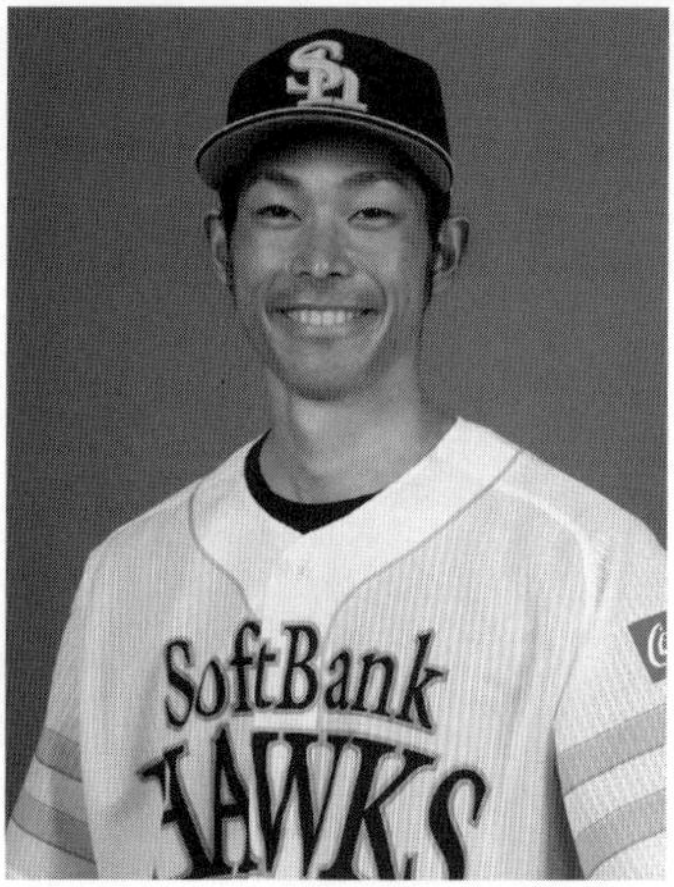

© SoftBank HAWKS

又吉克樹投手　右投げ右打ち 181㎝ 74kg
1990年沖縄県浦添市生まれ、沖縄県立西原高、環太平洋大学を経て2013年四国アイランドリーグplusの香川オリーブガイナーズに入団。24試合13勝4敗131.1回101奪三振、防御率1.64という好成績を上げリーグの年間MVPに選出される。
この年のドラフト会議で、独立リーグ史上最高位の２位で指名され中日に入団。セットアッパー、先発投手として活躍し、オールスターにも２回出場。2021 年 FA 権を行使してソフトバンクに移籍。
NPB通算（9年） 431試合44勝29敗11セーブ157ホールド、523.1回、防御率2.82

第二章　データで見る独立リーグ

観客動員は？　経営規模は？　から、経営者の意識、ドラフトでの実績まで。
数字で見る独立リーグ。ＮＰＢや他のスポーツとの比較も交えて見ていく。

2017年新潟アルビレックスBCの観客席

2-1 観客動員はプロ野球の100分の1

独立リーグには、どのくらいお客が来ているのか? 数字で見てみよう。

データはIPBL(一般社団法人日本独立リーグ野球機構)から提供を受けたものに、球団アンケートや、メディアの記事などに基づいて作成した。

マーケット規模を見るために各チームが所在する都道府県の人口も示した。コロナ禍前の2019年とコロナ2年目の2021年の数字を示す。

なお、オセアン日本海リーグ、北海道フロンティアリーグは2022年創設で、その前身球団は元のリーグに所属していたが、現在のリーグの規模感を知るために、あえて今のリーグ分けにしてデータを提示している。

コロナ禍で落ち込むも健闘している球団あり

まずは四国、BC、さわかみ関西独立リーグ

コロナ前の2019年、四国、BCリーグでは平均500~600人の観客を動員していたが、2021年には大きく落ち込んだ。ダメージは大きかったのだ。

リーグ	球団名	2019		2021		所在道府県	人口
		動員総数	平均	動員総数	平均		
四国アイランドリーグplus	香川オリーブガイナーズ	11,783	494	7,218	225	香川	950,244
	高知ファイティングドッグス	14,951	415	9,010	257	高知	691,527
	徳島インディゴソックス	19,715	481	6,703	168	徳島	719,559
	愛媛マンダリンパイレーツ	23,081	624	4,241	125	愛媛	1,334,841
	計	69,530	504	27,172	194		3,696,171
ルートインBCリーグ	福島レッドホープス	8,322	231	3,605	139	福島	1,833,152
	茨城アストロプラネッツ	20,000	555	13,963	537	茨城	2,867,009
	栃木ゴールデンブレーブス	59,825	1,409	21,607	617	栃木	1,933,146
	群馬ダイヤモンドペガサス	19,304	559	8,772	274	群馬	1,939,110
	埼玉武蔵ヒートベアーズ	13,362	371	10,133	349	埼玉	7,266,534
	神奈川フューチャードリームス			5,772	192	神奈川	9,237,337
	信濃グランセローズ	16,982	472	14,501	427	長野	2,048,011
	新潟アルビレックスBC	25,141	718	16,906	483	新潟	2,201,272
	計	162,936	616	95,259	377		29,325,571
さわかみ関西独立リーグ	堺シュライクス	2,378	103	3,400	161	大阪	8,837,685
	06BULLS			1,038	51		
	和歌山ファイティングバーズ			1,593	69	和歌山	922,584
	兵庫ブレイバーズ			868	38	兵庫	5,534,800
	計	2,378	103	6,899	80		15,295,069

単位（人）

しかし球団ごとに見ていくと、四国が軒並み半減している中で、ＢＣの茨城、埼玉武蔵、信濃は微減にとどまっている。

栃木はコロナ禍前には独立リーグでは断トツの動員があった。前巨人の村田修一、前阪神の西岡剛など人気選手の入団で話題を集めていた。それだけでなくマーケティングも優秀だった。

さわかみ関西独立リーグは、数十人の動員にとどまっている。中で堺シュライクスは平均１００人以上を集めている。告知やファンサービスなど独立リーグの「基本」ともいえるマーケティングを実施しているからだと思われる。しかし１５００万人を超す大都市圏にありながら、リーグ合計でも観客動員は年間で１万人に満たない。

九州の健闘が目立つ一方で…

北海道の２つのリーグ、九州、オセアン。

リーグ	球団名	2019		2021		所在道府県	人口
		動員総数	平均	動員総数	平均		
北海道ベースボールリーグ	富良野ブルーリッジ					北海道	5,224,614
	すながわリバーズ						
	奈井江・空知ストレーツ						
北海道フロンティアリーグ	士別サムライブレイズ			1,500	65		
	美唄ブラックダイヤモンズ			2,118	96		
	石狩レッドフェニックス			910	70		
	計			4,528	77		5,224,614
九州アジアリーグ	大分Ｂリングス			9,243	342	大分	1,123,852
	火の国サラマンダーズ			17,000	557	熊本	1,738,301
	福岡北九州フェニックス					福岡	5,135,214
	計			26,243	450		7,997,367
日本海オセアンリーグ	富山GRNサンダーバーズ	17,665	490	8,948	291	富山	1,034,814
	石川ミリオンスターズ	13,356	371	8,044	224	石川	1,132,526
	福井ネクサスエレファンツ					福井	766,863
	滋賀GOブラックス	9,308	305	6,302	172	滋賀	1,413,610
	計	40,329	389	23,294	229		4,347,813
IPBL計		232,466	560	153,202	274		46,243,723
独立リーグ計		275,173	403	183,395	234		65,886,605

北海道ベースボールリーグは観客動員の発表はなかったが、２０２１年まで同じリーグに所属していた北海道フロンティアリーグの数字から見て数十人程度だろうと思われる。さわかみ関西独立リーグとほぼ同レベルだ。

２０２１年にスタートした九州は数百人だったが、コロナ下での興行であることを考えれば大いに善戦したと言えよう。

日本海はすべてＢＣリーグ時代の数字だが、ＢＣリーグと比較しても動員は半分強にとどまっている。４球団はＢＣリーグ時代からマーケティング的には厳しかったことを意味している。

ＩＰＢＬ所属球団では２０１９年の動員は平均５６０人だったが、２０２１年は２７４人と半減。独立リーグ全体でも観客動員はコロナ禍で大きく下落している。

では日本のプロ野球、ＮＰＢはどれくらいの観客を動員しているのか？　同じデータを並べる。

リーグ	球団名	2019		2021		所在道府県	人口
		動員総数	平均	動員総数	平均		
セントラル・リーグ	読売ジャイアンツ	3,027,682	42,643	812,612	11,950	東京	14,047,594
	東京ヤクルトスワローズ	1,955,578	27,543	675,258	9,930		
	阪神タイガース	3,091,335	42,935	749,433	11,021	兵庫大阪	14,372,485
	中日ドラゴンズ	2,285,333	31,741	593,791	8,363	愛知	7,542,415
	広島東洋カープ	2,223,619	31,319	976,306	13,560	広島	2,799,702
	横浜DeNAベイスターズ	2,283,524	31,716	725,858	10,223	神奈川	9,237,337
	計	14,867,071	34,655	4,533,258	10,845		47,999,533
パシフィック・リーグ	福岡ソフトバンクホーク	2,656,182	36,891	462,060	8,557	福岡	5,135,214
	オリックス・バファローズ	1,733,998	24,423	431,601	7,315	兵庫大阪	14,372,485
	北海道日本ハムファイターズ	1,970,516	27,368	544,818	7,783	北海道	5,224,614
	埼玉西武ライオンズ	1,821,519	25,299	620,346	8,737	埼玉	7,266,534
	千葉ロッテマリーンズ	1,665,891	23,463	633,453	8,798	千葉	6,284,480
	東北楽天ゴールデンイーグルス	1,821,785	25,659	615,237	8,545	宮城	2,301,996
	計	11,669,891	27,202	3,307,515	8,310		40,585,323
NPB計		26,536,962	30,928	7,840,773	9,608		60,164,777

２０１９年のＮＰＢ12球団が動員した観客は２、６５３万人、全ての独立リーグ球団が動員した観客数は27・5万人、ざっと１００分の１だ。同じ「プロ野球」を名乗りながら、その差は非常に大きい。ただし２０２１年はコロナ禍でＮＰＢは入場制限をしたこともあり、観客数は３割程度まで落ち込んだが、独立リーグは５割程度にとどまっている。もともと非常に少なかったから、ダメージは小さかったともいえるが。

多くの球団経営者は、観客動員が非常に少ないことについて深刻な問題だと考えている。

なお、独立リーグの観客動員数では、２０１４年９月14日、当時ＢＣの石川―福井戦１５、８７７人を動員したのが最多だとされる。この試合では明石家さんまが１日コーチを務めた。これに次いで２００９年７月12日 新潟―信濃戦の１５、３１１人、現巨人ファーム総監督の桑田真澄が始球式をした。四国では２００８年４月12日の愛媛対福岡戦で１０、２８８人だとされる。

小さな観客数でやりくりを続けているが…

独立リーグの観客動員は、減少傾向にある。四国は設立3年目の2007年に平均観客数が1100人、BCは設立年の同じく2007年に1790人を記録したのをピークとして動員数を徐々に減少させ2010年以降は500人前後にとどまっている。

この限られた観客数で球団、リーグを存続させるために各球団、リーグは経営努力を続けてきたが、将来を考えるならば「観客動員」は、独立リーグの最大の課題であり続けるだろう。

2-2　経営規模もプロ野球の100分の1

では独立リーグの経営規模、経営状態はどうなっているのだろうか？

各リーグの売上、経常利益は？

IPBLから提供された各独立リーグの経営データをもとに見ていこう。提供いただいた資料は球団別の売り上げ、経常利益だった。この資料は、一度は共同通信を通じて公表されたものだが、一部球団から数字を公表してほしくないと言う要請があったので、リーグごとの平均値にした。

2019年、20年、21年の各リーグの売り上げ、経常利益の推移。なお、北海道ベースボールリ

リーグ	2019		2020		2021	
	売上	経常利益	売上	経常利益	売上	経常利益
四国アイランドリーグplus	103,928	-5,231	90,471	-2,011	98,639	2,376
ルートインBCリーグ	108,890	-7,392	130,806	6,989	142,176	-195
さわかみ関西独立リーグ	15,376	-205	17,190	-16,660	33,324	-11,423
北海道フロンティアリーグ			22,505	460	15,362	1,180
九州アジアリーグ					107,252	-5,661
日本海オセアンリーグ	94,484	-26,423	83,043	-18,189	88,336	-14,632
IPBL加盟リーグ	107,236	-6,672	117,361	3,989	105,612	-129
独立リーグ	94,178	-9,396	87,436	-3,644	91,807	-3,787

各リーグ球団の平均上げ、経常利益　　単位（千円）

リーグに関しては、数字がなかった。また日本海オセアンリーグはBCリーグ所属時代の数字、北海道フロンティアリーグも北海道ベースボールリーグ時代の数字だ。

一章の四国の項で、創設者の石毛宏典氏が独立リーグ球団の経営モデルとして

「年間のコストは1億〜1・5億円。リーグ全体の運営コストは6億円、入場者は平均800人、スポンサー収入は全体で2・4億円程度」

と算出したが、四国、BCはほぼ近いスケール感になっている。

四国、BC、日本海オセアン、九州アジアの4つのリーグは1球団当たり1億円前後の売り上げ、さわかみ関西と北海道フロンティアの売り上げははるかに小さい。これは観客動員と同様だ。

コロナ前の2019年は、すべてのリーグで経常赤字が出ていた。球団別にみるとどのリーグでも一部の球団が大きな赤字を出していたのが大きい。

2020年以降、コロナ禍で観客動員は半減したが、売り上げは微増している。これは入場料や球場での売り上げがもともと少なく、スポンサー収入などに依存している独立リーグの特殊な事情ゆえと言うことができよう。そして収支も改善している。経営努力の跡が見える。ただコロナ以降「スポンサーが継続して契約してくれない」という球団社長もいた。その影響もあってか2021年は売り上げはやや減少している。

日本海オセアンリーグの数字は、BCリーグ時代のものだが大きな赤字となっている。2022年から新リーグとなったが、経営改善が喫緊の課題ではあろう。

九州アジアは、コロナ禍でのスタートとなったが、四国、BC並みの売り上げとなっている。

売り上げ規模でもNPBの100分の1、J3よりも小さい

では2019年と2021年の球団別売り上げの上位10傑。

参考までに少し古いが2016年のNPB12球団の売り上げも示す。NPBの数字は金融ジャーナリスト伊藤歩さんの「ドケチな広島、クレバーな日ハム、どこまでも特殊な巨人」(星海社新書)による。さらにJリーグの2021年のJ1、J2、J3の各売上上位10傑も示した。こちらはJリーグが毎年公開している「Jクラブ個別経営情報開示資料」による。売り上げは百万円。

2018年、新潟アルビレックスBCの池田拓史社長は筆者に「売り上げが2億円に乗った」と

2019年　独立リーグ

球団	リーグ	売上
新潟アルビレックスBC	BC	205
愛媛マンダリンパイレーツ	四国	168
栃木ゴールデンブレーブス	BC	166
信濃グランセローズ	BC	125
群馬ダイヤモンドペガサス	BC	114
石川ミリオンスターズ	BC	105
富山GRNサンダーバーズ	BC	104
茨城アストロプラネッツ	BC	95
高知ファイティングドッグス	四国	91
香川オリーブガイナーズ	四国	84

2021年　独立リーグ

球団	リーグ	売上
新潟アルビレックスBC	BC	188
栃木ゴールデンブレーブス	BC	187
火の国サラマンダーズ	九州	170
神奈川フューチャードリームス	BC	159
愛媛マンダリンパイレーツ	四国	155
群馬ダイヤモンドペガサス	BC	134
茨城アストロプラネッツ	BC	132
福島レッドホープス	BC	120
信濃グランセローズ	BC	119
埼玉武蔵ヒートベアーズ	BC	99

2016年　NPB

球団	リーグ	売上
福岡ソフトバンクホークス	PL	25,900
読売ジャイアンツ	CL	25,300
広島東洋カープ	CL	16,700
北海道日本ハムファイターズ	PL	14,300
阪神タイガース	CL	11,600
東北楽天ゴールデンイーグルス	PL	11,600
埼玉西武ライオンズ	PL	10,900
横浜DeNAベイスターズ	CL	10,300
中日ドラゴンズ	CL	9,260
千葉ロッテマリーンズ	PL	9,000
オリックス・バファローズ	PL	8,200
東京ヤクルトスワローズ	CL	6,940

2021年　J1

クラブ	リーグ	売上
川崎フロンターレ	J1	6,982
浦和レッズ	J1	6,891
鹿島アントラーズ	J1	6,603
ヴィッセル神戸	J1	6,389
名古屋グランパス	J1	6,173
横浜F・マリノス	J1	5,228
ガンバ大阪	J1	5,179
FC東京	J1	4,772
清水エスパルス	J1	4,366
柏レイソル	J1	3,906

2021年　J2

クラブ	リーグ	売上
大宮アルディージャ	J2	3,115
ジュビロ磐田	J2	3,108
ジェフユナイテッド千葉	J2	2,371
京都サンガF.C.	J2	2,209
アルビレックス新潟	J2	2,208
V・ファーレン長崎	J2	1,980
松本山雅FC	J2	1,903
モンテディオ山形	J2	1,847
東京ヴェルディ	J2	1,755
ファジアーノ岡山	J2	1,571

2021年　J3

クラブ	リーグ	売上
FC今治	J3	917
FC岐阜	J3	750
AC長野パルセイロ	J3	708
鹿児島ユナイテッドFC	J3	692
カターレ富山	J3	627
いわてグルージャ盛岡	J3	588
ロアッソ熊本	J3	550
カマタマーレ讃岐	J3	408
ガイナーレ鳥取	J3	381
福島ユナイテッドFC	J3	367

売上（百万円

語った。日本の独立リーグでは破格のことだった。

２０２１年の段階で１億円以上の売り上げがあったのは30球団で９球団。依然として独立リーグ球団の企業規模は極めて小さい。NPB球団はソフトバンクの２５９億円を筆頭に１００億円以上が８球団。最少のヤクルトでも69・４億円。独立リーグは売り上げ規模でもNPBの１００分の１と言ってよいだろう。

J１の売り上げはNPBの30～50％、J２はその半分。J３はJ２の３割程度である。独立リーグは各県でJ３と並べ称せられたり、マーケティング競合したりするが、最大でも２億円前後の独立リーグに対してJ３で最も売り上げが少ないY.S.C.C横浜でも２・52億円であり、経営規模ははるかに小さい。

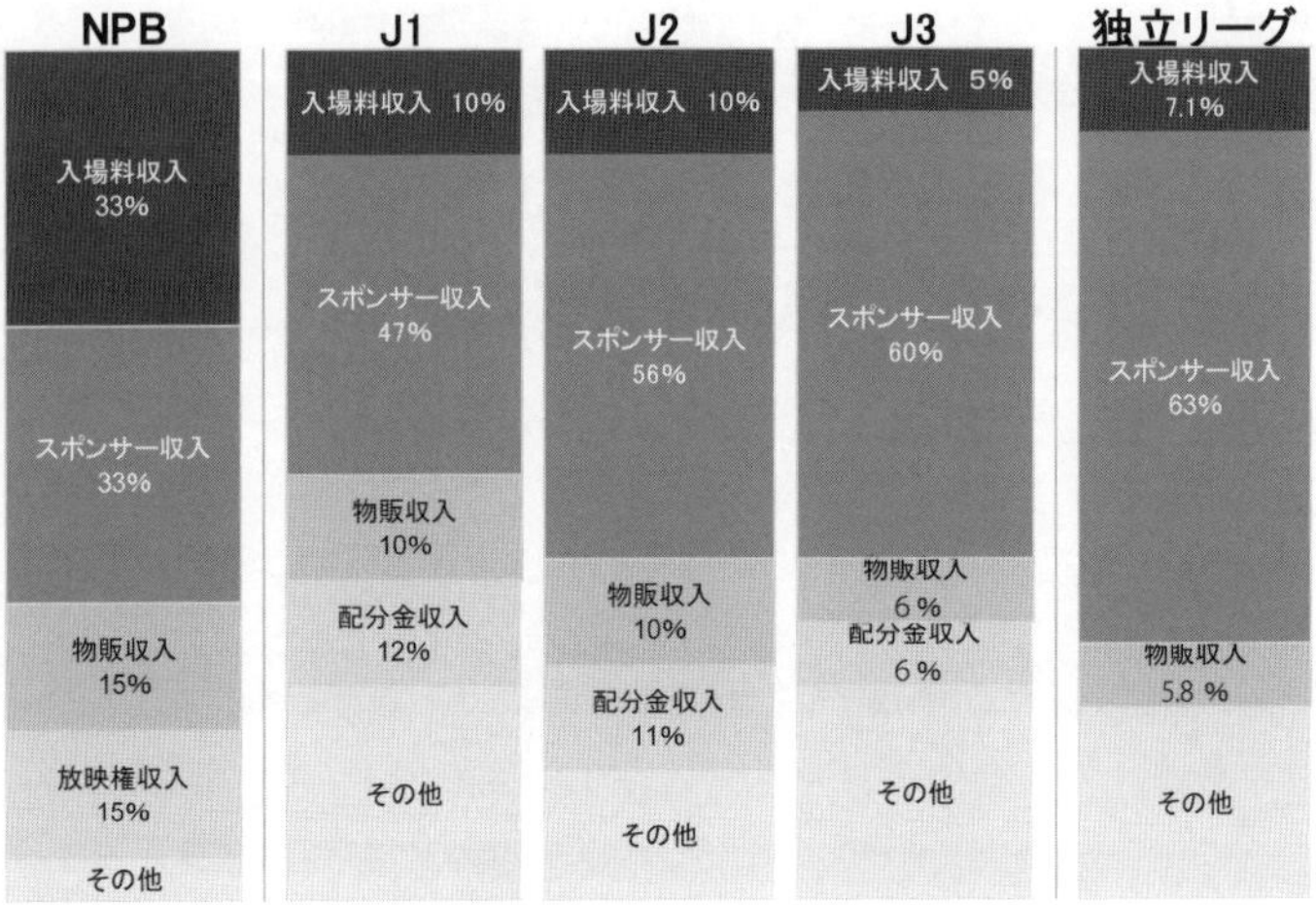

NPBとは大きく異なる「売り上げ構成比」

プロスポーツ企業の主たる収益は、①入場料収入②スポンサー収入③放映権収入④物販収入⑤その他に分けられる。NPB、Jリーグ、独立リーグの売り上げ構成比を見ていこう。

NPBは、前出の伊藤歩さんの著書などによる。Jリーグは「Jクラブ個別経営情報開示資料」に記載された各クラブの売り上げ構成比の平均値を算出した。独立リーグは、筆者が独立リーグ経営者に実施したアンケート結果に基づき、平均値を算出した。

NPBは平均すれば、入場料収入が3分の1、スポンサー収入も3分の1、物販収入、放映権収入が各15%程度となっているのに対し、Jリーグは3カテゴリーともに入場料収入は5%~10%程度にとどまり、スポンサー収入が47%~60%と大きい。これはNPB各球団が71~72の主催試合を行うのに対し、J1は19試合、J

2は21試合、J3は14試合と少ないからだ。その分、Jリーグはスポンサー収入の比率が大きくなっている。

なおJリーグの放映権料はリーグが一括管理をして各球団に配分金として配っている。Jリーグはこのほかアカデミーなどの収入もある。

独立リーグは年間30〜40試合前後の主催試合を行っているが、入場料収入は極めて少ない。また放映権料はほとんど見込めない。そしてスポンサー収入が63％を占めている。スポンサー依存の大きさが、独立リーグの最大の特徴だと言えよう。

ただ単純に「スポンサー収入」と言っても、NPBとJリーグ、独立リーグではその意味するところは大きく異なる。

NPBの場合、毎試合少なくとも1万〜2万人の観客が入る。球場に看板を掲げたり、試合の「冠スポンサー」になることの「広告効果」は大きい。また始球式をしたりVIPルームで観戦できるなど、スポンサード企業は「ステイタス」を感じることができる。

サッカーのJ1でもそうしたメリットはあるだろうが、J2、J3となるにつれてスポンサードの意味は変わって来る。

独立リーグの場合、観客数は数百人前後だから大きな「広告効果」は見込めない。「ステイタス」もNPBほどではない。スポンサードする企業にすれば「地元の球団だから」お付き合いで金を出していると言う部分が少なくない。

しかし、そうした大相撲の「タニマチ」的なスポンサードは、スポンサー企業の経営状態が変化したり、経営者の気持ちが変わったらあっけなくなくなることも多い。

三章の「スポンサー」の項で説明するが、独立リーグ球団は「スポンサードしてもらう意味」「価値」を常に提案していくことで、スポンサー企業をつなぎとめようとしている。

2-3 経営の実態と経営者の意識

この本を著すにあたり、IPBL、各リーグの承認を得て、2022年時点で存在する独立リーグ31球団のうち、IPBL加盟18球団とさわかみ関西独立リーグの4球団の計22球団にアンケートを送付し、20球団から回答を得た。その結果をもとに、各球団の経営実態と経営者の意識について紹介したい。

1. 観客動員の施策

独立リーグ球団にとって、最大の泣き所は「お客が入らないこと」だ。前述のようにNPBの約100分の1しかお客が入っていない。これが社会的信用、独立リーグのステイタスを決めている側面がある。各球団は観客動員策を打ち出している。今はネット社会でもあり、各球団はネット、SNSによるアピールやメディアへの告知は積極的に行っているが、決め手となるものが少ないの

観客動員の施策	
ネット、SNSによるアピール	100.0%
メディアへの告知、広告	100.0%
ファンクラブなどリピーター作り	88.2%
子供、老人などの招待	82.4%
無料券、招待券の配布	70.6%
音楽などイベントの併催	47.1%

選手獲得の施策	
独自のトライアウトの実施	94.1%
リーグトライアウトへの参加	88.2%
知人などネットワークの活用	76.5%
NPB12球団合同トライアウトへの参加	41.2%
個別の選手のスカウト	70.6%
選手募集の告知	23.5%

が現状だ。

ただ、それでもコンスタントに数百人、千人と集客している球団もある。公式サイト、SNSを活発に更新したり、プレスリリースで話題性あるニュースを発信するなど「手数を惜しまない」集客策が必要だ。

アメリカのマイナーリーグなどのように球団が主体となって「球場を地域コミュニティの交流の場」にすることができれば、さらに集客できるが、日本では、独立リーグで球場の指定管理者になっているところは少ない。集客を維持拡大するためには、さらなる取り組みが必要だろう。

2. 選手の獲得にはどんな施策を行っているか。

独立リーグ球団では毎年3分の1位以上の選手が退団する。その分、選手の募集が必要になる。草創期には縁故や小規模のトライアウトが多かったが、今では大掛かりなトライアウトや複数球団の連合でのトライアウトなども行っている。11月から12月にかけて、全国で独立リーグのトライアウトが行われるようになった。その中で合格するのは数パーセントだ。独立リーガーのレベルは明らかに高くなっている。

NPB12球団合同トライアウトの会場でも、独立リーグ関係者が球場を去る選手に声をかけて呼び止める風景はよく見かける。こういう形で監督、コーチ、選手になる人材を確保しているのだ。選手獲得の選択肢は以前より増えていると言う印象だ。

3．選手の待遇

観客動員、経済規模がNPBのおよそ100分の1と言う独立リーグの選手の待遇は「厳しい」の一言である。月給は平均で12万円ほど、最高でも40万円で、支給月は7か月ほど。年俸では大部分が100万円に届かない。また一部球団は給料を支払っていない。

選手の待遇面	
選手の月給	
平均	12.2万円
最高	40万円
最低	0円
支給月	6.9か月
交通費、遠征宿泊費などの経費	
支給している	82.4%
試合・練習の食費は	
支給している	29.4%
住居は	
合宿所・寮がある	58.8%
家賃負担をしている	5.9%
選手のシーズン中のアルバイトは	
認めている	64.7%
アルバイト先をあっせんしている	47.1%

リーグによってはサラリーキャップを設けている。監督やNPBから来た選手の給料は、その上限が支払われることが多いが、それに加えて個人スポンサーの紹介などで実質的な収入の補償をしている球団もある。

交通費、遠征費などの経費は支払っている球団が多いが、試合、練習の食費まで負担している球団は少ない。住居は6割ほどの球団で合宿所・寮を整備している。また家賃負担をしている球団もあるが、多くの選手はそれだけでは生活できない。

親から仕送りを貰ったり、貯金を切り崩してやりくりする選手が多い。6割以上の球団ではシーズン中のアルバイトも認めている。中にはアルバイト先をあっせんしている球団もある。端的に言えば独立リーガーは「NPB球団など次のステップに進むための前段階」であり、職業とは言えない。通常は2〜3年しか在籍できないし、球団側も選手が長く現役を続けることは、例外を除いて想定していない。中には独立リーグ球団を渡り歩く選手もいるが、活路はなかなか開けないのが現状だ。

4. 選手のセカンドキャリアについて

前述のとおり、選手の多くは3年以内で退団する。プロに行けるのは一握りだから、残る選手について球団がセカンドキャリアのためのフォローを行っている。球団経営者の中には「野球をあきらめさせて仕事に就かせるのも球団の責任」と考えている人も多い。

高校時代に十分な教育を受けていない選手もいるので、こうしたセカンドキャリアのフォローは、独立リーグ球団の責務ともいえるだろう。

地域では、人材難が深刻になりつつある。それを受けて、積極的に就職先をあっせんするケースもある。選手は屈強で若く、スポーツマンだから営業職などには向いている。こうしたセカンドキャリアのあっせんが好評を得ている球団もある。

選手のセカンドキャリアについて	
選手個別の面談を行っている	70.6%
日常的に社会人としてのマナーなどを教えている	70.6%
選手に就職先をあっせんしている	64.7%
セミナー、説明会を行っている	58.8%

NPB球団との関係	
スカウトなどに連絡をして視察の依頼をしている	70.6%
選手、指導者の受け入れの働きかけをしている	41.2%
NPBスタッフと打ち合せする機会を持っている	29.4%
NPB球団の入団テストに選手を派遣している	29.4%

「負担が大きい」と思う「出費」は？	
球場の使用料	76.5%
選手の報酬、経費	47.1%
移動に関する交通費、宿泊費	47.1%
ユニフォーム、用具費用など	41.2%
スタッフの給料	41.2%
事務所運営費	11.8%
広告宣伝費	5.9%

5．NPB球団との関係

選手のNPBへの輩出も独立リーグの重要な目標だ。独立リーグの公式戦にはスカウトが足を運ぶが、「この選手、一度見てもらえませんか？」と球団が声をかけて視察の依頼をしていることも多い。またNPB球団が非公開で実施する入団テストに選手を派遣する球団もある。

独立リーグ球団の監督、コーチの多くはNPB球団のOBだから、人的ネットワークもできている。NPB球団の中には、年俸を負担して、独立リーグ球団の監督、コーチに元選手を送り込むこともある。いわばNPB球団の「ポスト」になっているのだ。独立リーグとNPB球団の関係は年々深まっているという印象だ。

6．「負担が大きい」と思う出費は

小さな予算の独立リーグ球団にとって、どの出費も痛いところだが、とりわけ球場使用料の負担が大きくのしかかっている。多くの県で高校野球は球場使用料が無料となっているが、独立リーグは正規の使用料を取られることが多い。良い球場を使えばお客の入りも期待できるが、費用負担を考えると二の足を踏むこともある。球場を所有する県や市にとって、独立リーグ球団が試合に使用することは稼働率が上がり、地域活性化のためにはメリットがあると思われるが、球団を「指定管理者」にするなど、踏み込んだ取り組みをするところは少ない。

これに次いで負担が大きいのは、選手の報酬、経費、そして交通費、宿泊費だ。球団はこれら経費をできるだけ切り詰めている。長距離の遠征でもバスを使用して日帰りで済ますことも多い。まさに「マイナーリーグの現実」がここにある。

7．スポンサーフィーの対価

前述のとおり、独立リーグの球団収入のおよそ63％は、スポンサー収入だ。スポンサーがいなければ球団経営は成り立たない。地域企業、事業所から支払われるスポンサーフィーに応えるために、各球団は様々な対価、サービスを実施しているが、率直にいって、スポンサーがこれに満足しているかどうかは微妙だ。多くのスポンサーは「おらが国さの球団」の「贔屓」的な感覚で、スポンサーフィーを拠出している。景気や社会状況で、スポンサーフィーは打ち切られたり、削減されることもある。このあたりが悩ましいところだ。中で、引退する選手を社員としてスポンサーに斡旋するサービスは、人材難が深刻な地方にあっては有効な施策になっているようだ。

スポンサーフィーの対価	
試合への招待、始球式などの機会提供	100.0%
球場、パンフレットなどへの広告表示	94.1%
冠試合の実施	88.2%
球団主催イベントへの招待	70.6%
スポンサー同士の交流機会の提供	64.7%
引退する選手を社員としてあっせん	58.8%
スポンサーと共同でのビジネス展開、	52.9%
スポンサーに新たなビジネスを提案	23.5%

またスポンサー同士の交流や、共同での事業提案などを行っている球団もある。球団経営者がマーケティングに精通していて、事業プランを提案する能力があると、こうしたさらなる一手が開けることもある。

8. 球団運営での悩み

独立リーグ球団の経営者は、毎日運営に四苦八苦している。資金繰りなど経営者一般の苦労もあるが、多くの経営者が「観客動員」に悩んでいる。10年前と比べても観客数は減少する傾向にある。

球団運営をするうえで、悩んでいること	
お客を動員するのが難しい	88.2%
資金繰り	58.8%
スポンサーを開拓するのが難しい	41.2%
NPBとの連携ができていない	35.3%
練習環境の確保が難しい	35.3%
良い選手が入ってこない	23.5%
地域の理解を得られない	11.8%
引退すべき選手がなかなか引退しない	0.0%

この稿の冒頭にも述べたが、観客動員こそが、独立リーグのステイタスの源泉であり、お客に球場に来てもらうことが最大の目的になっている。「お客が来ない」ことは、「プロ野球」を名乗る独立リーグ球団にとって常に最大の課題なのだ。

また、独立リーグ球団の増加とともに、選手の獲得が厳しくなってきていることも悩みになってきている。優秀な選手は、取り合いになっているのが現状だ。

9. 将来的な方向性

自分たちの球団を将来どうしていくのか？　すでに設立して年数がたっ

た球団の中には「このまま存続させたい」と答えるところもあったが、厳しい経営環境を最終的に改善するためにＮＰＢ球団の傘下に入り、マイナー球団化したいと考える球団も多い。

将来的に球団をどのような方向に発展させたい？	
現状のまま球団を存続させたい	52.9%
NPB傘下、あるいは提携球団になりたい	52.9%
NPBに新規参入し、新球団を設立したい	29.4%
MLBなどと提携したい	23.5%

また、経営規模が大きく、財務的にもしっかりしている球団の中には、ＮＰＢがエクスパンションするときには手を上げたいという球団もある。２０２２年11月、プロ野球12球団と日本野球機構（ＮＰＢ）はオーナー会議で、「野球のすそ野を広げるために　～ファーム・リーグの拡大を図るＮＰＢビジョン～」を承認した。２０２４年シーズンからイースタン、ウエスタンで計２球団、増やす構想。新球団は既存12球団のフランチャイズ以外の府県を本拠地とし、２０２３年春に公募を開始する。

独立リーグの中には非公式ながら、参入を考えている球団もあるとのことだ。

日本の独立リーグにはＭＬＢから提携のオファーが何度かあった。一時期はそのオファーに傾きかけた時期もあった。今もＮＰＢではなくＭＬＢと提携して、ＭＬＢの海外マイナーリーグになるべきだと主張する関係者もいる。

２‐４　ＮＰＢへの人材輩出

日本の野球トップリーグであるＮＰＢに人材を輩出するのは、独立リーグにとって大きな目標になっている。徳島インディゴソックスのようにこれを最重要視している球団もある。

２００５年の四国アイランドリーグ創設以来、ＮＰＢにドラフト指名されて入団した選手と、その選手のＮＰＢでの実績について数字で見ていこう。ＮＰＢでの成績は２０２２年オフ時点。ドラフト指名選手の中には、他の独立リーグを経て当該チームに移籍した選手もいる。またＮＰＢに入団後他球団に移籍した選手もいるが、成績はＮＰＢ通算とした。

まずは四国から。

現役

年度	所属	選手	年齢	指名球団	指名順位	Po	打撃成績 試	打	安	本	点	盗	率	投手成績 登	勝	敗	SV	HD	回	率
2005	愛媛	中谷翼	21	広島	育1	内	4	7	1	0	1	0	0.143							
	愛媛	西山道隆	25	SB	育2	投	8	1	0	0	0	0	0.000	7	0	2	0	0	21.1	7.59
2006	香川	深沢和帆	23	巨人	5	投														
	高知	角中勝也	19	ロッテ	7	外	1307	4350	1220	57	500	65	0.280							
	香川	伊藤秀範	24	ﾔｸﾙﾄ	育1	投	6	0	0	0	0	0		5	0	1	0	0	7.0	12.86
2007	香川	三輪正義	23	ﾔｸﾙﾄ	6	外内	418	263	62	0	16	23	0.236							
	愛媛	梶本達哉	21	ｵﾘｯｸｽ	育1	投	1	0	0	0	0	0		1	0	0	0	0	1.1	20.25
	高知	小山田貴雄	23	ﾔｸﾙﾄ	育1	捕														
	高知	宮本裕司	23	ロッテ	育2	捕														
	徳島	小林憲幸	22	ロッテ	育3	投														
	高知	白川大輔	19	ロッテ	育4	内														
2008	愛媛	西川雅人	26	ｵﾘｯｸｽ	5	投	14	0	0	0	0	0		14	0	1	0	0	17.1	6.75
	福岡	金無英	22	SB	6	投	89	0	0	0	0	0		89	2	2	0	6	112.1	2.88
	香川	森田丈武	27	楽天	育1	内	13	27	6	0	4	0	0.222							
	香川	塚本浩二	26	ﾔｸﾙﾄ	育2	投														
	香川	生山裕人	23	ロッテ	育4	内														
	香川	堂上隼人	26	SB	育5	捕	8	8	2	0	0	0	0.250							
2009	香川	福田岳洋	26	横浜	5	投	25	0	0	0	0	0		25	0	0	0	1	35.1	5.35
	徳島	荒張裕司	20	日ハム	6	捕内														
	長崎	松井宏次	24	楽天	育1	内外														
2010	香川	大原淳也	26	横浜	7	内	1	0	0	0	0	0								
	徳島	弦本悠希	21	広島	7	投	4	0	0	0	0	0		4	0	0	0	0	4.0	4.50
	愛媛	靍岡賢二郎	23	横浜	8	捕	24	45	12	0	2	0	0.267							
	高知	安田圭佑	23	SB	育1	外														
	愛媛	岸敬祐	23	巨人	育2	投														
	香川	上野啓輔	24	ﾔｸﾙﾄ	育2	投														
2011	徳島	富永一	22	広島	育1	投														
	香川	冨田康祐	23	DeNA	育1	投	1	0	0	0	0	0		1	0	0	0	0	0.2	27.00
	香川	亀澤恭平	23	SB	育2	内	421	941	249	2	40	25	0.265							
	福岡	中村真崇	27	広島	育2	外内														
	香川	西森将司	23	DeNA	育2	捕	38	36	2	0	1	1	0.056							
	愛媛	土田瑞起	21	巨人	育2	投	30	0	0	0	0	0		30	2	0	1	0	32.2	6.89
	高知	飯田一弥	25	SB	育7	捕														

四国アイランドリーグplusからドラフト指名された選手　(~2011まで)

四国は、創設1年目から愛媛の中谷、西山と言う人材をNPBに輩出した。いずれも育成ではあったが、これは独立リーグの存在意義を世間に知らしめる意味で、非常に大きな意味があったと言えよう。

そして2年目に高知の角中勝也が育成ではない本指名でロッテに指名された。角中の高知での成績は85試合253打数64安打4本塁打28打点5盗塁、打率・253と言う平凡なものだったが、スカウトは勝負強い角中の「将来性」に注目したのだ。まだ高卒2年目だった角中は入団6年目の2012年にレギュラーの座を獲得して首位打者、2016年にも最多安打、首位打者を獲得。オールスターには3回出場、ベストナインにも2回選出。今に至るも独立リーグ出身では最大の成功者になっている。17年目の2022年も現役。角中は独立リーグからNPBというルートを確立するうえで、他に比類のない貢献をしたと言えるだろう。

翌年には、香川で3年プレーした三輪正義がヤクルトに入団。ユーティリティプレーヤーとして2018年まで活躍。

ただ、四国からは長らく投手として活躍した選手が出なかった。2008年福岡からソフトバンクに入団した韓国籍の金無英がソフトバンクで中継ぎ投手として活躍した程度。

2011年には香川の亀澤恭平が中日でこれまたユーティリティプレーヤーとして2019年まで活躍。

現役

年度	所属	選手	年齢	指名球団	指名順位	Po	打撃成績							投手成績						
							試	打	安	本	点	盗	率	登	勝	敗	SV	HD	回	率
2012	香川	星野雄大	24	ヤクルト	5	捕	1	0	0	0	0	0								
	香川	水口大地	23	西武	育1	内	113	75	18	0	5	8	0.240							
2013	香川	又吉克樹	22	中日	2	投	431	26	5	0	1	0	0.192	431	44	29	11	157	523.1	2.82
	徳島	東弘明	21	オリックス	育1	内														
2014	香川	寺田哲也	27	ヤクルト	4	投	3	0	0	0	0	0		3	0	1	0	1	5.0	10.80
	徳島	入野貴大	25	楽天	5	投	30	0	0	0	0	0		30	1	1	0	1	37.1	5.79
	徳島	山本雅士	20	中日	8	投	3	0	0	0	0	0		3	0	0	0	0	4.1	10.38
	香川	篠原慎平	24	巨人	育1	投	30	0	0	0	0	0		30	1	1	0	0	37.1	4.34
2016	香川	松本直晃	24	西武	10	投	30	1	0	0	0	0	0.000	30	0	0	0	1	31.2	6.25
	香川	大木貴将	24	ロッテ	育1	内	10	13	2	0	0	1	0.154							
	香川	赤松幸輔	23	オリックス	育2	捕														
	徳島	吉田嵩	19	中日	育2	投														
	徳島	増田大輝	20	巨人	育3	内外	263	129	27	1	10	57	0.209	1	0	0	0	0	0.2	0.00
	香川	松澤裕介	24	巨人	育3	外	入団辞退													
2016	徳島	福永春吾	22	阪神	6	投	7	1	0	0	0	0	0.000	7	0	0	0	0	9.0	17.00
	徳島	木下雄介	23	中日	育1	投	37	0	0	0	0	0		37	0	0	1	1	40.2	4.87
	香川	松澤裕介	25	巨人	育8	外														
2017	徳島	伊藤翔	18	西武	3	投	47	0	0	0	0	0		47	3	3	0	2	79.0	3.76
	徳島	大蔵彰人	23	中日	育1	投														
2018	徳島	鎌田光津希	23	ロッテ	育1	投														
2019	徳島	上間永遠	18	西武	7	投	5	1	0	0	0	0	0.000	5	1	1	0	0	21.1	6.33
	徳島	岸潤一郎	21	西武	8	外	150	379	82	11	37	3	0.216							
	徳島	平間隼人	22	巨人	育1	内	1	0	0	0	0	0								
	香川	畝章真	24	広島	育3	投														
2020	徳島	行木俊	19	広島	5	投														
	高知	石井大智	23	阪神	8	投	36	1	0	0	0	0	0.000	36	0	2	0	0	41.1	3.05
	徳島	戸田懐生	20	巨人	育7	投	17	0	0	0	0	0		17	1	0	0	0	25.0	5.76
2021	徳島	村川凪	23	DeNA	育1	外														
	徳島	古市尊	19	西武	育1	捕														
	高知	宮森智志	23	楽天	育1	投	26	0	0	0	0	0		26	1	1	1	7	23.1	1.54
2022	愛媛	上甲凌大	21	DeNA	育1	捕														
	徳島	日隈モンテル	22	西武	育2	外														
	徳島	中山晶量	23	日ハム	育2	投														
	徳島	茶野篤政	23	オリックス	育4	外														

四国アイランドリーグplusからドラフト指名された選手　(2012〜)

２０１２年以降について見ていこう。

２０１３年、香川の又吉克樹はドラフト２位で中日に指名された。これは独立リーグ史上での指名最高順位。期待にたがわず、又吉はセットアッパーとして中日の「勝利の方程式」を担う。又吉は中日に入団した年の香川の開幕戦に花輪を送るなど、古巣独立リーグへの恩義を忘れず、関係者は「人格的にも素晴らしかった」と言っている。又吉は２０２１年オフにはＦＡに中日に移籍。ＦＡ移籍も独立リーグ出身選手では初。

一時期、ＮＰＢ球団からのドラフト指名は減少傾向だったが、又吉の成功によって、再び増加に転じた。

しかしこの頃からルートインBCリーグの選手の指名が急増し、四国は押され気味になった。最近の四国のドラフト戦線は、徳島の圧勝に終わっている。しかも入団した選手の多くがその後も活躍している。2019年ドラフト8位で西武に入団した岸潤一郎は、外野のポジション争いに参加している。2020年育成1位で巨人に入団した戸田懐生は、2022年は一時期セットアッパーとして活躍。

これは徳島が「NPBへの選手の輩出を主眼とするチームつくり」を前面に打ち出し、ネットワークを活かして有望選手を獲得するとともに、NPBチームに積極的に売り出したからだ。（※このあたりは三章3－3「経営者」野球界とは違う「肌合い」？　および四章4－4荒井健司氏の項に詳しい。）

今では「大学なら4年、高卒社会人なら3年、大卒社会人なら2年経たないとドラフト指名権が得られないが、独立リーグなら1年で指名される」と独立リーグを選択する選手もいると言う。

さらに高知から2020年に8位で阪神に入団した石井大智は矢野燿大監督に「投げっぷりの良さ」を認められて中継ぎで活躍。2022年は2021年育成1位で楽天に入団した宮森智志がセットアッパーとして好成績を挙げた。高知の吉田豊彦監督は「（広島から高知に入団し、ソフトバンクに復帰した）藤井皓哉、石井、宮森が活躍するので毎日プロ野球のニュースを見るのが楽しい」と語っていた。

2022年ドラフトはすべて育成指名。徳島から3人、愛媛からは2011年以来11年ぶりに指名選手が出た。

次にルートインＢＣリーグからドラフト指名された選手たち。

創設年の２００７年に石川から育成１位で楽天に入った内村賢介は１６３センチの小兵ながら俊敏な守備、走塁でユーティリティプレーヤーとして活躍、２０１２年にＤｅＮＡに移籍し、２０１５年までプレーした。

こののちもＢＣリーグから多くの選手がＮＰＢに入団したが、２００９年の前田祐二、星野真澄、２０１５年の三ツ間卓也が中継ぎ投手として少し活躍した程度。四国に比べると実績的に見劣りしていた。

これが２０１７年以降逆転した。

毎年、５人以上の選手が指名されるようになり、その中から、ロッテの「足のスペ

ルートインＢＣリーグからドラフト指名された選手たち　（〜2016まで）

年度	所属	選手	年齢	指名球団	指名順位	Po	打撃成績							投手成績						
							試	打	安	本	点	盗	率	登	勝	敗	SV	HD	回	率
2007	石川	内村賢介	20	楽天	育1	内外	596	1384	340	1	97	100	0.246							
2008	富山	野原祐也	23	阪神	育1	外内	22	26	5	0	0	0	0.192							
	信濃	鈴江彬	27	ロッテ	育2	投														
	福井	柳川洋平	22	SB	育3	投	8	0	0	0	0	0		8	0	0	0	0	7.0	1.29
2009	福井	前田祐二	23	オリックス	4	投	61	0	0	0	0	0		61	7	7	0	4	130.0	2.98
	信濃	高田周平	24	阪神	育1	投														
	信濃	星野真澄	25	巨人	育1	投	43	3	0	0	0	0	0.000	43	1	0	0	2	47.1	4.37
2010	富山	加藤貴大	22	楽天	育1	投														
2011	群馬	廣神聖哉	22	阪神	育1	捕														
	群馬	清水貴之	27	SB	育4	投														
	新潟	雨宮敬	24	巨人	育5	投														
	新潟	渡辺貴洋	19	巨人	育6	投														
2012	福井	森本将太	20	オリックス	5	投	27	0	0	0	0	0		27	2	1	0	1	31.0	6.68
	群馬	八木健史	22	SB	育1	捕														
	信濃	原大輝	24	オリックス	育1	捕														
	福井	西川拓喜	25	オリックス	育2	外	1	1	0	0	0	0	0.000							
2013	信濃	柴田健斗	24	オリックス	7	投														
2014	富山	中村恵吾	25	SB	育8	投														
2015	武蔵	小林大誠	21	巨人	育2	捕														
	武蔵	三ツ間卓也	23	中日	育3	投	78	5	0	0	0	0	0.000	77	4	3	0	15	87.2	5.24
	武蔵	田島洸成	19	巨人	育4	内														
	武蔵	大竹秀義	27	巨人	育5	投														
	武蔵	矢島陽平	25	巨人	育7	投														
	石川	長谷川潤	24	巨人	育8	投	3	1	0	0	0	0	0.000	3	0	1	0	0	6.1	8.53
2016	石川	大村孟	24	ヤクルト	育1	捕	14	13	2	1	1	0	0.154							
	石川	安江嘉純	24	ロッテ	育1	投														
	信濃	笠井崇正	21	DeNA	育1	投	20	2	1	0	0	0	0.500	20	0	0	0	0	27.1	5.93
	新潟	髙井俊	21	巨人	育1	投														
	石川	坂本一将	25	オリックス	育4	内														

シャリスト」和田康士郎、阪神の「勝利の方程式」を担う湯浅京己など一軍で活躍する選手が出てきた。湯浅は２０２２年、独立リーグ初の「最優秀中継ぎ投手」のタイトルを獲得、新人王は惜しくも逃したがリーグ特別表彰を受けた。

最近の好実績は、各球団が「ＮＰＢへの人材輩出」を真剣に考えるようになり、トライアウトを独自に実施するなどして好素材を獲得したことが大きいだろう。また、ＮＰＢのスカウトもかつては、四国を重視する傾向があったが、今ではＢＣの各球団にも足を運ぶようになった。

一方で２０２１年群馬から日本ハムに育成に２位で入団した速水隆成は１

ルートインＢＣリーグからドラフト指名された選手たち　(2017〜)

年度	所属	選手	年齢	指名球団	指名順位	Po	打撃成績 試	打	安	本	点	盗	率	投手成績 登	勝	敗	SV	HD	回	率
2017	石川	寺田光輝	25	DeNA	6	投														
	石川	寺岡寛治	24	楽天	7	投	25	0	0	0	0	0		25	1	1	0	10	23.0	3.91
	滋賀	山本祐大	19	DeNA	9	捕	85	144	21	2	9	0	0.146							
	石川	沼田拓巳	23	ヤクルト	8	投	1	0	0	0	0	0		1	0	0	0	0	1.0	9.00
	富山	和田康士朗	18	ロッテ	育1	外	236	106	22	0	2	58	0.208							
	新潟	渡邉雄大	26	SB	育6	投	32	0	0	0	0	0		41	3	1	0	11	24.0	2.63
2018	富山	湯浅京己	19	阪神	6	投	62	0	0	0	0	0		62	2	3	0	43	61.0	1.92
	新潟	知野直人	19	DeNA	6	内	52	47	8	1	3	1	0.170							
	福井	片山雄哉	24	阪神	育1	捕	2	2	0	0	0	0	0.000							
	富山	海老原一佳	23	日ハム	育1	外														
	栃木	内山太嗣	22	ヤクルト	育1	捕														
	福井	松本友	23	ヤクルト	育2	内	43	61	20	0	2	1	0.328							
2019	武蔵	松岡洸希	19	西武	3	投	7	0	0	0	0	0		7	0	0	0	0	6.0	12.00
	武蔵	加藤壮太	21	巨人	育2	外														
	新潟	樋口龍之介	25	日ハム	育2	内	47	102	18	1	4	0	0.177							
	新潟	長谷川凌汰	23	日ハム	育3	投	5	0	0	0	0	0		5	0	0	0	2	3.2	7.36
	富山	松山真之	19	オリックス	育8	投														
2020	栃木	石田駿	23	楽天	育1	投														
	武蔵	小沼健太	22	ロッテ	育2	投	21	0	0	0	0	0		21	1	1	0	1	25.1	6.04
	信濃	赤羽由紘	20	ヤクルト	育2	内	10	10	1	0	0	0	0.100							
	信濃	松井聖	25	ヤクルト	育3	捕外														
	福島	古長拓	26	オリックス	育6	内														
2021	信濃	岩田幸宏	24	ヤクルト	育1	外														
	茨城	山中尭之	22	オリックス	育1	外														
	福島	園部佳太	22	オリックス	育2	内														
	富山	速水将大	21	ロッテ	育2	内														
	石川	髙田竜星	19	巨人	育2	投														
	群馬	速水隆成	24	日ハム	育2	捕														
	茨城	大橋武尊	20	DeNA	育3	外														
2022	群馬	西濱勇星	19	オリックス	育1	投														
	埼玉	樋口正修	23	中日	育3	内														
	茨城	渡辺明貴	22	DeNA	育4	投														
	信濃	山本晃大	23	日ハム	育4	投														

年でプロで見切りをつけて引退を表明している。これも一つの生き方だ。

２０２２年は４人がすべて育成ドラフトで指名された。

２０２２年ドラフト終了時では四国からは67人、BCからは62人の選手をNPBに送り込んだ(四国は松澤裕介が重複して指名されたがこれは２人とカウントした)。実績的にはほぼ互角と言えるだろう。

ただ、通算成績を見ると、四国出身選手の通算安打数は１６８８、本塁打71、打点６１７、盗塁１８３に対しBCは安打数４３８、本塁打６、打点１１８、盗塁１６０と盗塁以外は大きく水をあけられている。投手成績も四国は56勝45敗14セーブ１７８ホールドに対し、BCは21勝18敗0セーブ89ホールド。実績面ではまだ大差がついている。

関西独立リーグ（初代）

年度	所属	選手	年齢	指名球団	指名順位	Po	打撃成績							投手成績						
							試	打	安	本	点	盗	率	登	勝	敗	SV	HD	回	率
2010	明石	深江真登	23	オリックス	5	外	81	81	22	0	3	8	0.272							
	神戸	福泉敬大	22	巨人	育3	投														

さわかみ関西独立リーグ

年度	所属	選手	年齢	指名球団	指名順位	Po	打撃成績							投手成績						
							試	打	安	本	点	盗	率	登	勝	敗	SV	HD	回	率
2016	兵庫	向谷拓巳	19	楽天	育3	内														
	兵庫	山川和大	21	巨人	育3	投														
2017	兵庫	田中耀飛	21	楽天	5	外														

九州アジア野球リーグ

年度	所属	選手	年齢	指名球団	指名順位	Po	打撃成績							投手成績						
							試	打	安	本	点	盗	率	登	勝	敗	SV	HD	回	率
2021	火の国	石森大誠	23	中日	3	投														

日本海オセアンリーグ

年度	所属	選手	年齢	指名球団	指名順位	Po	打撃成績							投手成績						
							試	打	安	本	点	盗	率	登	勝	敗	SV	HD	回	率
2022	福井	濱将乃介	23	中日	5	内														
	石川	野村和輝	19	巨人	育2	内														

他の独立リーグからのドラフト指名選手

四国、ＢＣ以外の独立リーグからＮＰＢにドラフト指名された選手も見ていこう。

初代関西独立リーグからは明石の深江、神戸の福泉がＮＰＢ入り。深江はオリックスで外野手として3年間で81試合に出場した。

さわかみ関西独立リーグの３人はすべて兵庫から指名されたが、３人とも一軍の公式戦には出場していない。

２０２１年創設された九州アジアリーグからは1年目で火の国の左腕石森が、ドラフト3位で中日に指名された。１５５㎞／ｈ超の剛速球を投げるとあって、試合には各球団のスカウトが集結した。一時は独立リーグ初の「ドラ1」か、と言われた。しかし入団後は、制球に苦しみ、２０２２年は一軍で投げなかった。

２０２２年は新たに創設された日本海オセアンリーグから2人が指名された。福井の濱は四国、高知で3年プレーした後に福井に移籍し、この年のドラフトでは唯一支配下ドラフトで指名された。福井は10月31日、解散が発表されたので、濱はＮＯＬ福井の唯一の出身選手になる。

日本海オセアンリーグは２０２３年から神奈川と千葉の2球団による「ベイサイドリーグ」になり、石川と富山は「日本海リーグ」として独立する。ここからＮＰＢにドラフト指名される選手は出るだろうか？

ＮＰＢ球団別のドラフト入団選手

ここでは、見方を変えて、ＮＰＢ球団別のドラフト入団選手を見ていこう。

独立リーグから一番多く選手を獲得しているのは巨人だ。

様々な独立リーグからコンスタントに選手を獲得してきた。３軍があるから選手の補充が必要だったからだと思われるが、最近まで実績を挙げた選手はほとんどいなかった。

２０１５年徳島から育成３位で入団した増田大輝が「足のスペシャリスト」として台頭、さらに２０２２年は同じく徳島から育成１位で入団した戸田懐生が１軍で活躍したが、オフに自由契約になり、再び育成契約となった。

現役

指名球団	年度	リーグ	所属	選手	年齢	指名順位	Po	打撃成績 試	打	安	本	点	盗	率	投手成績 登	勝	敗	SV	HD	回	率
巨人 23人	2006	四国	香川	深沢和帆	23	5	投														
	2009	BC	信濃	星野真澄	25	育1	投	43	3	0	0	0	0	0.000	43	1	0	0	2	47.1	4.37
	2010	四国	愛媛	岸敬祐	23	育2	投														
		関西独立	神戸	福泉敬大	22	育3	投														
	2011	四国	愛媛	土田瑞起	21	育2	投	30	0	0	0	0	0		30	2	0	1	0	32.2	6.89
		BC	新潟	雨宮敬	24	育5	投														
		BC	新潟	渡辺貴洋	19	育6	投														
	2014	四国	香川	篠原慎平	24	育1	投	30	0	0	0	0	0		30	1	1	0	0	37.1	4.34
	2015	BC	武蔵	小林大誠	21	育2	捕														
		四国	徳島	増田大輝	20	育3	内外	263	129	27	1	10	57	0.209	1	0	0	0	0	0.2	0.00
		四国	香川	松澤裕介	24	育3	外							入団辞退							
		BC	武蔵	田島洸成	19	育4	内														
		BC	武蔵	大竹秀義	27	育5	投														
		BC	武蔵	矢島陽平	25	育7	投														
		BC	石川	長谷川潤	24	育8	投	3	1	0	0	0	0	0.000	3	0	1	0	0	6.1	8.53
	2016	BC	新潟	髙井俊	21	育1	投														
		さわかみ	兵庫	山川和大	21	育3	投														
		四国	香川	松澤裕介	25	育8	外														
	2019	四国	徳島	平間隼人	22	育1	内	1	0	0	0	0	0								
		BC	武蔵	加藤壮太	21	育2	外														
	2020	四国	徳島	戸田懐生	20	育7	投	17	0	0	0	0	0		17	1	0	0	0	25.0	5.76
	2021	BC	石川	髙田竜星	19	育2	投														
	2022	日本海	石川	野村和輝	19	育2	内														

続いてオリックスの17人

オリックスは四国や関西独立など地理的に近いリーグから選手を獲得していたが、その後ＢＣからも選手を獲得し始めた。しかし２０１２年にＢＣから入団した西川拓喜を最後に、一軍でプレーした選手は出ていない。

ヤクルトは14人

愛媛県で秋季キャンプを行ってきた関係もあり、四国から選手を獲得してきたが、２０１６年以降ＢＣにシフトしている。２０２０年信濃から育成２位で入団した赤羽由紘は、２０２２年フレッシュオールスターでサ

現役

指名球団	年度	リーグ	所属	選手	年齢	指名順位	Po	打撃成績							投手成績						
								試	打	安	本	点	盗	率	登	勝	敗	SV	HD	回	率
オリックス 17人	2007	四国	愛媛	梶本達哉	21	育1	投	1	0	0	0	0	0		1	0	0	0	0	1.1	20.25
	2008	四国	愛媛	西川雅人	26	5	投	14	0	0	0	0	0		14	0	1	0	0	17.1	6.75
	2009	BC	福井	前田祐二	23	4	投	61	0	0	0	0	0		61	7	7	0	4	130.0	2.98
	2010	関西独立	明石	深江真登	23	5	外	81	81	22	0	3	8	0.272							
	2012	BC	福井	森本将太	20	5	投	27	0	0	0	0	0		27	2	1	0	1	31.0	6.68
		BC	信濃	原大輝	24	育1	捕														
		BC	福井	西川拓喜	25	育2	外	1	1	0	0	0	0	0.000							
	2013	BC	信濃	柴田健斗	24	7	投														
		四国	徳島	東弘明	21	育1	内														
	2015	四国	香川	赤松幸輔	23	育2	捕														
	2016	BC	石川	坂本一将	25	育4	内														
	2019	BC	富山	松山真之	19	育8	投														
	2020	BC	福島	古長拓	26	育6	内														
	2021	BC	茨城	山中尭之	22	育1	外														
		BC	福島	園部佳太	22	育2	内														
	2022	BC	群馬	西濱勇星	19	育1	投														
		四国	徳島	茶野篤政	23	育4	外														

現役

指名球団	年度	リーグ	所属	選手	年齢	指名順位	Po	打撃成績							投手成績						
								試	打	安	本	点	盗	率	登	勝	敗	SV	HD	回	率
ヤクルト 14人	2006	四国	香川	伊藤秀範	24	育1	投	6	0	0	0	0	0		5	0	1	0	0	7.0	12.86
	2007	四国	香川	三輪正義	23	6	外内	418	263	62	0	16	23	0.236							
		四国	高知	小山田貴雄	23	育1	捕														
	2008	四国	香川	塚本浩二	26	育2	投														
	2010	四国	香川	上野啓輔	24	育2	投														
	2012	四国	香川	星野雄大	24	5	捕	1	0	0	0	0	0								
	2014	四国	香川	寺田哲也	27	4	投	3	0	0	0	0	0		3	0	1	0	1	5.0	10.80
	2016	BC	石川	大村孟	24	育1	捕	14	13	2	1	1	0	0.154							
	2017	BC	石川	沼田拓巳	23	8	投	1	0	0	0	0	0		1	0	0	0	0	1.0	9.00
	2018	BC	栃木	内山太嗣	22	育1	捕														
		BC	福井	松本友	23	育2	内	43	61	20	0	2	1	0.328							
	2020	BC	信濃	赤羽由紘	20	育2	内	10	10	1	0	0	0	0.100							
		BC	信濃	松井聖	25	育3	捕外														
	2021	BC	信濃	岩田幸宏	24	育1	外														

ヨナラ本塁打を打ってＭＶＰを獲得した。

横浜・ＤｅＮＡ　13人

　このチームも当初は四国からの指名が続いたが、最近はＢＣからの指名が多い。２０１７年、滋賀から９位で入団した山本祐大は控え捕手として一軍の試合に出始めている。

ロッテは12人

　現時点で独立リーグ史上最高の実績を残している角中勝也を高知から獲得。以後3年間で5人の独立リーガーを獲得したが、実績が上がらないと以後指名を控えるようになる。しかし２０１７年富山から獲得した和田康士朗が足のスペシャリストとして頭角を現すと、再び指名が

現役

指名球団	年度	リーグ	所属	選手	年齢	指名順位	Po	打撃成績							投手成績						
								試	打	安	本	点	盗	率	登	勝	敗	SV	HD	回	率
横浜・DeNA 13人	2009	四国	香川	福田岳洋	26	5	投	25	0	0	0	0	0		25	0	0	0	1	35.1	5.35
	2010	四国	香川	大原淳也	26	7	内	1	0	0	0	0	0								
		四国	愛媛	靏岡賢二郎	23	8	捕	24	45	12	0	2	0	0.267							
	2011	四国	香川	冨田康祐	23	育1	投	1	0	0	0	0	0		1	0	0	0	0	0.2	27.00
		四国	香川	西森将司	23	育2	捕	38	36	2	0	1	1	0.056							
	2016	BC	信濃	笠井崇正	21	育1	投	20	2	1	0	0	0	0.500	20	0	0	0	0	27.1	5.93
	2017	BC	石川	寺田光輝	25	6	投														
		BC	滋賀	山本祐大	19	9	捕	85	144	21	2	9	0	0.146							
	2018	BC	新潟	知野直人	19	6	内	52	47	8	1	3	1	0.170							
	2021	四国	徳島	村川凪	23	育1	外														
		BC	茨城	大橋武尊	20	育3	外														
	2022	四国	愛媛	上甲凌大	21	育1	捕														
		BC	茨城	渡辺明貴	22	育4	投														

現役

指名球団	年度	リーグ	所属	選手	年齢	指名順位	Po	打撃成績							投手成績						
								試	打	安	本	点	盗	率	登	勝	敗	SV	HD	回	率
ロッテ 12人	2006	四国	高知	角中勝也	19	7	外	1307	4350	1220	57	500	65	0.280							
	2007	四国	高知	宮本裕司	23	育2	捕														
		四国	徳島	小林憲幸	22	育3	投														
		四国	高知	白川大輔	19	育4	内														
	2008	BC	信濃	鈴江彬	27	育2	投														
		四国	香川	生山裕人	23	育4	内														
	2015	四国	香川	大木貴将	24	育1	内	10	13	2	0	0	1	0.154							
	2016	BC	石川	安江嘉純	24	育1	投														
	2017	BC	富山	和田康士朗	18	育1	外	236	106	22	0	2	58	0.208							
	2018	四国	徳島	鎌田光津希	23	育1	投														
	2020	BC	武蔵	小沼健太	22	育2	投	21	0	0	0	0	0		21	1	1	0	1	25.1	6.04
	2021	BC	富山	速水将大	21	育2	内														

増えている。

ソフトバンクは独立リーグから最初に選手を獲得した球団の一つ。　11人

四国アイランドリーグや九州アジアリーグなどと3軍が交流戦を行うなど独立リーグとの接点は一番多い球団だが、選手の獲得は意外に少ない。ユーティリティとしてソフトバンク、中日でプレーした亀澤恭平以外に活躍した選手がいないことが大きいか。

楽天　10人

四国アイランドリーグ創設年にできた新興球団。BCから最初にNPBに行った内村が実績を挙げたが、あとは活躍した選手はいなかった。しかし2021年高知から入った宮森がセットアッパーとして活躍。

指名球団	年度	リーグ	所属	選手	年齢	指名順位	Po	打撃成績							投手成績						
								試	打	安	本	点	盗	率	登	勝	敗	SV	HD	回	率
ソフトバンク11人	2005	四国	愛媛	西山道隆	25	育2	投	8	1	0	0	0	0	0.000	7	0	2	0	0	21.1	7.59
	2008	四国	福岡	金無英	22	6	投	89	0	0	0	0	0		89	2	2	0	6	112.1	2.88
		BC	福井	柳川洋平	22	育3	投	8	0	0	0	0	0		8	0	0	0	0	7.0	1.29
		四国	香川	堂上隼人	26	育5	捕	8	8	2	0	0	0	0.250							
	2010	四国	高知	安田圭佑	23	育1	外														
	2011	四国	香川	亀澤恭平	23	育2	内	421	941	249	2	40	25	0.265							
		BC	群馬	清水貴之	27	育4	投														
		四国	高知	飯田一弥	25	育7	捕														
	2012	BC	群馬	八木健史	22	育1	捕														
	2014	BC	富山	中村恵吾	25	育8	投														
	2017	BC	新潟	渡邉雄大	26	育6	投	32	0	0	0	0	0		41	3	1	0	11	24.0	2.63

現役

指名球団	年度	リーグ	所属	選手	年齢	指名順位	Po	打撃成績							投手成績						
								試	打	安	本	点	盗	率	登	勝	敗	SV	HD	回	率
楽天10人	2007	BC	石川	内村賢介	20	育1	内外	596	1384	340	1	97	100	0.246							
	2008	四国	香川	森田丈武	27	育1	内	13	27	6	0	4	0	0.222							
	2009	四国	長崎	松井宏次	24	育1	内外														
	2010	BC	富山	加藤貴大	22	育1	投														
	2014	四国	徳島	入野貴大	25	5	投	30	0	0	0	0	0		30	1	1	0	1	37.1	5.79
	2016	さわかみ	兵庫	向谷拓巳	19	育3	内														
	2017	さわかみ	兵庫	田中耀飛	21	5	外														
		BC	石川	寺岡寛治	24	7	投	25	0	0	0	0	0		25	1	1	0	10	23.0	3.91
	2020	BC	栃木	石田駿	23	育1	投														
	2021	四国	高知	宮森智志	23	育1	投	26	0	0	0	0	0		26	1	1	1	8	23.1	1.54

中日は9人

獲得数は少ないが、支配下ドラフトの高位で選手を獲得している。又吉は屈指のセットアッパーになった。2022年FAでソフトバンクに移籍。木下雄介は育成から支配下登録され、一軍でも投げたが、2021年8月3日新型コロナのワクチンを打ったのち急死した。

西武は8人

NPB球団の指名のトレンドが「四国→BC」へと動く中で、近年徳島と太いパイプを作っている。伊藤翔、岸潤一郎など獲得した選手がそれなりに実績を残しているからだろう。

阪神は7人

阪神も独立リーガーが活躍しない球団だったが、2018年富山から入った湯浅が最優秀中継ぎ　投

現役

指名球団	年度	リーグ	所属	選手	年齢	指名順位	Po	打撃成績							投手成績						
								試	打	安	本	点	盗	率	登	勝	敗	SV	HD	回	率
中日 9人	###	四国	香川	又吉克樹	22	2	投	431	26	5	0	1	0	0.192	431	44	29	11	157	523.1	2.82
	###	四国	徳島	山本雅士	20	8	投	3	0	0	0	0	0		3	0	0	0	0	4.1	10.38
	###	四国	徳島	吉田嵩	19	育2	投														
		BC	武蔵	三ツ間卓也	23	育3	投	78	5	0	0	0	0	0.000	77	4	3	0	15	87.2	5.24
	###	四国	徳島	木下雄介	23	育1	投	37	0	0	0	0	0		37	0	0	1	1	40.2	4.87
	###	四国	徳島	大蔵彰人	23	育1	投														
	###	九州	火の国	石森大誠	23	3	投														
	###	日本海	福井	濱将乃介	23	5	内														
		BC	埼玉	樋口正修	23	育3	内														

現役

指名球団	年度	リーグ	所属	選手	年齢	指名順位	Po	打撃成績							投手成績						
								試	打	安	本	点	盗	率	登	勝	敗	SV	HD	回	率
西武 8人	2012	四国	香川	水口大地	23	育1	内	113	75	18	0	5	8	0.240							
	2015	四国	香川	松本直晃	24	10	投	30	1	0	0	0	0	0.000	30	0	0	0	1	31.2	6.25
	2017	四国	徳島	伊藤翔	18	3	投	47	0	0	0	0	0		47	3	3	0	2	79.0	3.76
	2019	BC	武蔵	松岡洸希	19	3	投	7	0	0	0	0	0		7	0	0	0	0	6.0	12.00
		四国	徳島	上間永遠	18	7	投	5	1	0	0	0	0	0.000	5	1	1	0	0	21.1	6.33
		四国	徳島	岸潤一郎	21	8	外	150	379	82	11	37	3	0.216							
	2021	四国	徳島	古市尊	19	育1	捕														
	2022	四国	徳島	日隈モンテル	22	育2	外														

手のタイトルを獲得。高知から入った石井大智も一軍で投げている。

日本ハムは２０２１年まで５人だったが、２０２２年２人を指名し７人になった。

もともと育成選手制度にも２０１９年まで参加せず、独自の育成システムを構築してきた球団だが、２０１９年に初の育成選手として富山から海老原を獲得。翌年新潟から獲得した樋口が一軍で記録を残すなど、徐々に実績を上げつつある。

２０２２年徳島から獲得した中山は鳴門高で日本ハム投手の河野竜生とチームメイトだった。河野は２０１９年のドラフト１位、中山は育成での入団だが、ここから肩を並べようとしている。

現役

指名球	年度	リーグ	所属	選手	年	指名順位	Po	打撃成績							投手成績						
								試	打	安	本	点	盗	率	登	勝	敗	SV	HD	回	率
阪神 7人	2008	BC	富山	野原祐也	23	育1	外内	22	26	5	0	0	0	0.192							
	2009	BC	信濃	高田周平	24	育1	投														
	2011	BC	群馬	廣神聖哉	22	育1	捕														
	2016	四国	徳島	福永春吾	22	6	投	7	1	0	0	0	0	0.000	7	0	0	0	0	9.0	17.00
	2018	BC	富山	湯浅京己	19	6	投	62	0	0	0	0	0		62	2	3	0	43	61.0	1.92
		BC	福井	片山雄哉	24	育1	捕	2	2	0	0	0	0	0.000							
	2020	四国	高知	石井大智	23	8	投	36	1	0	0	0	0	0.000	36	0	2	0	0	41.1	3.05

現役

指名球団	年度	リーグ	所属	選手	年齢	指名順位	Po	打撃成績							投手成績						
								試	打	安	本	点	盗	率	登	勝	敗	SV	HD	回	率
日ハム 7人	2009	四国	徳島	荒張裕司	20	6	捕内														
	2018	BC	富山	海老原一佳	23	育1	外														
	2019	BC	新潟	樋口龍之介	25	育2	内	47	102	18	1	4	0	0.177							
		BC	新潟	長谷川凌汰	23	育3	投	5	0	0	0	0	0		5	0	0	0	2	3.2	7.36
	2021	BC	群馬	速水隆成	24	育2	捕														
	2022	四国	徳島	中山晶量	23	育2	投														
		BC	信濃	山本晃大	23	育4	投														

広島もソフトバンクと並び最初に独立リーグから選手を獲得した球団だが、最小の6人。

活躍した選手がほとんどいない。2019年香川から入団した畝は広島の畝辰実三軍総合コーチの子息だったが一軍出場は果たせなかった。

球団別の独立リーグ出身選手の成績を集計すると下表のようになる。

人数では巨人だが、実績では角中勝也のロッテと又吉克樹の中日が突出している。

近年、「NPBに行くことを目的に独立リーグに行く選手」が増えるとともに、NPBで活躍する独立リーガーは増える傾向にある。NPB球団と独立リーグの関係は

現役

指名球団	年度	リーグ	所属	選手	年齢	指名順位	Po	打撃成績							投手成績						
								試	打	安	本	点	盗	率	登	勝	敗	SV	HD	回	率
広島 6人	2005	四国	愛媛	中谷翼	21	育1	内	4	7	1	0	1	0	0.143							
	2010	四国	徳島	弦本悠希	21	7	投	4	0	0	0	0	0		4	0	0	0	0	4.0	4.50
	2011	四国	徳島	富永一	22	育1	投														
		四国	福岡	中村真崇	27	育2	外内														
	2019	四国	香川	畝章真	24	育3	投														
	2020	四国	徳島	行木俊	19	5	投														

球団別独立リーグ出身選手の成績集計

球団	人数	打撃成績							投手成績						
		試	打	安	本	点	盗	率	登	勝	敗	SV	HD	回	率
巨人	22	357	133	27	1	10	57	0.203	94	4	1	1	2	112	5.57
ｵﾘｯｸｽ	17	185	82	22	0	3	8	0.268	103	9	9	0	5	179.2	4.09
ヤクルト	14	496	347	85	1	19	24	0.245	9	0	2	0	1	13	11.77
横浜DeNA	13	246	274	44	3	15	2	0.161	46	0	0	0	1	63.1	5.61
ロッテ	12	1574	4469	1244	57	502	124	0.278	21	1	1	0	1	25.1	6.04
ｿﾌﾄﾊﾞﾝｸ	11	543	950	251	2	40	25	0.264	113	2	4	0	7	146.1	3.48
楽天	10	690	1411	346	1	101	100	0.245	81	3	3	1	19	83.2	4.09
中日	9	549	31	5	0	1	0	0.161	548	48	32	12	173	656	3.26
西武	8	342	456	100	11	42	11	0.219	89	4	4	0	3	138	5.06
阪神	7	129	30	5	0	0	0	0.167	105	2	5	0	43	111.1	3.56
日本ハム	7	52	102	18	1	4	0	0.176	5	0	0	0	2	3.2	5.63
広島	6	4	0	0	0	0	0		4	0	0	0	0	4	0.00

まだ緒についたばかりと言う印象だ。

2-5　NPB選手の復帰

NPBの12球団合同トライアウトには、独立リーグのスカウトや関係者も顔を出す。NPBとの再契約がかなわなかった選手を独立リーグに勧誘するのだ。

NPB出身選手は、1軍での実績がなくても話題にはなる。実力も知識も豊富だし、プロ意識もあるから、チームに良い影響を与える。

ましてや一軍での実績がある選手は、ファンも注目するし、メディアも取り上げる。そういう関係で毎年、数人のNPB選手が独立リーグのユニフォームに袖を通す。

彼らにしてみれば、独立リーグで実績を挙げて「まだ働ける」ことをアピールし、NPBへの復帰を目指しているのだが、その道は限りなく狭い。

これまでそれを実現したのは12人だけだ。

独立リーグからNPBに復帰した選手

※現役　独立L

選手	Po	球団	在籍	打撃成績							投手成績						
				試	打	安	本	点	盗	率	登	勝	敗	SV	HD	回	率
山田秋親	投	ﾀﾞｲｴｰ・ｿﾌﾄﾊﾞﾝｸ	2001～08	98	0	0	0	0	0		98	15	11	1	2	235.0	4.75
		四国IL福岡	2009	5	0	0	0	0	0		5	0	1	0		10.1	3.48
		ロッテ	2010～12	28	1	0	0	0	0	0.000	28	1	0	0	2	31.1	4.88
正田樹※	投	日本ハム	2000～05	84	7	0	0	0	0	0.000	84	24	37	0	0	445.1	4.87
		BC新潟	2011	23	0	0	0	0	0		23	3	5	1		63.0	3.00
		ヤクルト	2012～13	39	0	0	0	0	0		39	1	1	0	4	41.0	2.85
金森敬之	投	日本ハム	2007～10	60	1	1	0	0	0	1.000	60	5	3	0	2	91.2	3.93
		四国IL愛媛	2013	35	0	0	0	0	0		35	1	3	2		35.0	2.83
		ロッテ	2014～16	27	0	0	0	0	0		27	1	0	0	1	31.0	7.84
小林宏之	投	ロッテ、阪神	1998-2011	372	25	6	0	3	0	0.240	370	75	74	29	28	1286.1	3.52
		BC群馬	2013	7	0	0	0	0	0		7	2	1	0		28.2	3.14
		BC信濃	2014	26	0	0	0	0	0		26	2	1	1		28.2	1.26
		西武	2014	15							15	0	0	0	3	11.1	7.94
藤川球児	投	阪神	2000～12	560	42	5	0	1	0	0.119	562	42	25	220	102	692.0	1.77
		四国IL高知	2015	6	0	0	0	0	0		6	2	1	0		33.0	0.82
		阪神	2016～20	220	9	0	0	0	0	0.000	220	18	13	23	61	243.0	2.96
三家和真	内外	広島	2012～13	一軍記録なし													
		BC信濃	2014	52	24	2	0	2	1	0.083							
		BC石川	2015～16	132	498	117	5	52	35	0.235							
		ロッテ	2017～20	29	26	6	1	5	0	0.231							
岩本輝	投	阪神	2012～15	21	15	0	0	0	0	0.000	21	4	2	0	0	58.0	2.64
		BC福井	2017～18	47	0	0	0	0	0		47	9	9	1		155.2	2.84
		オリックス	2018～19	26	0	0	0	0	0		26	1	4	0	1	22.0	7.77
古村徹	投	DeNA	2012～14	一軍記録なし													
		四国IL愛媛	2016	26	0	0	0	0	0		26	1	1	1		33.2	0.80
		四国IL愛媛	2017	14	0	0	0	0	0		14	0	4	0		23.0	7.43
		BC富山	2018	33	0	0	0	0	0		3	1	1	1		34.2	2.60
		DeNA	2019～20	一軍記録なし													
歳内宏明	投	阪神	2012～19	57	4	0	0	0	0	0.000	57	2	4	0	4	80.1	4.15
		香川	2020	9	0	0	0	0	0		9	5	0	0	0	64.0	0.42
		ヤクルト	2020	7	12	1	0	0	0	0.083	7	1	2	0	0	33.2	4.28
小窪哲也	内	広島	2008～20	705	1484	385	18	153	7	0.259							
		KAL火の国	2021	18	57	24	1	12	0	0.421							
		ロッテ	2021	7	18	1	1	2	0	0.056							
藤井皓哉※	投	広島	2015～20	14	1	0	0	0	0	0.000	14	1	0	0	1	22.2	7.94
		四国IL高知	2021	22	0	0	0	0	0		22	11	3	0	1	145.0	1.12
		ソフトバンク	2022	55	0	0	0	0	0		55	5	1	3	22	56.1	1.12
秋吉亮	投	ヤクルト、日ハム	2014～21	379	4	1	0	0	0	0.250	379	20	24	71	78	390.0	3.00
		NOL福井	2022	18	0	0	0	0	0		18	1	2	7		20.1	2.66
		ソフトバンク	2022	2	0	0	0	0	0		2	0	0	0	0	2.0	3.05

山田秋親（秋親）はダイエーで中継ぎ投手として投げたのち、四国アイランドリーグ福岡に移籍し、12球団合同トライアウトを受けて、ロッテに復帰した。

正田樹は桐生一高時代に夏の甲子園で優勝。日本ハム時代に新人王も獲得したが、阪神移籍後に戦力外となり、台湾、米マイナーでプレー。台湾時代に高津臣吾（現ヤクルト監督）の知遇を得てその縁でＢＣリーグ新潟に移籍し、さらにヤクルトに移籍した。しかし成績が上がらず戦力外となり、台湾野球を経て四国ＩＬの愛媛に移籍、コーチ兼任で投げ続け、２０２３年も現役続行が決まった。

その後もＮＰＢに復帰しても活躍できないケースが続いたが、２０１５年夏にＭＬＢから四国ＩＬ高知に入団した藤川球児は記者会見で「故郷高知の夏休みを子どもたちに味わわせたい」と語った。その年シーズン終了までわずか6試合の登板だったが、完封も記録するなど実力の違いを見せつけ、翌年は阪神に復帰、クローザー、セットアッパーとして活躍した。独立リーグ経由でＮＰＢに復帰した選手で再び一線級の成績を残したのは、藤川が最初だった。（一章末のコラム①参照）

２０２０年の歳内は阪神では中継ぎ投手。戦力外となり香川に移籍した。その直後に話を聞いたが「ダントツの成績を上げて、すぐにＮＰＢに復帰したい」と語った。果たしてそのシーズン中にヤクルトに復帰がかなった。しかしそのシーズンは何とか戦力になったが、翌年には戦力外になっている。

広島の代打の切り札だった小窪哲也も九州アジアの火の国に入団して「出来るだけ早く復帰した

い」と語っていたが、この年にロッテに復帰。しかし1本塁打しただけで戦力外になった。

藤井皓哉は、広島時代は将来を嘱望されながらも結果を出すことができず戦力外となったが、四国IL高知で吉田豊彦監督の教えを受けて「縦スラ」に磨きをかけた。ソフトバンク3軍との交流戦でノーヒットノーランを記録するなど高いポテンシャルを見せつけ、このオフにソフトバンクに入団が決まる。当初は育成契約だったが春先に支配下登録されると、骨折で戦線離脱した又吉克樹に代わって「勝利の方程式」を担い、絶対的なセットアッパーとなる。NPB時代実績がなかった選手が独立リーグを経て復帰し、成功した例はこれが初めて。2023年は先発転向と報じられた。

ヤクルト、日本ハムでクローザーとして活躍した秋吉亮は、2021年オフにノンテンダーFAとなり、この年から始まった日本海オセアンリーグに移籍したが、又吉克樹の戦線離脱などで救援投手の絶対数が不足したソフトバンクに呼ばれて復帰。しかし2試合投げただけで戦力外となり、今オフは12球団合同トライアウトを受けている。

藤井皓哉の例は、今後の新たなルート開拓の可能性を感じさせる。NPB時代十分に力を発揮できなかった選手が、独立リーグで活躍の場を得て、技量的にも成長し、自信も取り戻してNPBで復活すると言うサクセスストーリーが今後も増えればよいと思う。

コラム② マニー・ラミレスの独立リーグ珍道中

2017年、インディアンス、レッドソックスなどで活躍したマニー・ラミレスの高知ファイティングドッグス入りが発表された。MLB通算555本塁打、2574安打の大打者だ。

マニー・ラミレスがMLBのタンパベイ・レイズで引退を宣言したのは2011年4月のこと。翌2012年にはアスレチックスとマイナー契約をするもメジャー昇格を果たせず、2013年には台湾プロ野球(CPBL)の義大ライノスへの入団を発表した。

台湾ではMLBはNPBと並んで人気がある。スーパースターのマニー・ラミレスを見るためにファンは球場に押し寄せた。CPBLは度重なる八百長、野球賭博事件によってすっかり信用を失っていたが、ラミレス(CPBLでの登録名は曼尼)の参戦で人気が盛り返したと言われている。

高知での登録名は「マニー」。入団記者会見では「NPBへの入団も視野に入れている」と話した。このため、契約期間はシーズン開幕からNPBのトレード期限の7月31日まで。イチローより1歳上のマニーはこの年45歳、NPB入りが実現していれば史上最高齢での入団になるはずだった。

マニーの打撃はここでも際立っていた。4月1日のソフトバンク3軍との試合では左腕・伊藤祐介から鋭い安打を放った。また打撃練習でも鋭い打球を連発していた。ただし守備には一切つかずDH専門。また、試合途中で引き上げることもあった。

高知の人は、日本だけでなくアメリカのメディアも追いかけるマニーがスーパースターであることを知り、次第に歓迎するようになった。

マニーは夫人を伴って来日したが、夫人が1ヶ月で帰国すると自由気ままに動き回るようになる。休日には関東まで出かけることもあった。市内のシティホテルに宿泊していたが、商店街のパン屋のクロワッサンが気に入って、自転車で買いに行くようになる。その道すがら、通行人に手を振ったり、話しかけたりした。

また、ホテルの宴会場で行われた宴会に飛び入りで参加して、藁焼きのカツオのたたきを食べたりもした。日本円をほとんど所持していなかったので、飲食店などは請求を球団に回したと言う。こうしてマニーは「高知の人気者」になっていった。

7月末の移籍期限までにNPB球団からのオファーはなかったので契約はシーズン終了まで延長されたが、8月に入ると「右ひざの故障」を訴えて試合には出なくなる。しかし以後も高知に滞在して、日本での生活を楽しんでいた。

当時の高知、駒田徳広監督は「試合に出ればいい打撃をするけど、出るのかどうかわからないので」と困惑気味だった。高知での成績は23試合80打数33安打3本塁打22打点、打率・413。打撃技術はまだ衰えていなかった。

マニー・ラミレスがMLBで獲得した年俸総額は2億ドル（257億円）に上る。もはや金ではなく野球をする環境を求めて、CPBLや日本の独立リーグにやってきたのだろう。そしてその人懐こい性格で、地元の人々を魅了したのだ。

筆者はマニーのプレーを見るために4回高知に赴いたが、その存在感の大きさ、プレーの迫力に圧倒された。顔見知りになると人懐こい笑顔を見せてくれた。高知の人々は今もマニー・ラミレスの面影を忘れていない。

2017年高知ファイティングドッグスのマニー・ラミレス

チームメイトとハイタッチ

記者会見にも応じた

福岡ソフトバンクホークス

＃48　藤井皓哉投手

・独立リーグは厳しい環境ですが、練習への取り組み方や、考え方次第でとても素晴らしい環境になります。
そこでやってきたことは次のステージに行っても必ず役に立つと思います

© SoftBank HAWKS

藤井皓哉投手　右投げ左打ち181㎝ 83kg
1996年岡山県笠岡市生まれ、おかやま山陽高を経て2014年ドラフト4位で広島入団。5年間投手としてプレーしたが2020年戦力外通告を受け、この年の12球団合同トライアウトに出場するもNPB球団からのオファーはなく2021年は四国アイランドリーグplusの高知ファイティングドッグスに入団。5月9日のソフトバンクとの交流戦でノーヒットノーランを記録するなど活躍。22試合11勝3敗145回180奪三振、防御率1.12という好成績を上げる。12月ソフトバンクと育成契約。翌2022年3月に支配下登録され、セットアッパーとして活躍。55試合5勝1敗3セーブ22ホールド56.1回、防御率1.12という成績を残す。2023年は先発転向が予定されている。
NPB通算(4年)69試合6勝1敗3セーブ23ホールド、79.0回、防御率3.08

第三章　独立リーグの文化とステイタス

取材し、見聞きする中で見えてきた「独立リーグ球団」のリアルについて。
選手、指導者、スタッフ、経営者は何を考え、どんな日常を送っているのか？

2018年ルートインBCリーグ石川ミリオンスターズ

3-1　「選手」以前よりシビアになった独立リーガーを取り巻く環境

独立リーグの草創期には、選手の実力は「玉石混交」ではあった。

NPBのドラフトに指名される選手には球団から在籍する学校や企業宛に「身上調査書」が送付される。いわゆる「調査書」だ。選手はこれに記入して返信する。「調査書」が来たからと言って指名されるとは限らないが、「調査書」が来なかった選手はスカウトの眼鏡にかなっていなかったということになる。

独立リーグにはごく初期の段階から、「調査書」が来るようなレベルの選手がいたが、同時にはるかにレベルが低い選手もいた。四国アイランドリーグ創設時には石毛宏典氏の尽力で大がかりな入団テストが行われたが、それ以降は本格的なトライアウトもあまり行われていず、簡単なテストや縁故で入団を許された選手もいた。「玉石混交」になるのは致し方なかった。

スカウトの「鑑定眼」がモノを言った時代

当時のスカウトは、独立リーグの試合に足を運び、実際に選手を見る中で「これは」という選手の目星をつけていった。とはいっても、その「目星」とは「独立リーグで好成績を残す」ではなかった。

2006年オフに高知からロッテに大学・社会人ドラフト7巡目で指名された角中勝也は首位打者2回、1000本安打を記録するなど、独立リーグ出身選手としてNPBで最高の実績を残しているが、高知時代の成績は253打数64安打4本塁打28打点、打率・253と芳しいものではなかった。スカウトは数字ではなく、角中の走攻守、特に打撃の資質を見出して、指名したのだ。まさに慧眼と言えよう。

反対に、独立リーグでMVPを取るような活躍をしながら、NPB入団後は全く活躍できず、支配下登録を得ることもなく育成契約のままで退団する選手もたくさんいる。

スカウトにとっては、この見極めが大事だった。

「独立リーグのレベルがどういうものなのか、把握するまでは評価が難しかったよ」

とあるスカウトは話す。

このスカウトは気になる選手は春先と9月に2回見るようにしているという。

「春先にこれは、という選手を何人かピックアップする。そして9月にもう一度見て、どれだけ〝伸びているか〟を見るんだよ。厳しい夏を過ぎて、投手なら球速が上がっているとか、制球力がよくなっているとか、打者ならスイングが速くなっているとか、そういうのをチェックするんだ。この間に怪我をして試合に出られなくなる選手もいるけどね」

独立リーグを「NPBへのステップ」と考える選手たち

独立リーグはいろいろなカテゴリーからきている選手が多いだけに、スカウトの鑑定眼は非常に重要だった。しかし、これは昔話になりつつある。

今の独立リーグには「本当ならドラフト指名されてもおかしくない」選手が一定数入団している。もともとそういう資質に恵まれながら、何らかの理由でエリートコースを外れたような選手だ。

多いのが「怪我」だ。高校時代に強豪校でエース格と言われるような活躍を見せながら、投球過多で肩肘を痛めたり、腰椎を損傷したりして投げられなくなった選手。高校での実力を評価されて大学に進んだが、大学で怪我をした選手。

彼らは一時期野球を離れて、普通の学生になるが、野球への思い断ちがたく、再チャレンジの道を模索する。そして独立リーグに行き当たるのだ。

また、高校、大学時代に指導者とぶつかって、野球部を辞めた選手も多い。指導者の理不尽な指導に反発したり、自分が優遇されないことに不満を持ったりして、練習に出なくなり、退部してしまう。こういうドロップアウトした若者が、独立リーグで再チャレンジするケースも増えている。

徳島インディゴソックスのビジネスモデル

四章でも触れているが、四国アイランドリーグplusの徳島インディゴソックスは、こうした選手を発掘するのが得意で、毎年、有望株を入団させる。選手によってはまだ怪我、故障が完治していないこともあるが、そういう場合は焦らずリハビリテーションに専念させて、試合出場の機会をうかがうのだ。同時に、球団側はＮＰＢのスカウトに選手を売り込む。そういう形で、ドラフト指名への流れを作っていくのだ。

今では、高校時代に「調査書」をもらったもののドラフト指名されなかった選手で、敢えて「独立リーグ」を選択する選手も多くなった。

「大学なら4年間、社会人なら大卒でも2年間、高卒なら3年間経たないとドラフト指名されないが、独立リーグなら1年でプロに行ける」

2021年茨城、火の国、堺３球団合同トライアウト

とそのメリットを強調する。中には千葉県の横芝敬愛高校のように、３年連続で徳島からドラフト指名を勝ち取る選手が出て、一種の「コース」になっている高校もある。

他の独立リーグ球団も、こういう形で様々なルートで「有望選手」を獲得するようになった。

これによって、四国、ＢＣなどのリーグのレベルは上がっているという印象だ。さらに２０２１年には社会人野球を母体とする火の国サラマンダーズがいる九州アジアリーグが独立リーグ界に参入し、独立リーグの選手の質は近年、明らかにレベルアップした。

トライアウトのレベルも上がる

近年、オフになると独立リーグ球団は大規模なトライアウトを実施しているが、その競争率は非常に高く、100人ほどが参加しても数人しか採用されない狭き門になっている。これを反映して、スポーツ専門学校の中には「独立リーグ球団への入団を目指す」コースもできている。

今のNPBのスカウトは「独立リーグ球団が推薦する」選手を中心にマークすることが多くなっている。そんな中から、NPBで活躍する選手がでてくるようになっている。

実質的に、独立リーグはNPBの「マイナーリーグ化」していると言ってよいだろう。

ノーマークの選手たち

こうした「レベルアップ」の一方で、独立リーグチーム内の「選手の格差」も大きくなっている。

筆者は毎年、球団が推す「ドラフト有望候補」の取材をするが、取材時には、有望選手に話を聞きながらも、その他の選手の視線を感じずにはおれない。取材が来ない彼らがドラフトにかかるのは望み薄なのだ。

もう10年ほど前のことだが、ある独立リーグ球団の監督に、練習施設で話を聞いたところ「今日、俺が駐車場に車(BMW)を停めたら、横にベンツが停まってるんだ。誰のだ？　と聞いたら、今年高校から入った新人だって言うんだ。親が入団を喜んで、買ったんだとよ」

とあきれ顔で行った。

そうした選手でも、一応テストやトライアウトを経て入団しているから、全くの素人ではないだろうが、独立リーグに入ったことですでに満足している選手も一定数いるのは事実だ。

独立リーグは一応は「プロ野球」であり、少ないとはいえファンがいる。ファンクラブもある。球場外では選手はサインを求められることもある。年間数十試合のペナントレースは、地方メディアが記事にする。そういう雰囲気に浸るうちに「プロ野球選手気取り」になる選手も出てくるのだ。

親の中には高卒の選手に「大学に言ったつもりで頑張れ」と声を掛けることも多い。

しかし独立リーグからNPBに行く選手は、2年目までにドラフト、育成ドラフトにかかる選手が圧倒的に多い。大学と同じ4年も在籍していて目が出る選手は少ないのだ。

そういう『ベテラン』選手が、チームに良くない影響を与えることも少なくない。若い選手を遊びに誘ったり、ベンチでだらしない態度を見せたり。

中には、高知ファイティングドッグスで独立リーグ初の10年選手になった梶田宙や、2022年で16年目、900試合出場を果たした新潟アルビレックスBCの稲葉大樹ように、チームリーダーとして選手をまとめ上げるとともに、地域交流も積極的に行う選手もいるが、中にはモラトリアムのような状態になる選手もいるのだ。

独立リーグ球団の経営者、指導者が「独立リーグは、野球をあきらめさせる場でもある」と口を揃えて言うのは、そういう選手に転機を促す必要があるからだ。

多くの球団ではシーズンオフに、半数近くの選手を「契約解除」にする。そういう形で新陳代謝を図らないと、チームは沈滞ムードに陥りかねないのだ。

「ベースボールノマド」の問題

最近の独立リーグ球団のトライアウトには、他の独立リーグ球団を退団した選手が多数参加する。彼らはレベル的には即戦力ではあるが、チームの新陳代謝を考えるならば、果たして獲得すべきかどうかは微妙なところだ。

中には、日本だけでなく世界中のプロ野球や独立リーグを渡り歩く選手もいる。ベースボーライターの石原豊一氏はこれを「ベースボールノマド（遊牧民）」と呼んだが、そういう「野球をあきらめられない民」が出てきているのも一面の真実だ。

ルートインBCリーグは2019年に一部のオーバーエイジ枠を除いて、選手の「26歳定年制」を導入した。最近はやや緩和してオーバーエイジ枠を増やしたが、これは「ノマド」を規制する手段だと言えるだろう。

増えたとは言っても、独立リーグからNPBに進む選手は毎年10人前後、独立リーグ全選手の1・5％に過ぎない。

その他の選手については「いつ野球のキャリアを終えるのか？」「いつ夢をあきらめるのか？」が大きなテーマとなる。

独立リーグ球団の多くは「あきらめさせる」ことも大きな課題と考え、様々な方策を考えているのだ。

どんな選手がNPBに行くのか?

今、NPBが独立リーグに求めているのはどんな選手なのか?

端的に言えば「個性」のある選手だ。投手なら、球が速い、左、背が高い。野手なら肩が良い、足が速い。多くはこうした形容と共に「粗削りだが」という言葉がくっつく。

あまり必要とされないのは「安定感のある先発投手」や「走攻守すべてにレベルの高い選手」「野球偏差値が高い選手」だ。

独立リーグのレベルで「安定感」があったり「偏差値が高い」のは、そのレベルに適応しているということだ。独立リーグとNPBのレベルの差は未だにかなり大きいので、むしろそういう選手は「総合的に」通用しないことが多い。

それよりも「一芸に秀でた」タイプの選手の方が、見込みがある。

2021年、徳島インディゴソックスから育成1位で西武に入団した古市尊は、徳島では正捕手でさえなかったが、肩の強さ、盗塁阻止率の高さで指名された。スカウトは「どこか一つでも飛びぬけたところがある選手がいい。足りない部分はプロに行ってからしっかり仕込むので」と語っていた。

古市は高校時代から肩だけは目立っていて、NPBの調査書ももらっていた。独立リーグでもその素質を証明したことで、プロ入りがかなったのだ。スカウトは、技術、打撃力などはNPB球団に入団後、身に着けて行けばよいと言う考えなのだ。

徳島時代の古市尊

突然の「才能開花」は、あまり見られなくなった

かつては、独立リーグに入団するまでは全く目立たなかったが、プレーするうちに急速に素質が開花してドラフトでNPBに指名された選手がいた。

その典型が現ソフトバンクの又吉克樹で、彼は高校までは全くの無名だったが、大学入学後も身長が伸び続け、香川オリーブガイナーズに入団後、大活躍をして注目され独立リーグ史上最高の2位で中日に入団。以後、中日でセットアッパーとして活躍、2021年オフにはFAでソフトバンクに移籍した。

しかし、最近の独立リーグではこうした「掘り出し物」は少なくなっている。NPBスカウトの目配りが広くなっているし、独立リーグ球団関係者が「素材」をいち早く発掘するからだ。

メンタル面でいえば、独立リーグからNPB球団に進む選手は「時間がない」という意識を常に持っている。「勝負は今年」と心に秘めて必死で投げている。

「1年目は環境に慣れて、2年目から頑張ろう」という気持ちの選手は、ほとんどがNPBに行くことができない。スカウトはそういう「ひたむきさ」もチェックしている。

近年、NPBは独立リーグを「選手の供給源」として評価するようになった。それは独立リーグがより厳しい「競争環境」になったからだ。

3-2 「指導者」常に「斜め上」を見ながら

「都落ち」の悲哀

独立リーグに初めて来た指導者の多くは「あれもない」「これもない」と嘆く。

特に直前まで現役選手だった指導者、NPB球団以外に所属した経験がない指導者の多くは独立球団側から「何月何日に来てください」と言われると「チケットやホテルはとってくれないのか?」と聞く。NPBでは全てマネージャーがやってくれたから、自分で飛行機や新幹線のチケットを取ったり、ホテルを予約したことがない。「ご自分でなんとかしてください」と言われて、まず環境の落差を実感するのだ。

球場の施設は老朽化しているし、監督、コーチ控室にエアコンがないことさえある。地域によってはトイレが観客と共用だったりもする。ロッカールームもあったりなかったり。そして一番重要な練習施設も球団所有ではないので、毎回、練習場所が代わったりもする。

「こんな環境で野球なんかできるのか？」と嘆声を上げるのが常だ。

待遇への不満とともに「自分はこんなところに来てしまったのか」と「都落ち」の悲哀を感じてしまうのだ。

選手の能力・意識の低さにまた愕然

そしてそれ以上にがっかりするのが「選手」だ。

身体能力的に劣っているのは、ある程度予想はついている。ＮＰＢ球団のファーム、育成選手の中にも、指導者の口を借りれば「間違って入った」ような選手がいる。走る、投げる、打つ、運動神経などの能力面で、はっきり「通用しない」と思える選手もたまにはいるのだ。

だから能力についてはある程度予想がつく。それ以上に指導者が独立リーグ球団に着任して、がっかりするのは「意識レベル」の問題だ。

「お前の投球フォームはここがおかしいからこういう風に治せ、といっても、なかなか修正できないんだ。ＮＰＢの投手なら〝はい、わかりました〟といって、次に見るときには完ぺきに修正している。そうでなければ生き残っていけないから。でも独立リーグの選手は、何度言ってもできないんだ。どうすればいいのか、と思ってしまう」

「フィールディングが良くないから、こういう練習を毎日100回やれと指示しても、1日、2日はやるけど、すぐに止めてしまう。〝なぜやらないんだ〟と聞くと、〝そんなの無理です〟とか〝時間がないんです〟とかいろいろ言い訳するんだ。どんな育ち方をしているんだと思うよ」

日本で最も人気があり年俸も高いスポーツであるプロ野球に入ってくる選手たちは、その時点で厳しい競争を勝ち抜いた「エリート」だ。身体能力、運動神経だけでなく、意識面でも厳しく自分を律するストイックさを持ち、目標に向けて自ら努力をする習慣がついている。

しかし独立リーガーの多くは、そうした競争からの脱落者か、厳しい環境を知らずに「野球を楽しんできた」若者たちだ。

彼らからしてみれば、NPBから来た指導者は「何を言っているのかわからない」のが正直なところだろう。

「環境」と「選手」この二つのギャップの前に、多くの指導者は立ちすくむのだ。

それでも指導者たちは、少しずつ選手の意識を変えていき、積極性、自主性を持たせていく。それはNPB時代には経験したことのない骨が折れる仕事ではあるが、それでも結果が出てくると達成感を感じる。

独立リーグの指導者のだいご味は「低いレベルの若者を、何とか引き上げていく」ことにあると言えよう。

独立リーグの名将たち

指導者の中には、独立リーグ球団と契約し、年俸を支払ってもらう人と、NPB球団から独立リーグ球団に派遣される人がいる。この場合、年俸はNPB球団が負担している。

後者は、長くて2～3年でNPB球団に呼び戻される場合が多い。NPB球団から派遣されている指導者にとって独立リーグは「社会勉強」のようなものだ。その分、気楽にチームや選手を見ることができる。見聞を広めることで、NPB球団に戻ってから成長したと評価される人もいるようだ。

香川オリーブガイナーズ監督時代の西田真二氏

しかし独立リーグ球団と直接契約している指導者には、NPB球団に帰るという逃げ場はない。この環境、この選手と向き合わなければならない。中には、適応することができず1～2年で自ら退団したり、解任される指導者もいる。

しかし、そうした中で「独立リーグの名将」と呼ばれる指導者も誕生している。

・「常勝香川」を作った西田真二

ＰＬ学園時代に夏の甲子園で優勝投手となり、法政大学から広島に進んで代打の切り札として活躍した西田真二は四国アイランドリーグの創設年である２００５年に愛媛マンダリンパイレーツの監督となり、１年置いて２００７年から２０１９年まで13年、香川オリーブガイナーズの監督を務めた。香川時代には前後期合わせて優勝11回、総合優勝５回、独立リーグ日本一３回という輝かしい成績を残し「常勝香川」を作った。

２０１７年に話を聞いたときに西田は独立リーグをこう例えた。

「そもそも、独立リーグは大学みたいなものです。力のある若い選手が成長して巣立っていく。そして次の世代につないでいく。そういうガイナーズの伝統を大事にしたいですね。選手と一緒になって悩んだり苦しんだり　それがチームの財産にもなっています」

教え子の成長を見守るような視線が大事だということだ。

・基本を徹底的に叩き込んだ金森栄治

金森栄治もＰＬ学園卒。早稲田大、プリンスホテルを出て１９８０年代の西武ライオンズで外野手、ＤＨとして活躍、阪神、ヤクルトでもプレーし、引退後はヤクルト、西武、阪神、ソフトバンクでコーチを歴任したが、２００７年ＢＣリーグ設立に際して石川ミリオンスターズに入団。ＮＰＢからのオファーもあったが、金森は「故郷が呼んだんや」と言ったと言う。彼は金沢市駅前の金物屋の息子だった。

しかし創設当初のＢＣリーグのレベルは低く、金森は「キャッチボールもできんプロ野球選手が入団したわい」と嘆息を漏らした。

しかし、そこから基本を徹底的に叩き直し、石川を初代リーグチャンピオンにする。

石川球団は、リーグ創設当初に、厳しいが情熱的に選手を指導する名指揮官に恵まれたのは幸運だった。

金森は3年で独立リーグを離れ、千葉ロッテの打撃コーチになったが、独立リーグを経験することで金森自身の指導者としての力量も向上したと評価されている。

愛媛マンダリンパイレーツ監督　弓岡敬二郎氏

・愛媛の永久欠番になった弓岡敬二郎

弓岡敬二郎は、東洋大姫路高、新日鐵広畑を経て、１９８０年、ドラフト3位で阪急ブレーブスに入団。名遊撃手、打者としてはつなぐ野球の名手としてベストナイン1回、ゴールデングラブ2回に輝いた。引退後もオリックスのスカウト、守備走塁コーチ、二軍監督として活躍。通算33年間、ＮＰＢの野球に携わったのちに、２０１５年、愛媛マンダリンパイレーツの監督に就任した。

就任時は大きなギャップに戸惑いを見せていたが、チームを短期間で掌握。２０１５年は後期優勝しリーグチャンピオンシップにも勝ち、さらにグランドチャンピオンにもなった。翌2016年も前後期優勝、リーグチャンピオンに。
「NPBで学んだことはすべて伝えようとしています。バッティングも、守備も、走塁も、バントも。僕がこの体でNPBでやってこられたのは、監督やコーチからいろいろ教えてもらったからです。それを全部教えようとしています」
「育成」の基本に立ち返って強いチームを作ったのだ。愛媛球団は弓岡の背番号「77」を永久欠番にしてその功績を讃えた。2022年再び愛媛の監督になった弓岡はまた「77」をつけて選手を指導している。

2021年のドラフト会議に臨む火の国サラマンダーズ監督馬原孝浩氏（当時コーチ）

・投手再生に手腕を発揮した馬原孝浩

九州アジア野球リーグ、火の国サラマンダーズの馬原孝浩監督（GM補佐兼任）は、熊本市立高、九州共立大から2003年自由獲得枠でダイエーホークスに入団。ソフトバンク、オリックスで救援投手として活躍した。

2021年に投手コーチとして火の国に入団したが、創設1年目のチームから石森大誠と言う左腕投手を、この年の独立リーグで最高位のドラフト3位で中日に送り出した。

馬原監督は現役を引退後、九州医療スポーツ専門学校で柔道整復師と鍼灸師の国家資格を取得。アスリートの体について徹底的に学んだが、それを独立リーグの場で実践したのだ。

「投手でも、打者でも、伸ばすべき方向性を見極めて、それぞれの能力を最大限にするようなトレーニングをしました。独立リーグの選手は時間がありませんから、無駄なことは一切できない。能力を伸ばすためだけを考えて指導しました」

選手時代の実績に加えて、引退後に身に着けた専門知識を武器に、選手の適性を伸ばしたのだ。石森は大学時代の酷使で肩、肘に深刻な損傷を負っていたが、馬原監督は無理をさせずに回復を待ってチャンスを与え、結果を出させたのだ。

2年目の火の国サラマンダーズは独立リーグの日本一を決めるＩＰＢＬグランドチャンピオンシップでも圧勝で王座に就いた。馬原監督の手腕は、高く評価されている。


独立リーグ球団で実績を上げた指導者は、ＮＰＢ球団も注目している。ある独立リーグ球団の経営者に「毎年好成績を上げげて、ＮＰＢに選手も輩出しているのに、なぜ監督がしょっちゅう変わるのか?」と聞くと「実績を上げた監督は、ＮＰＢがほおっておかないから、すぐに声がかかってしまう」とやや苦々し気に語った。

選手だけでなく、指導者も多くは「実績を上げてＮＰＢに復帰したい」と思っている。球団経営者は大変だと思うが、指導者は「自分の実績づくり」のためにも頑張っているのだ。

3―3 「経営者」野球界とは違う「肌合い」？

平均43・7歳、人材派遣、広告代理店系が多い

独立リーグ球団の経営者に実施したアンケートによると、球団を取り仕切る経営者の平均年齢は43・7歳。多くは企業経営の経験がある。

また、野球界とは別の業界の出身者が多い。野球界プロパーと言えるのはルートインBCリーグ福島レッドアローズの岩村明憲社長兼監督と、埼玉武蔵ヒートベアーズの角晃多社長兼監督（2022年オフに退任）くらいだ。

2022年10月に九州アジア野球リーグ代表理事を退任した田中敏弘氏は、明治大学、社会人で活躍した野球選手で、引退後は社会人野球の熊本ゴールデンラークスを創設した。これが火の国サラマンダーズの前身となったが、これは少数事例だ。

それ以外の経営者はプロ野球や社会人野球での選手、指導者の経験もなく、それ以前には野球チームのマネジメントに携わった経験もない人だ。

独立リーグで実績を挙げている経営者に多いのが、人材派遣会社や広告代理店で勤務歴があったり、自らその種の会社を経営した経験を持つ人だ。新潟アルビレックスBCの池田拓史社長、茨城アストロプラネッツの山根将大社長、堺シュライクスの夏凪一仁社長などがそれだ。また愛媛マン

ダリンパイレーツの運営は広告代理店の星企画が担っている。栃木ゴールデンブレーブスはスポーツを主体とした人材派遣会社のエイジェックグループが運営している。さらに四国アイランドリーグplusの馬郡健理事長やルートインBCリーグの村山哲二代表は電通出身だ。

なぜ広告、人材派遣畑が多いのか?

独立リーグ球団の経営のために一番必要なのは「野球の知識」ではなく、地域密着型のマーケティングであり、経営リソースを有効活用するマネジメントだ。市場に対してアプローチをする広告代理店や、人を活用する人材派遣会社での経験を有する経営者にとって、親和性が高い仕事だと言えるのだろう。

また、火の国サラマンダーズの神田康範社長のように、スポーツチームを運営した経験がある経営者も有利なのは間違いない。

NPB球団と独立リーグ球団、経営者の違い

これに対しNPB球団の経営者の多くは、親会社の管理職からの天下りだ。野球選手上がりのプロパーで球団経営に関与する人は、福岡ソフトバンクホークスの王貞治会長などわずかしかいない。野球選手上がりは、編成など野球の現場に係るレベルまででとどまることが多い。

日々進化しているとはいえ、NPBのビジネスモデルは、ほぼ固まっている。試合のスケジューリングやメディアへの情報発信、チケット販売手段などは既定路線を踏襲することになる。プロ野

球の経営者はそんな中で最大限の利益を上げる努力をするのだが、大部分はルーティンワークだ。端的に言えば「安全運転」であり、大きな変革を望まないことが多い。

しかし独立リーグは開始して18年目を迎えても、まだ「荒波に揺れる小舟」であることには変わりはなく、経営者には日々の変化に対応する臨機応変さと収益確保へ向けた才覚が求められる。「大企業と中小企業の差」に近いものがあると言えよう。

筆者は、独立リーグとNPB球団が「同業」として表立って提携、協業できない一因に、経営者の「肌合いの違い」があるのではないかと思っている。

独立リーグの経営は「アドベンチャー」だが、NPB球団は「大企業の安定路線」、その考え方の違いが大きいのだろう。

ただ、NPB球団で採用されるプロパー社員の多くは、マーケティングやスポーツマネジメントなどのスペシャリストであり、独立リーグ経営者と同じような感覚を持っている人も多い。近年、こうしたプロパー社員が幹部に登用されることも多くなっているから、次第に意識の差は埋まっていくのではないか。いずれは「同じプロ野球の未来を考える仲間」として、腹を割って語り合える時が来るのではないかと思う。

もう一つ言えば、独立リーグ球団経営者の多くは野球経験は有していないが「野球が本当に好きだ」ということ。「代表取締役」の肩書を持ちながら、試合前の練習で球拾いをする社長もいるし、選手にファン以上に熱い声援を送る社長もいる。多くの社長は「野球全盛期」の昭和の時代に生まれて、ナショナルパスタイムであるプロ野球に慣れ親しんできた。恐らくは、その「憧れ」も球団経営のモチベーションになっているのだと思う。野球選手へのリスペクトは、独立リーグ球団必須の要素だと言えよう。

独立リーグ球団社長の基本は「現場仕事」

NPB球団の社長が現場に降りてくるのは、セレモニーがあったり選手を激励したりするときだけだ。本拠地では役員室から試合を見るだけだ。

しかし独立リーグ球団の社長には「現場仕事」がたくさんある。何せ独立リーグは小所帯であり、多くても10数人しかスタッフがいない。

多くの社長は試合のある日には先乗りをして球場入り口を開けて、チケットブースを開設する。グッズなどのブースも出店する。開場すれば先頭に立ってお客を呼び込む。知人に会えば挨拶をする。スポンサーが来れば先頭に立って案内する。

試合中は、スタンドを回ってファンに声をかける。ファンは球団社長と顔見知りなのは自慢になるから話しかけてくる。そういう声に耳を傾けるのも社長の仕事だ。

イニングの変わり目などでイベントをするときには、グラウンドに降りて仕切る。ときにはマイクを握って場内アナウンスをする社長もいる。

香川オリーブガイナーズの前社長の三野環氏は、独立リーグ初の女性社長として注目されたが、

香川オリーブガイナーズの三野環前社長

観客と話す高知ファイティングドッグス社長時代の梶田宙氏

1年目から試合日にはチケット売り場の前に立って一人一人に挨拶をしていた。特にお年寄りには丁寧にあいさつをして優しくアテンドしていた。

またオフの日には、スポンサー周りが日課になる。2014年、独立リーグで初の10年選手になった高知ファイティングドッグスの梶田宙氏は翌2015年から球団社長に就任したが、就任直後から高知県内のスポンサー周りをするのが日課だった。「とにかく顔を覚えてもらうことが大事だった」と言う。中小企業の独立リーグでは、社長が先頭に立って集客も営業も切り盛りしなければ、球団が回らないのだ。

中には、そうした「現場仕事」をせず、デスクワークだけをする社長もいるが、そうした球団はうまくいかず、経営者がすぐに交代することが多い。

現場に出ない社長には、選手も球団スタッフも信頼を寄せない。また、現場の声を聞かなければ経営のアイディアも浮かんでこないのだ。

個性あるビジネスモデルを創出する社長

独自のビジネスモデルを創出する3人の社長の言葉を紹介しよう。

・「NPB参入も視野に」新潟アルビレックスBC、池田拓史社長

「私は地元新潟県南魚沼市の出身です。大学は札幌市(北海道大学)に4年いましたが、卒業後はリクルートに就職して、東京に勤務していました。2006年、新潟を中心にBCリーグが立ち上がると聞いて、ぜひ参加したいと思い、7月下旬に会社を辞めて、村山哲二代表のもとに駆け付けました。

新潟アルビレックスBC、池田拓史社長

2年目のシーズンが始まる2008年3月、球団に移籍しました。以来、大変なことはいろいろありましたが、やはり財源の確保に尽きますね。2010年、4シーズン目で黒字に転換し以後は、基本的に黒字基調です。ホワイトナイト(資金援助者)がどこからか現れたわけではなく、野球塾などの新規事業にも挑戦しながら、経費を切り詰め、収支のバランスを取った結果です。

何と言っても、2009年7月にハードオフエコスタジアム新潟がオープンしたことは大きな転機となりました。

新潟にはサッカー、バスケットボールなど、いろいろなスポーツクラブが並立しています。いずれも同じアルビレックスを冠して活動を展開しています。同じ名の先輩クラブがあることで、ブラ

ンドの強みを感じています。

新潟アルビレックスBCでは、お客様を『サポーター』と呼んでいます。独立リーグは、トップリーグではないので、チケット収入に頼って運営するのは難しいという現実がある中、お客様は、ファンというよりサポートをしてくださる存在だと認識しています。

ハードオフエコスタジアム新潟には、私たちの会社の本社もあります。重要な拠点ではありますが、フランチャイズではなく、あくまでメイン球場です。主催36試合のうちここでは10試合程度。残りは県内他球場で開催しています。

独立リーグはNPBとは異なり、チームが強いから、優勝したから、お客様が入るというわけではありません。勝つに越したことはありませんし、やるからには勝てるチーム作りをしますが、勝ち負け以外のところにもお客様のニーズがあると考えています。

２０１４年に自民党の日本経済再生本部がまとめた政府への提言『日本再生ビジョン』に『プロ野球16球団構想』が盛り込まれました。今も具体化はしていないようですが、構想が具体化した時に、独立リーグでも堅実な経営をして、黒字を継続している球団があることをアピールできればと考えています。４つ枠が増えるとして、新潟には新潟アルビレックスBCがあると、指を折ってもらえるように、目の前のことをこつこつやっていきたいと考えています（２０１７年取材）」

・「栃木県全体の野球振興も」栃木ゴールデンブレーブス江部達也社長

栃木ゴールデンブレーブス江部達也社長

「うちには村田修一、西岡剛、川崎宗則、それにティモンディの高岸宏行さんなど有名な野球選手、タレントが入団しますが、それは栃木球団を運営するエイジェックグループが野球人を〝人材〟ととらえているからでしょう

例えば、エイジェックグループは野球アカデミーを運営していて、生徒さんが３００人くらいいるのですが、指導者はほとんど元プロの野球人が担当しています。２０２１年からは社会人の男女、中学男子の硬式野球チームに加えて、中学女子のユースチームもスタートしました。

さらに、大人向けにＴＰＡ（トレーニング・プロフェッショナル・アカデミー）も設置しました。こうした幅広いカテゴリーを指導する人材として、元野球選手に期待しているんですね。

ありがたいことに、私どもに来ていただく元プロの方はプレーやファンサービスなどでも若手の模範にもなっています。私どもの考え方、理念を理解してくださっているからだと思います。ルートインＢＣリーグにはサラリーキャップ制度があるので、お支払いできる報酬には限度があるのですが、それを理解したうえで一生懸命頑張ってくださいます

コロナ禍で観客動員も収益も減りました。もちろん、マーケティングを強化しなければなりませ

んが、地域全体での野球振興も重要です。2年前に『栃木県野球協議会』を立ち上げたんです。JABA（日本野球連盟、アマチュア野球団体）、県高野連、中体連、ボーイズリーグなど県内の野球団体は13あるんですが、こうした団体に加盟いただいて、連携しながら地域の子供たちなど県内の野球振興を考えていこうとしているんですね。栃木ゴールデンブレーブスは『県民球団』ですから、野球の垣根を超えた県全体の振興策を考える中で、球団としてのビジネスを考えていきたいと思っています（2022年取材）」

徳島インディゴソックス　南啓介社長

・「選手のNPB輩出を経営の柱に」徳島インディゴソックス　南啓介代表取締役

「独立リーグでは入場料収入は経営の柱にはできないので、スポンサーへの収入に頼ることになりますが、併せて、『NPBへの選手輩出』を経営の柱に据えました。NPBにドラフト指名されると独立リーグには契約金、年俸に応じて『育成対価』が支払われます。これも立派な収益源になると考えています。

そこで球団の共同オーナーたちや知り合いのライターとも連携を取り、情報を集め、スカウティングによる選手の獲得を強化しました。

ドラフトの当落線上にある選手の多くは、さまざまな事情を抱えています。指名有望と言われながら事情があってリタイアを余儀なくされたり、ケガや故障で野球を断念したり。そういう〝ワケあり〟な選手にもテストを受けてもらいました。テストは監督、コーチ、そして私も見ます。実力に加えて伸びる資質があるか、性格的なものも含めて、潜在能力を見極めます。

途中で野球をやめた時期がある選手には、『なんでやめたのか』をしっかり聞いた上で人生設計について尋ねます。今は野球をしていないけど『活躍したい』『お金が稼ぎたい』など、とんがった望みをいう選手はいいですね。逆にぼんやりしている選手は難しい。過去に何らかの理由で挫折したにせよ、再度立ち向かおうとする強い意志を持っている選手は、立ち上がって、前に向かった時のパワーが違うと感じています。ケガもなく元気に才能を発揮している選手をNPBは見逃さない。かといって能力や資質がはっきり劣る選手は当然獲得しない。その中間を狙うんですね。

実績ができて、『徳島に行けばNPBに行ける』といい意味で〝勘違い〟をして有望選手が来てくれるようになりました。結局は選手の頑張り次第なんですが。

選手の調子が上がったころ合いを見て、スカウトさんに見ていただけるように連絡します。NPB球団はそれぞれ選手獲得の方針が違うので、スカウトさんの見方もさまざまです。独立リーグは下位指名か育成指名が多いのが現状です。でも、可能性を信じて獲得をしてくださいますし、その選手が球団内で何か変革を起こしてくれることも期待してくれていると思います。コミュニケーションをとるうちに、球団の色だったり、スカウトさんの思いも少しずつ理解できるようになってきました。スカウトさんはプレーを見て数字的な部分や、プレーから伝わる感情を大切にされていると思います。

おかげさまで、〝人間的にも、プレーヤーとしても強いチームを作る〟という、うちの方針を理解してくださる方が増え、新規のスポンサーさんも増えています。経営を支える共同オーナーさんも増えています。

選手がNPBに行きたいと願い、私たちフロントも本気でNPBで活躍してほしいと思っています。そのためにできることは何でもするし、何が足りないのか、どうすればいいのかも選手と一緒に考える。徳島インディゴソックスは〝明確な目標〟を持っている球団なんです（2020年取材）」

3-4 「審判」「公式記録員」NPBと独立リーグをつなぐ「かけはし」

野球は選手、指導者だけでは成立しない。試合の進行を主導する審判、試合のあらゆる出来事を記録する公式記録員も不可欠の要素だ。各独立リーグは、審判、公式記録員の確保とレベルの維持、向上に努めてきた。

当初は技術、精度に課題があった審判員

四国アイランドリーグやBCリーグは設立当初、元プロ野球の審判などで、退職後、地方で独立して審判をしている人などをNPBから紹介され雇用した。さらにリーグ独自でも審判を募集して

採用した。

ただ、審判員は各地方で高校、大学、社会人野球の試合を担当している。社会人の場合、独立リーグの審判をすることについては「本人の意思を尊重する」ということになっていたが、学生野球の審判はプロアマ規定があるために、独立リーグの試合を担当することができなかった。それもあって審判の絶対数が不足していたのだ。

そこで高校野球の審判を引退した高齢者のOBなどにも依頼していたが、やはり「技術」「精度」に関しては多くの課題があった。

NPBとの協業によって技術が向上、安定

しかし四国アイランドリーグplus、ルートインBCリーグは2018年にNPBと審判に関する協業関係を結び、審判の「質」は向上し安定した。

NPBは、野球人口が減少するなかで審判を目指す人材を確保するために、毎年12月にアンパイヤスクールを開設している。千葉ロッテの浦和球場に全国から百数十人の審判を志望する人が集まり、1週間程度のスケジュールで講義を受ける。

その中で優秀とみなされた数名をNPBが研修審判員として採用し、四国、BCにそれぞれ派遣する制度ができたのだ。そしてNPBの審判部の人事に応じてこの中から昇格させ、育成審判とし

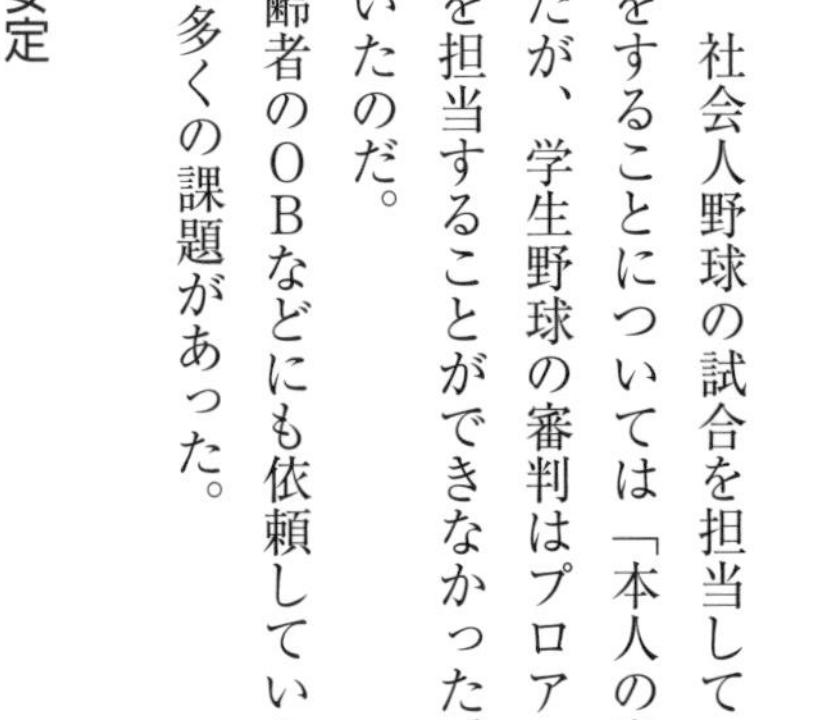

2022年10月1日　独立リーググランドチャンピオンシップ　試合前の監督、審判の記念写真

て雇用するシステムができた。

独立リーグにとっては、NPBのクオリティに近い優秀な審判を確保できるという意味で大いに意義があったし、NPBにとっても審判の候補生が、観客が入っている実際の試合のジャッジをすることで経験値を高めることができ、相互にメリットがあった。

さらに、アンパイヤスクールで研修審判員に採用はされなかったが、若くて可能性のある人材に対し独立リーグ側はNPBの許可を得て、勧誘している。彼らは独立リーグの現場で審判の経験を積み、翌年のアンパイヤスクールでの合格を目指すことになる。

また、独立リーグに審判として入ってから、アンパイヤスクールを受けてNPBの審判を目指す人も出てきている。

NPB球団と独立リーグには、育成選手を派遣する制度があるが、審判はそれよりも一歩先を行っていると言えるだろう。

一方で、独立リーグには、NPBの審判員を目指す若い人のほかに、審判OBを中心にフリーランスで審判として参加する人もいる。なかには、大企業の課長職や自営業者などもいる。こうした人たちは、休日などに球場に派遣されジャッジをしている。

NPBとの「ギャップ」が埋まった四国、BCリーグ

NPBと審判に関する協業関係ができてから、独立リーグの審判技術は安定した。創設当時から

四国とBCは、NPBの試合と同じ基準で審判のジャッジを行うことを基本にしていたが、人材交流によって精度が高まった。また、ジャッジが「NPBスタンダード」になったことで、独立リーグの「記録」の信頼性も高まった。

例えば、高校野球で活躍していた投手がプロに入って四球を連発したり、安打を打たれるのは、高校野球のストライクゾーンがNPBとは異なっていることも一因だ。高校野球の方がどうしてもストライクゾーンが甘くなる傾向にあるのだ。しかし、独立リーグは基本的にNPBと同じ基準なので、独立リーグの投手の制球力を示す数値には一定の信頼性があると言える。

MLB、KBOなど海外のリーグから移籍する選手には投手、野手共に「ストライクゾーンのギャップ」がついてまわるが、独立リーグ出身選手に関しては、そうしたギャップはほとんどない。

とはいっても、独立リーグの場合、審判の「質」にばらつきがあることは否めない。そのためにチームからクレームが出ることもあるが、リーグ、球団が協力して「審判の質の向上」を目指すというスタンスは変わらない。また元NPBの審判員が「技術指導員」として定期的に各地を回り、審判員を指導している。

BCリーグの場合、審判部長を含む4名の常時雇用の審判がいる。このほかに各地方に居住して、試合ごとに派遣する審判もいる。選手と同様、リーグがアルバイトをあっせんしている審判もいる。

2022年からBCリーグから分かれてオセアン日本海リーグ(NOL)が発足したが、BCとNOL両方の試合を掛け持ちする審判もいる。

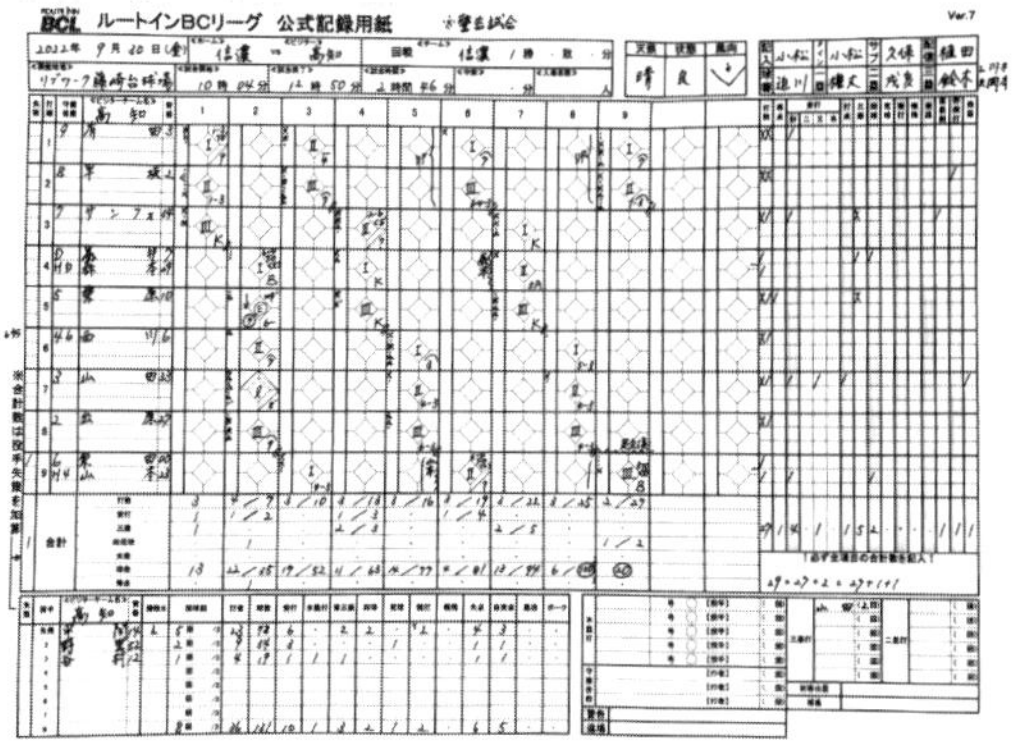

ルートインＢＣリーグの公式記録シート

２０２１年から始まった九州アジアリーグは、火の国サラマンダーズの前身の熊本ゴールデンラークスの関係もあって、社会人の審判経験者などが審判を務めている。

ただ、北海道フロンティアリーグは審判の絶対数が少なく、２人体制で試合を取り仕切ることもある。新興の独立リーグは「審判」の部分でも「途上」であると言えよう。

大きな「差」がある公式記録員

「審判」とともに「公式記録員」も、野球には不可欠の仕事だ。独立リーグでは審判と同様、社会人、大学、高校野球の記録員経験者に依頼して公式記録を作成している。四国アイランドリーグplusとルートインＢＣリーグは公式記録員の分野でもアライアンスを組んでいる。毎試合後、手書きのスコアシートがＰＤＦ形式で公開されている。

しかし、現時点では、独立リーグ出身で、ＮＰＢの公式記録員になった人はいない。そもそもＮＰＢの公式記録員は「慶應式」でスコアを記入しているが、独立リーグは一般的に広く導入されている「早稲田式」だ。また独立リーグでは普通２名で記録を作成しているが、ＮＰＢのペナントレースの公式記録は1人で作成している（補助員が2人つく）。こと記録員に関しては、技術、スキルの面でまだ発展途上にあると言えよう。

1球速報アプリで記録を配信

ＩＰＢＬ加盟の独立リーグとさわかみ関西独立リーグは、Omyu Technology 株式会社の「Easy Score」を利用して、「1球速報.com」にオンタイムで各試合の経過や打撃、投球、守備の個人記録をネット上で配信している。これによって、多くのファンが独立リーグのペナントレースや個人成績に簡単にアクセスできるようになった。しかし、これらの記録は試合出場予定のない選手などが入力をしているために、精度的に不安があり、リーグのスタッフが試合終了後、公式記録と突き合わせて修正を行っている。日本海オセアンリーグは、ＢＯＳＳＫという独自のアプリを開発し、動画などと共に試合、個人記録の配信を行っている。

1球速報.comの画面

「審判」「公式記録員」は、野球のクオリティを担保する重要な要素だ。独立リーグの「信用」を高めるうえで、今後も質的向上を図らねばならない。

3-5 「スポンサー」どんなメリット、意義があるのか？

独立リーグの運営は「スポンサー」によって維持されている。スポンサーの支援がなければ、独立リーグは試合をすることも選手を育成することもできない。

本来スポンサードする企業は「知名度アップ」「イメージアップ」など、主として「広告効果」を期待してスポンサーフィーを支払うが、平均で数百人しかお客が集まらない独立リーグでは広告効果は限定的だ。では、スポンサードする企業は、何を期待して資金を拠出しているのか？　そのメリット、意義は大口のスポンサーから小さなスポンサーまで様々だ。

独立リーグ球団の主要スポンサー一覧

2022年11月時点の各リーグ、各球団の主要なスポンサーを5社ずつ上げる。いずれも公式サイトのトップ画面に掲げられた法人名を左上から順に5社ピックアップした。

リーグ、球団	スポンサー企業、法人				
四国アイランドリーグplus	株式会社トリドールHD	株式会社セイア	株式会社伊藤園	株式会社ダスキン	Great Sign
高知ファイティングドッグス	明神水産株式会社	土佐龍温泉三陽荘	高知県越智町	高知県佐川町	まつもとデイクリニク
徳島インディゴソックス	阿波製紙株式会社	パクテラグループ	BOAT RACE鳴門	株式会社明和クリーン	株式会社セイア
香川オリーブガイナーズ	株式会社セイア	株式会社ツチヨシアクティ	JA香川県	株式会社朝日段ボール	株式会社ユタカ
愛媛マンダリンパイレーツ	愛媛ダイハツ販売株式会社	三浦工業株式会社	南海放送株式会社	株式会社テレビ愛媛	株式会社愛媛銀行
ルートインBCリーグ	ルートインホテルズ	株式会社エイジェック	株式会社ダスキン	TBEAJP	株式会社一光スポーツ
信濃グランセローズ	ホクト株式会社	信濃毎日新聞株式会社	株式会社共和コーポレーション	豊田興産株式会社	松本大学
新潟アルビレックス・ベースボール・クラブ	株式会社コメリ	株式会社新潟日報社	株式会社クラフティ	アルファスグループ	アクシアル リテイリング株式会社
群馬ダイヤモンドペガサス	群馬県高崎市	株式会社山田ホールディングス	ホームセンターセキチュー	群馬県前橋市	株式会社上毛新聞社
埼玉武蔵ヒートベアーズ	日本瓦斯株式会社	株式会社エントリー	ハレニワの湯	株式会社レジデンシャル不動産	株式会社ファイブイズホーム
福島レッドホープス	株式会社カネキ	株式会社ウェルズホーム	鮫川運送株式会社	株式会社平成工業	日本圧着端子製造株式会社
栃木ゴールデンブレーブス	株式会社エイジェック	株式会社SHIBAグループHD	株式会社メディアプロ	早乙女総合プロダクト株式会社	栃木トヨタ自動車株式会社
茨城アストロプラネッツ	株式会社ノーブルホーム	関彰商事株式会社	株式会社ユーゴー	タビットツアーズ株式会社	株式会社東日本技術研究所
神奈川フューチャードリームス	株式会社タックルベリー	株式会社きらぼし銀行	医療法人社団伸詠会	株式会社イズム	株式会社アール・エフ・ラジオ日本
やまえ久野九州アジアリーグ	ヤマエ久野株式会社				
火の国サラマンダーズ	株式会社Lib Work	株式会社鮮ど市場	株式会社シアーズホーム	石坂グループ	株式会社キューネット
大分B-リングス	三越商事大分株式会社	小田開発工業株式会社	清家巧貴税理士事務所	株式会社佐伯環境センター	株式会社SAKAE
福岡北九州フェニックス	ヒカリレンタ株式会社	株式会社シーラテクノロジーズ	マーク建設株式会社	株式会社アロールーツ	小倉ゆめ歯科

リーグ、球団	スポンサー企業、法人				
北海道フロンティアリーグ					
美唄ブラックダイヤモンズ	みらいネット株式会社	株式会社岸本組	株式会社北海道イノアック	空知信用金庫	空知商工信用組合
石狩レッドフェニックス	社会医療法人ピエタ会石狩病院	カラダとこころのフィットネス運動サロン	株式会社スリーライフ札幌	社会福祉法人瓔珞会	医療法人喬成会花川病院
士別サムライブレイズ	株式会社イトイ産業	株式会社ソウルフラワー	手打ちそば処　淳真	有限会社　ミヤザキ	道北日報社株式会社
さわかみ関西独立リーグ	さわかみ財団	株式会社北神社	株式会社リンドスポーツ		
兵庫ブレイバーズ	兵庫県三田市	三田運送株式会社	株式会社日比谷アメニス	三田観光バス、三田タクシー	学校法人芦屋学園
06ブルズ	株式会社cantera	ソーシャルベンチャー合同会社	医療法人藤仁会藤立病院	株式会社わだちグループ	株式会社アビックスコーポレーション
和歌山ファイティングバーズ	FM TANABE株式会社	田辺ダイハツ販売株式会社	第一生命ホールディングス株式会社	株式会社山中総業	株式会社三希土木
堺シュライクス	共伸ホールディングス株式会社	株式会社ケイゾーインターナショナル	照屋工業株式会社	桃山学院大学・桃山学院教育大学	株式会社コスモコーポレーション
北海道ベースボールリーグ					
富良野ブルーリッジ	Colantotte	医療法人なかむら内科	ヘリテイジ・リゾー	JA富良野	安藤山林緑化株式会社
すながわリバーズ	北伸建設工業株式会社	SHIRO	有限会社佐藤塗装店	株式会社櫻井千田	株式会社平屋電気商会
奈井江・空知ストレーツ					
日本海オセアンリーグ	大洋建設株式会社	三井アウトレットパーク	株式会社みずほ銀行	オリックス株式会社横浜支店	株式会社エルマノ
滋賀GOブラックス	大洋建設株式会社	株式会社スズキ自販滋賀			
富山GRNサンダーバーズ	三協立山株式会社	株式会社北日本新聞社	富山新聞（株式会社北國新聞社）	米原商事株式会社	ジー・アール・エヌ株式会社
福井ネクサスエレファンツ	有限会社スギヤマ	株式会社 福井村田製作所	株式会社 マリージョゼ	株式会社ジゴスペック	株式会社 FROM BASE.
石川ミリオンスターズ	株式会社北國新聞社	株式会社北國銀行	エース株式会社	金沢ケーブル株式会社	のと共栄信用金庫

※このスポンサーは 2022 年 11 月時点での各リーグ・球団の公式サイトからピックアップしたもので、現時点のスポンサーとは異なっている可能性がある。

ヤマエ久野九州アジアリーグは、2022年11月からヤマエグループ 九州アジアリーグと名称変更しているが、この稿の段階では旧名称とする。

多くの球団は前頁の表以外のスポンサーも獲得している。

県民球団として知られる四国ILの愛媛マンダリンパイレーツは、公式サイトの別のページに211ものスポンサー企業名を列記しているが、多くの球団がこうした小口のスポンサーを数多く獲得している。大口スポンサーの獲得は球団経営には有利だが、景気悪化などでその企業が撤退すると経営が一気に傾く。手間がかかっても小口のスポンサーを獲得することは経営のリスクヘッジになるのだ。

また球団だけでなくリーグもスポンサーを獲得している。BCリーグや九州アジアリーグは、ネーミングライツでリーグ名の上に企業名を冠している。

ルートインホテルズがBCリーグをスポンサードする理由

ルートインBCリーグのネーミングライツをおこなっているホテルグループのルートインジャパン株式会社は、スポンサードする意義について

「元々はＢＣＬ憲章に賛同しオフィシャルスポンサーとして協賛していた経緯があります。その後、ネーミングライツの依頼を受け、弊社の発祥の地が長野県だという事なども含めて、親和性も高い事から受諾いたしました。

スポーツ協賛を通して日本を元気にしたいという理念、スポーツ団体の宿泊をサポートしたいという思いのもと、スポーツに関する支援を行っています。また、当社理念をステークホルダーの皆様にお伝えする事ができる機会だと考えております。

ＢＣＬに所属する多くの選手がＮＰＢで活躍する事を望んでいます。ひとりでも多くの選手が夢を叶える事、また地域に多くのファンが生まれる事を望んでいます」

と答えた。日本海オセアンリーグが分立するまでは12球団、現在でも８球団が本州中部に存在するＢＣリーグの場合、個々の試合の観客動員数は少なくとも、リーグ全体では年間15万人前後の動員があり、一定の広告効果は見込めるという部分はあるだろう。

地方の中小企業の場合は？

しかし、スポンサーの中にはこうした大口企業だけではなく、前述したように年間数万円から数十万円単位の小さなスポンサーも多い。

地方の中小企業にとって独立リーグのスポンサードをする理由は、いくつかある。

1つは純粋な〝郷土愛〟だ。「おらが国の野球チーム」を応援しようという純粋な気持ちでスポンサーフィーを出している。それだけでなく差し入れなどの支援をする企業もある。大相撲における「タニマチ」に近い感覚か。

2つ目は「コミュニケーション」だ。スポンサードしているチームの主催試合に社員や取引先を招待するケースはしばしばある。有力企業の中には試合の冠スポンサーになって、その試合に取引先、関係者、銀行筋などを招待し、野球観戦を通じて交流することもある。球団は球場の貴賓室を提供して、社交の場を設けたりもしている。球団はスポンサーを主催する報告会やイベントに招待している。さらに球団の中には、スポンサー企業のマッチングによって新たなビジネスチャンスを創出しようとしているところもある。

3つ目は「人材確保」だ。少子高齢化、過疎化によって地方では人材難が深刻になっている。球団の中には、引退した選手を社員としてスポンサー企業に斡旋しているところがある。また現役の選手をスポンサー企業にアルバイトとして紹介しているケースもある。若くて屈強で規律正しい野球選手は、地方ではめったにない優秀な人材になる。最近では引退後、スポンサー企業に入社して会社の中核を担う人材になっている例もある。

個人スポンサーは「タニマチ」そのもの

独立リーグの多くの球団では、チームスポンサー以外に、選手、指導者個人へのスポンサーを募集している例も多い。選手紹介の際にスポンサー企業の名前がコールされることもあるし、球場の選手のフラッグの下部にスポンサー名がプリントされることもある。

独立リーグの報酬はNPBに比べて非常に少ない。NPBから有名な選手や指導者を呼ぶに際しては、リーグ既定の報酬に加えてスポンサーを紹介して、そのスポンサーフィーを報酬に加えて選手、指導者に与える球団もある。さらに、個人スポンサーの中には、毎年有望な選手をスポンサードしてその成長を見守る人もいる。ある医院は、毎年、入団する若手選手の個人スポンサーになっている。シーズン中にその選手を数回食事に誘ったりして激励している。前述したように、相撲の「タニマチ」に近いスポンサーだ。

高知ファイティングドッグス、監督、選手についた個人スポンサー

独立リーグが誕生して十数年。スポンサーはまさに独立リーグの「育ての親」と言えるが、社会の変化によってスポンサー企業が撤退したり、スポンサーフィーを削減するケースもしばしばみられる。新型コロナ禍では「カラオケ屋」「ネットカフェ」「飲食業」のスポンサー撤退が相次いだ。経営の安定のためにも、独立リーグは「スポンサー一辺倒」の体質を改める必要があると言えよう。

3-6 「行政」独立リーグの「信用」の後ろ盾として

行政との結びつきは不可欠

NPB球団にあって、独立リーグにないものはたくさんあるが、その中で最も大きいのは「信用」だろう。NPBは1936年以来の長い歴史がある上に、新聞社、鉄道など日本を代表する大企業を親会社としてプロ野球興行を行っている。年間の観客動員は2000万人を超え、スポーツニュースでもトップで取り上げられる。NPB球団、選手のステイタスは非常に高い。

しかし独立リーグは「プロ野球」を標榜していても「自称」に近い部分がある。選手の実力もNPB未満だし、観客も非常に少ない、球場もNPBに比べれば多くは見劣りする。こうした状況ではスポンサーを獲得するのも難しい。

そうした部分を補うためにも、地域密着、とりわけ地元行政との関係は非常に重要だ。独立リーグのほとんどの球団が、所在地の県、市町村との結びつきを強化し、行政を後ろ盾にすることで「信用」を得ようとしている。

程遠い「指定管理者」への道

地方行政と結びつくことは、県や市町村が所有する「球場」を使用するうえでも大きなメリットがある。使用料の減免措置を受けることができればコストをカットすることができる。理想的にはＮＰＢの多くの球団のように球場の「指定管理者」になれば、球場内での広告掲示や物販、催事などを球団主導で行うことができ、球団の収益も安定する。しかし、独立リーグで指定管理者になっているのは、サッカーのＪ３ＡＣ長野パルセイロ、シンコースポーツとともに南長野スポーツマネジメント共同事業体を組んで、「南長野運動公園総合運動場」を運営しているルートインＢＣリーグの信濃グランセローズだけだ。

他の独立リーグ球団は試合の都度球場使用料を支払っている。球場内には試合の時だけ布製の横断幕でスポンサーの掲示を行い、臨時の出店を出している程度だ。

２０２２年９月３０日熊本で行われたＩＰＢＬ独立リーググランドチャンピオンシップで挨拶する蒲島郁夫・熊本県知事

最終的には、独立リーグ各球団は、行政が所有する球場の「指定管理者」となるべきだろう。それだけでなく自主事業を推進できる権利も得るべきだ。（※この部分、四章４－８の荒木重雄氏の項を参照されたい。）

それを目指すためにも、独立リーグ各球団は行政との結びつきをさらに強化する必要がある。

年々強まる行政との結びつき

各球団の地元での開幕戦には県知事、市長などが来賓として祝辞を述べる。県庁や市役所に「がんばれ○○」と独立リーグを応援するポスターが掲示されることも多くなった。シーズンオフには球団の優勝報告会を県庁で行うことも多くなった。

これらはすべて地元新聞社やテレビ局で報道される。これによって住民が「うちの県には○○と言う独立リーグチームがある」と認識することは重要だろう。

今では、球団の経営幹部に元行政職員が就任するケースもある。また、行政が主催する地域のスポーツ教室を独立リーグの指導者や選手が担当することもある。

行政の側からしてみれば、過疎や少子高齢化が進み、地域の結びつきが弱まる中で「独立リーグ」は大きな話題となるし、地域住民が球団のイベントに参加することは、コミュニティの維持、醸成のために有益だ。「ゆるキャラ」と同様「地域のマスコット」的な存在として重視するようになっている。そういう形で行政と独立リーグの関係は、年々強まっている。端的に言えば独立リーグは「地方創生」の一翼を担いつつあるのだ。

「県民球団」愛媛マンダリンパイレーツ

各球団の収支報告を見ると、県や市など行政から「交付金」「助成金」を受け取っている球団も10球団ほどある。なかで、四国アイランドリーグplusの愛媛マンダリンパイレーツは、愛媛県、松山市、県内金融機関の支援を受けた「県民球団」だ。

2008年オフに累積赤字によって経営危機を迎えた愛媛球団に対し、県、市、地元経済界による「経営改革協議会」が発足し、２００９年からこれら3社が経営を支える体制が確立された。

愛媛県は愛媛マンダリンパイレーツとの関係について、以下のように答えた。

「県が支援を始めたのは、平成21（２００９）年からです。愛媛マンダリンパイレーツは、経営状況が厳しいながらも、創設以来、スポーツ教室など地域貢献活動を通して県民の交流拡大や地域の活性化に大いに貢献していただいており、本県にとって貴重な地域資源であるため支援することになりました。

県では、県内プロスポーツ４球団（愛媛ＦＣ、愛媛マンダリンパイレーツ、愛媛オレンジバイキングス、ＦＣ今治）の選手が一堂に会し、県民と直接ふれあいスポーツを楽しむ大運動会を開催したり、「県民応援ＤＡＹ」を設定し、各球団ホームゲームを盛り上げるイベントを実施してきました。

　これらの事業をきっかけに、プロスポーツを身近な存在として興味を持ち、試合観戦に行きたいと思う県民が増加するなど、県民一体となってプロスポ

坊っちゃんスタジアムでの愛媛マンダリンパイレーツ　2022年8月

愛媛県庁

ーツを応援する機運が醸成でき、地域のにぎわい創出につながっていると考えています。

県民からは選手と直接気軽に触れ合えるイベント等をさらに開催してほしいという要望を多くいただいています。

リーグ優勝やＮＰＢ選手の輩出のほか、野球教室や地域のイベント、ボランティアなどに積極的に参加することで、県民に夢や希望を与え、引き続き地域のにぎわいづくりに貢献いただくことを期待しています」

と回答した。

ここまで徹底した行政支援を行っている事例は他にはないが、他地方でも行政が独立リーグを支援する理由は、概ね愛媛県と同様だろう。

北海道上川総合振興局のケース

北海道では、こうした行政と独立リーグのスキームとは一線を画する支援の形ができつつある。

一章でふれたとおり、２０２０年に誕生した北海道ベースボールリーグ（ＨＢＬ）は、リーグ運営の方向性の違いから分裂、２０２２年には北海道フロンティアリーグ（ＨＦＬ）が並び立つ事態となった。筆者が取材したときには両リーグの方向性は異なり、交流戦も難しいと言う話だったが、９月30日にＨＦＬの士別サムライブレイズとＨＢＬの富良野ブルーリッジの交流戦が旭川市のスタルヒン球場で行われた。仲介の労をとったのは、両球団が管内にある北海道上川総合振興局だった。

この事情を、環境生活課の井上香織課長は以下のように話した。

「当振興局では、これまでも様々なスポーツ合宿の誘致を図り、地域振興に取り組んでいましたが、新設されたＨＢＬは、地域を拠点とするスポーツチームに所属する選手がその地域に住み、働くことで、野球をはじめとしたスポーツ振興や地域活性化に資する取り組みであると聞き、その活動に注目するとともに、リーグや球団の皆様と管内のスポーツ振興に向けて連携を図っていくことができればと感じていました。

２０２1年シーズンから、管内にある2つの球団のホームゲームでの始球式にご招待いただくとともに、試合やスポーツ関連行事への後援などで関わらせていただくなど、両球団との連携と通じて、地域のスポーツ振興に取り組ませていただいていました。

両チームがそれぞれのリーグに所属されたことは、熟考された結果と伺っており、当振興局としては、地元両チームを応援することに変わりないと考えています。

9月30日の試合は、リーグが分かれた両球団の交流試合を管内で開催することは、管内のスポーツ振興に資するものになると考えて、企画させていただきました。また、両球団ともに、人口の多い旭川市での試合開催の実績がないとのことだったので、一層のファン獲得を期待したところです。

当振興局では、その他にも、『スポーツの力』をお借りする啓発イベントとして、北海道庁が進める脱炭素に向けた取り組み『ゼロカーボン北海道』の推進にあたり、その取り組みを道民の皆さんに広く知っていただく機会としても活用させていただくこととし、両球団から御快諾いただきました。

当日は、球場でのパネル展示や観客へ啓発資材を配布し『ゼロカーボン北海道』のＰＲをさせていただきました。

当振興局主催の交流戦の開催に際して、その開催を楽しみにされている声を多数いただきました。また、当日、会場には、道内各地から観戦のために訪れていただきました。

独立リーグは、プロ野球選手を目指して競技に取り組むのはもちろん、その地域に住み、就労することから、現役を退いた後にもその地域で活躍する道ができ、セカンドキャリアを考える上でも、選手達にとって進路選択の幅を広げ、競技人口の維持にもつながると伺っています。当振興局としては、若い選手達が地域に住み、働くことから住民との交流が生まれ、地域振興・活性化が図られるとともに、住民が地元球団を応援することで『地域愛』も育まれるのではないかと考えます。また子ども達にとっても、身近な選手達の活躍を見ることで、将来の夢や地域への誇りにつながるのではないかと思います。さらに、試合を観戦するために、様々な地域から観客として来訪されているので、野球を通じた新たな交流や、その地域の魅力発信の効果もあると考えています。

今後も引き続き、両チームのポスター掲示やチラシの設置などＰＲに協力するとともに、各球団からのご依頼があれば、引き続きホームゲームの後援などで関わらせていただきたいと思います。

その他にも、当振興局ではスポーツ合宿の誘致に取り組んでおり、様々な機会で、両チームと連携を図りながら、管内のスポーツ振興に取り組んでまいりたいと思います」

独立リーグと行政の関係は日本では「地域に溶け込むためのお墨付きをもらう」ことが中心だった。「おらが町のチーム」になることが目的だったのだ。

しかし四章4-8で荒木重雄氏が指摘しているように、球場施設を所有する行政とスポーツ団体は、共同で事業を行うことができる。日本の行政は「住民サービス」の意識が強いが、独立リーグから新たな事業提案があっても良いのではないか。

地域経済の衰退が叫ばれる中、独立リーグはもっと積極的に行政と手を組む必要があるだろう。

3-7「ファン」何を求めて応援し続けるのか？

独立リーグには、2005年四国アイランドリーグの創設時から「応援団」がいた。おそろいのユニフォームを身にまとい、ひいきチームのために声援を送り太鼓やラッパの音に合わせて歌ったり踊ったりする。NPBの応援団の真似をしたものだと思うが、1年目から熱心に応援をしていた。ただ応援団の数は多くて数十人程度、ホームチーム側である一塁側では、熱心に応援をしているが、ビジター側の三塁側には、ほとんど観客はいない。わざわざ遠乗りをしてまで応援に駆け付け

2018年　高知市野球場

るファンはいなかったのだ。ただ、そんな中でも数人の熱心なファンがいて、太鼓やラッパを鳴らして「孤軍奮闘」する。ホーム、ビジターが代われば逆転して同じような景色が見られるのだ。

各球団はファンクラブを作っているが、会員は多くて数百人程度。それほど多くはない。熱心に球場に通うファンは数十人程度だ。

また、球団の経営が代わるとそうしたファンも入れ替わることがしばしばあった。新体制になると「応援のスタイル」ががらっと変わるのでそれがわかる。また、ひいきの選手がNPBに行ったり引退すれば、球場に行くのをやめてしまう人も多い。

そんな中で近年、球場に行くだけでなくネットでも独立リーグを応援するファンも増えてきた。

ここでは、SNS上で独立リーグを応援する3人のファンの声を紹介する。

北海道独立リーグファンさん「スポーツコーナーで取り上げられる機会が増えてほしい」

「できるはずがない」と思っていた「北海道の野球独立リーグ」が現に誕生し、観ているうちに惹き込まれていきました。

北海道は地理的条件から他県との往来が簡単にはいかず、県をまたいだリーグ構想は難しいものがあります。そして北海道内では札幌への一極集中が進み、30万人規模の大きな自治体は他に旭川市・函館市だけです。その旭川市から函館市との移動は400km以上、時間で約6時間かかり、「主要都市に球団を作りリーグ戦を行う」というのも難しいと思っていました。

また、先行して誕生した各地の独立リーグの事例から、球団経営というのがたいへん困難を伴うもの、そう簡単にはいかないということもなんとなく理解していました。

今回の構想は、「人手不足に悩む地方都市を本拠地とし、野球をしたい選手を受け入れ、就労と野球を両立する独立リーグ」というもので、人口2万人の都市を本拠地とした2球団を作りリーグ戦を行うというのですから、率直に「これまでに無かった斬新な発想で、これなら北海道でも独立リーグ・球団が成り立つかもしれない」と驚き、興味を持ちました。

2022年北海道フロンティアリーグの試合風景

その後、新たに北海道フロンティアリーグが誕生することになり、当時の北海道ベースボールリーグを構成していた4球団のうち美唄・石狩・士別の3球団が加盟したため、そちらを応援するようになりました。

勝敗も楽しみですが、プレーでもプレー以外でも、何か心に残るものがあれば、応援して良かった、球場に足を運んで良かった(YouTube中継を観て良かった)と思います。

たとえば大差で相手を追いかける展開の中での選手の姿勢、ブルペンでの投球練習等も楽しみにして見ています。選手や球団関係者が、何か心に残るものを見せてくれた日は「応援しがいがあった」と思います。

北海道フロンティアリーグは設立の経緯からして「地方創生」「地域活性化」が大きなテーマになっています。そのためでしょうか。報道でも、地域行事に参加した、就労と野球を両立している等、「地域の明るい話題」の枠で取り上げられることが多くなっており、野球の試合で活躍したことで報じられる機会が少ないです。スポーツですので、新聞であればスポーツ面、テレビであればスポーツコーナーで取り上げられる機会が増えてほしいと願っています。

実力的には、熊本・藤崎台でのグランドチャンピオンシップの結果が示唆しているように「これから」ではありますが、ファンの贔屓目からすると、少なくとも今よりはもっと多く報じられるべき価値があると私は思っています。

スタンドに多くの観客が詰めかけ、ファンが多く関心が高いので報道する価値がある。報道で存在や魅力を知ったからスタンドに足を運びリーグや球団のファンになる、というのは「鶏が先か卵が先か」の話のようなもので難しいのですが「リーグはもっと、その魅力を多くの人に知ってもらえるよう、より周知の取り組みを強めてほしい」「メディアは、地元に誕生し頑張って活動しているリーグのことを、もっと積極的に取り上げてほしい」と思っています。

Carlosさん「プレーそのものではなく、人生を応援しています」

2017年に初めて四国アイランドリーグに足を運んで選手との距離が近く、NPB選手顔負けのプレーを連発する選手も多く、応援したくなる選手が本当に多く一気に独立リーグが好きになりました。選手の中にはありえないような経歴の選手が多いですが、それぞれのストーリーが存在しながらも夢に向かって奮闘する姿は応援したくなります。

当時は(高知ファイティングドッグスに入団した)マニー・ラミレスが話題になっていましたが、当時香川に在籍していた原田宥希、高島秀伍、徳島のミャンマー出身左腕ゾーゾーウーがすごく印象に残った選手でした。選手たちは全員引退してしまいましたが、その後も新たに応援したいと思える選手が毎年のように現れ現在に続いています。

「#独立リーグたまらん」という言葉が「Twitter上で流行ったようにプレー以上に言葉に表せないほどのたまらない魅力が存在します。選手・コーチの中には各々の人生があります。その中でありえないような経歴を持つ選手も多く存在する中で選手のプレーそのものではなく、人生を応援しています。

応援しがいがあると思うのは選手がNPBにドラフト指名された時。選手もファンも1年に1度のこの日を夢見て戦っているのでこれほどうれしいことはないです。群馬から日本ハムへ指名された速水隆成選手、徳島から巨人へドラフト指名された平間隼人選手など特別な思い入れがある選手のドラフト指名は尚更忘れられないものです。

独立リーグはNPBに属さないことからアマチュアの扱いをされてファンとしても大変悔しい思いをしていますが、選手や球団にもその自覚を持っていただきたいと強く思います。

独立リーグの選手のSNSをチェックしていると明らかに不適切な投稿やストーリー(インスタ)が見受けられます。遊んでいる様子などを投稿するなとは言いませんが、NPBのスカウトはSNSのチェックを行っています。このような言動は選手自身だけでなく、所属している球団にも悪影響を及ぼすこともあります。プロ野球選手としての自覚を持った行動を心がけて頂きたいと思います。独立リーグには、応援したい理由が見つけられる、応援したいと思える存在になって頂きたいです。NPBに行けなくとも、残した成績以上に印象に残り、ファンに勇気と感動を与える選手が一人でも多く生まれることを願っています。

ずーま@茨城優勝さん(中学生)「常勝軍団よりも地域の人から愛される球団に」

地元である茨城県にプロ野球チームができるという噂を聞いた時(多分2018年頃)に、初めて独立リーグ、BCリーグというものがあることを知りました。

地元だからと言う理由で応援し始めました。その中で、プロ野球にはない魅力を独立リーグに見つけてどんどん沼にハマっていきました。

茨城は地域密着を掲げていて、憧れのプロ野球選手との距離がとても近かったことで球団をより身近に感じることができたのも理由のひとつだったと思います。

球場へはあまり足を運べていません。スポーツ少年団や部活に入っていて時間が無かったこと、球場のアクセスがあまり良くなく子供だけでは行きづらいことなどが挙げられると思います。応援団などには混じらずに茨城側のスタンドで選手の写真を撮ったり、応援歌に手拍子をしたりして自分なりに楽しんでいます。

応援しがいがあると思ったのは、チームが強くなってたくさんの人に茨城アストロプラネッツの存在が広まっていると感じた時です。また、茨城をにわかながら初年度から応援している身としては、少しずつチームが強くなっていった時は、自分も元気を貰えて「応援してて良かったな」と感じます。

これまでNPBにしか興味が無かった野球ファンなどにも独立リーグが広まるようなPRをして欲しいと感じています。また、茨城でやっている、球場にトゥクトゥクを導入したり廃校をフィットネスに改装したりなどの、野球にこれまで興味の無かった人とも球団が関わる機会をもっとたくさんの球団が大々的に打ち出して欲しいと感じます。

個人的には、常勝軍団になって欲しいという思いより、これまで以上に地域の人から愛されるような球団を目指してもらいたいという思いの方がつよいです。茨城にあるプロスポーツチームと比べるとちょっと知名度がまだまだ足りない（鹿島アントラーズ、水戸ホーリーホック、茨城ロボッツなど）と思うので、これからも茨城の地だから出来ることを見つけて、県民が誇りに思うチームを目指して貰いたいです！

3-8 「IPBL」独立リーグの信用とステイタスを担保する

IPBL(一般社団法人日本独立リーグ野球機構)は、2014年9月1日に設立された。日本の独立リーグを合同する団体だ。

NPB、アマチュア球界との関係強化のために設立

それ以前には、2010年頃に設立された「独立リーグ連絡協議会」と言う任意団体があり、四国・九州アイランドリーグ、BCリーグ、関西独立リーグ(初代)、ジャパン・フューチャーリーグが加盟していた。

この協議会は、ドラフトで指名される独立リーグ選手の獲得ルールや、NPBからの選手派遣についての取り決めを行っていた。しかし任意団体だったために、アマチュア球界の交渉の窓口にはなれず、機能は限定的だった。

そこで、他団体や行政とも交渉することができる法人格を持つ独立リーグの統括団体を作る必要性が高まり、IPBLが設立された。

この時点で関西独立リーグ(初代)とジャパン・フューチャーリーグは消滅。新たにできた

BASEBALL FIRST LEAGUEは体制が未整備だったために、当初は四国アイランドリーグplusとルートインBCリーグの2団体が参加した。

ＩＰＢＬの当初の主な役割は、アマチュア球界と選手の移籍や交流戦などの取り決めを行うことだった。

設立直後の２０１４年11月にはＪＡＢＡ（日本野球連盟）との間で大要以下の取り決めを行った

・独立リーグ経験者の競技者登録は、プロ野球経験者の扱いに準ずる
・ＪＡＢＡ加盟チームの競技者は、大卒専卒、中退者は2年間、高卒は3年間は独立リーグ球団には入団できない。
・ＪＡＢＡ加盟チームの競技者が独立リーグの入団テストを受けるときには、加盟チームの承諾を得なければならない。

これによって、独立リーグは、ＪＡＢＡから、ＮＰＢとほぼ同じ扱いを受けることとなった。

また、２０１５年5月には、学生野球協会との間で、覚書を締結して「学生野球資格を持たない者との交流に関する規則」を改正。

ＩＰＢＬ公認球

・学生野球協会所属の選手は12月から1月までIPBL所属の選手と母校の施設で練習ができる。
・3月と8月に日本学生野球協会の承認を得て独立リーグ球団と試合ができる。
ことなどが決められた。

要するにIPBLが設立されたことで、独立リーグは、アマチュア球界との間で、NPBに準ずる扱い、待遇を得ることができるようになった。

四国とBCのリーグ優勝チームによる「グランドチャンピオンシップ」は、2008年から行われていたが、IPBL設立後は、IPBLの主催となった。

2016年5月にNPBとJABAからなる「日本野球協議会」が設立されたが、この際に四国アイランドリーグplusとルートインBCリーグはオブザーバーとして参加した。現在ではこの役割はIPBLが引き継いでいる。

「野球離れ」が進む中で、日本野球はプロアマなど組織の垣根を超え、一体となった普及振興活動が必要になっている。独立リーグ側はNPBとの連携を強化し、NPB球団の傘下になることを要望してきたが、事態はなかなか進展していない。

加盟、未加盟でステイタスに格差が生じる

ＩＰＢＬが設立されたことによって、加盟するリーグの独立リーグ球団は、プロアマとの関係で、一定の立場を主張できるようになった。

ＮＰＢやアマチュアチームとの交流戦も、一定の手続きを踏めば可能になる。独立リーグのトライアウトに社会人や学生野球の選手が参加することも可能になり、入団交渉もできるようになった。また、プロアマ球界との関係性が明確になって、リーグや球団自身のステイタスも高まった印象がある。

ＩＰＢＬ加盟団体は、当初は四国とＢＣの2リーグだったが、２０１９年には単独チームの琉球ブルーオーシャンズが賛助会員となり、２０２１年には新設された九州アジア野球リーグが加盟。さらに、２０２２年からは北海道フロンティアリーグが加盟した。一方でこの年、琉球ブルーオーシャンズが除名された。

２０２２年10月の時点でＩＰＢＬには四国、ＢＣ、九州アジア、北海道フロンティアの４団体(18球団)が加盟しているが、さわかみ関西独立リーグ、北海道ベースボールリーグ、日本海オセアンリーグの３団体11球団が未加盟だ。

ＩＰＢＬ未加盟のリーグは、プロアマとの関係は不安定だ。それでもＮＰＢ球団とは交流戦を行ったり、球団が行うトライアウトに参加することはできるし、ドラフト指名を受けることもできるが、社会人、学生野球とは、交渉のルートがない状態だ。

ＩＰＢＬ加盟団体と、非加盟団体のステイタス、社会的信用の差は年々開きつつある印象だ。

ＩＰＢＬの加盟基準はどうなっているか？

ＩＰＢＬの加盟審査は理事会と一般社団法人の社員総会によって行われる。

２０２０年に初代会長の鍵山誠氏の後を受けてＩＰＢＬの2代目会長になった馬郡健氏によれば、当初、ＩＰＢＬ加盟は「事業計画の審査」が主で、あらかじめ定められた書類が整備されていれば、加盟を認可することにしていたが、過去に加盟を認可した球団に不祥事があり、事業計画とその持続可能性、ガバナンス、コンプライアンスなど重要視し、以後審査に「慎重になった」とのことだ。

理事会は依然としてリーグから提出される事業計画を重視しているが、それは「書類として一通りそろっている」ことだけでなく、それが妥当な「計画」で、「実効性」があるかどうかを吟味している。

加盟申請する団体が、先行するリーグの事業計画書を参考にし、それをベースに計画書を作成することは当然あるが、その記述内容に実態があることが前提となる。

これまで独立リーグは、発足時に様々なトラブルが発生した。特に多いのが「資金繰り」の問題だ。スポンサー収入が想定通りに集まらなかったり、予定外の支出が膨らんだりすることで球団が債務超過や資金ショートするケースがあった。

ＩＰＢＬは、こうした苦い経験をもとに「独立リーグ・球団として存続可能か」を審査している。

そして理事の間で「もう1年見送りましょうか」となることもあるのだ。

もう一つ、独立リーグは「プロ野球チーム」だ。プロと名乗るからには、選手への待遇面でも最低限の保証をしなければ、プロ野球とは言えない。今回、筆者が独立リーグ球団から集めたアンケートを見ても、選手への給与や交通費、食費の支給など待遇面は、球団によって差があるがＩＰＢＬ加盟リーグでは「選手を無給でプレーさせるのはプロ野球ではない」との原則を堅持している。

さらに、過去に不祥事が頻発したようなリーグは、その管理能力、適格性について厳しい目を向けることになる。

さわかみ関西独立リーグは、その前身の関西独立リーグ（初代）まで遡れば13年の歴史を有しているが、２０２２年時点では加盟は認められていない。リーグ運営体制は整備されてきつつあるが、球団間の格差もあって、まだ加盟できていない。ただ理事の間から「そろそろいいのではないか」と言う声が上がっているのも事実だ。

野球の実力よりもリーグとしての理念

リーグの実績、充実度などによって、独立リーグの間でも「格差」が生じている。

２０２２年9月30日に熊本で行われたＩＰＢＬグランドチャンピオンシップには、四国アイランドリーグplus、ルートインＢＣリーグ、ヤマエ久野九州アジアリーグ（当時）、北海道フロンティアリーグの4リーグの優勝チームが参加したが、九州アジア代表の火の国サラマンダーズが圧勝した。

　一方で、北海道フロンティア代表の士別サムライブレイズは、火の国戦0―23、高知戦1―16と言う大敗に終わった。実力の差は明らかで、熊本に駆け付けたリーグ関係者は一様にショックを受けていたが、独立リーグの目指すところは地域、団体によって異なる。

　これから体制を整備し、優秀な人材を受け入れることで、リーグ、チームの実力は向上する。「目先の野球の実力」よりも「将来にわたるリーグの理念」の方が、基本的には重要だと言えるのではないか。

3-9　「スキャンダル、不祥事」信用を徹底的に破壊する「宿痾」

　プロ野球界にも様々なスキャンダルが起きている。女性問題、暴力沙汰、そして野球とばく。人気稼業だから、こうしたスキャンダルがＮＰＢ、球団に与えるダメージは小さくない。

　しかし、独立リーグではそれ以上の影響がある。時として、球団やリーグの存続に影響することさえあるのだ。

主要な不祥事

主要なスキャンダルについて、概要を紹介する。

・２００９年４月、四国九州アイランドリーグ、愛媛マンダリンパイレーツの外国籍の選手が、強姦致傷で逮捕される。球団は選手を解雇。

・２０１０年６月、ジャパン・フューチャーベースボールリーグの大阪ゴールドビリケーンズに所属する８人の選手がＮＰＢを対象とした野球とばくに関与。球団は８選手の契約を解除するとともに、大阪府警に通報。球団は所属選手が12人になったうえに、メインスポンサーの森下仁丹が契約の解除を通告。球団、そしてリーグも存続が難しくなり２０１０年限りでともに解散となる。

・２０１１年６月、長期固定金利住宅ローン「フラット35」を悪用した詐欺事件で、奈良県警は日本ハム元外野手で関西独立リーグ（初代）の大阪ホークスドリーム監督を逮捕。球団は監督を解雇し、総監督の門田博光を監督にするが、球団はこの年限りでリーグから離脱。

・２０１９年２月、関西独立リーグ（二代目）、兵庫ブルーサンダーズと和歌山ファイティングバーズ球団代表が無免許運転で現行犯逮捕され、辞任。

・２０２２年９月、四国アイランドリーグplusの徳島インディゴソックス所属選手１名が道路交通法違反（信号無視・酒気帯び運転）の容疑で逮捕される。同乗していた選手2名も、警察で取り調べを受けた。球団は3選手との契約を解除。

刑事事件ではないが、以下の事例も記しておく。

・2021年8月、琉球ブルーオーシャンズの選手、コーチが九州遠征中に、感染症対策を無視して飲食店に出入りし、集団でコロナ感染、さらに対戦相手の大分B─リングスの選手にも感染させる。

選手の不祥事の背景

選手による不祥事、犯罪行為の背景には「もともとの選手の資質」「球団の管理不行き届き」「教育不足」「待遇に対する不満」などの要因が存在する。

独立リーグにやってくる選手の中には、指導者と対立して野球部を辞めたり、退学するなどの背景を持つ選手が一定数いる。社会性、規範意識を十分に身に着けることなく「プロ」である独立リーグに入団して、こうした不祥事を起こすことがあるのだ。

また、中小企業である独立リーグは指導者、管理職の数も少なく、選手に対して目が届かないことがある。最近はセカンドキャリアを考えて「社会常識」「マナー」などを教える独立リーグ球団が増えているが、スタッフ不足もあり、十分ではない。

そうした要因とともに大きいのは「選手の待遇」の問題だ。入団当初提示された給料が支払われない、給料が遅配するなどのことがあると、選手は将来に大いに不安を抱く。自暴自棄になったり、低次元の快楽に走ったりする。

また「プロ野球選手」となっているのに、試合でファンと同じトイレを使用したり、ファンがいる球場のスタンドで食事を摂ることなどに対し、違和感を持つ選手もいる。独立リーグ球団には独自の事情があるが、選手のステイタスにはできる限り配慮する必要があるだろう。

より深刻な指導者、経営者の不祥事

ＮＰＢでもフロント、経営陣のスキャンダルがニュースになることはままある。多くは経済犯罪であったり、パワハラやセクハラなど企業幹部が起こしがちな事件だが、独立リーグの指導者、経営者の不祥事はもっと次元が低い、直接的な犯罪が散見される。

これは、もともと「指導者、経営者の資質」に疑問符がつく人が球団の経営や選手の指導を行っていた、と言うことも大きい。チーム、球団をけん引するはずの経営者、指導者の不祥事は、球団運営に甚大な影響を与える。最悪の場合、球団、リーグの存続が困難になることもある。

もともと「独立リーグ」は地方で「信用がない」状態でスタートした。極端に言えば「知らない連中がプロと称して勝手に野球をやっている」というネガティブなイメージからスタートし、野球を懸命に頑張るとともに、奉仕活動を行ったり、地域の物産を紹介するなどして時間をかけて信用を培ってきたのだ。しかし責任ある立場の人間がスキャンダルを起こすと、コツコツ積み上げてきた「信用」が一瞬で吹っ飛ぶ。そして「結局、あいつらは野球ごっこがしたかっただけ、碌なやつじゃない」という見方が広がるのだ。

ＩＰＢＬは、リーグの加盟審査の際には、経営者の「資質」について重視している。また不祥事を起こした人物が球団、リーグ内にいるか否かも注視している。もちろん、不祥事を起こした人物にも「再起」の権利はあるが、とにかく「信用」に対して神経質になっているのは間違いないところだ。

3-10　アメリカのマイナーリーグ、独立リーグ

アメリカのメジャーリーグ傘下のマイナーリーグチームは、日本のファームとは全く異なっている。

上手くいくようになっている米マイナー球団

日本のファームは、ＮＰＢ球団の直営であり、一軍チームと一体化して運営されているが、アメリカのマイナーリーグチームは、別個の独立した企業であり、ＭＬＢ球団とはアフィリエイト（提携）契約を結んでいる。つまり、マイナー球団は独立リーグと同じ経営形態で、違いはアフィリエ

イトの有無だけと言ってよい(ただしアメリカ国内、海外のルーキーリーグチームは、MLB球団の直営)。

米の独立リーグ球団は1901年9月5日、14リーグ・95球団からなるNA(The National Association of Professional Baseball Leagues)を結成し、1903年にMLBとPBA(Professional Baseball Agreement)と言う契約を結ぶ。これによって、MLB球団は独立リーグ球団と提携することができ、そこから選手をメジャーに移籍させるシステムが出来上がった(NAは1999年Minor League Baseball = MiLBと改称する)。

しかしその時点では、独立リーグは自分たちで選手を獲得して育成し、提携球団に「売り込んで」いただけだった。

1920年代に、このシステムを一歩進めたPDC(Players Development Contract = 選手育成)と言う契約の原型ができた。MLBが提携先の独立リーグ球団に選手を送り込み、育成させる契約だ。セントルイス・カーディナルスのGMになったブランチ・リッキーなどがこれを考案したと言われる。MLBと提携する独立リーグ球団が「マイナーリーグ」になったのは厳密にはこの時期からだと言える。

現在では、MLB球団がドラフトやドラフト外で獲得した選手は、PDCによって傘下のマイナー球団に派遣される。選手の給与や諸経費は、すべてMLB球団が負担する。また、マイナー球団で選手を指導する監督、コーチなどもMLB球団から派遣され、人件費はすべてMLB球団持ちだ

（ただしMLB球団はマイナー球団から入場料収入の一定額を得るような契約となっている場合もある）。

つまり、マイナー球団は球団運営スタッフ以外の人件費をかけることなく経営ができる。日本の独立リーグと異なり、人件費負担が極めて軽い。

その上に、本拠地球場は、地元自治体が所有し、マイナー球団に無料あるいは格安で貸与されている。マイナー球団は日本でいう「指定管理者」として試合だけでなく、球場を使った様々な事業やプロモーションを行って収益を上げている。

アメリカのマイナー球団は、事業を行う才覚さえあれば、成功する可能性はかなり高いのだ。

球場を借りるために四苦八苦したり、薄給でも選手に給料を支払うために資金繰りをするような日本の独立リーグとは全く状況が違っている。

日本でも独立リーグのマイナーリーグ化を

日本の独立リーグはNPBに対して「マイナーリーグとして契約してほしい」と言う働きかけを長年続けてきた。アメリカのようにPDCを結んで、選手や指導者を派遣し、そのコストをNPB球団が負担することができれば、独立リーグの経営環境は劇的に改善される。

NPB球団にとってファームは「コスト」だ。入場料収入などは少ないのに、一軍に準ずる試合運営費、管理費がかかっている。独立リーグと提携すれば、それらのコストが軽減される。その上、独立リーグが収益を挙げれば、キックバックも期待できる。

1球団当たりのPDCのコストは多くても2億円程度と思われる。外国人選手一人を獲得する費用と考えれば、大きな負担とは思えない。

この考え方に賛同する球団もあるが「選手は自前で育成したい」と言う球団、「すでに大きなファームシステムを構築してしまった」球団が反対している。また「独立リーグの管理体制が信用できない」という声もあるようだ。

しかし、日本の独立リーグはすでにNPBの「補完機能」を果たしている。

厳しい経営環境で「野球の水脈」を維持してきた独立リーグの功績を考えても、NPBは独立リーグとPDCを結ぶ時が来ていると思われる。

MLB球団よりお客を呼んだセントポールセインツ

アメリカの独立リーグ球団は、MLB球団とアフィリエイト契約やPDCを結んでいない。その分、経営環境は厳しいが、それでも大きな観客動員を実現し収益を上げている球団がある。

その代表格が、ミネソタ州のセントポールセインツだ。

ミネソタ州はアメリカ中西部、五大湖に面した人口570万人余の州。セントポールは州都で人口28万人。

セントポールにはすでに1884年にセインツと言うプロ野球チームがあり、短期で終わったメジャーリーグのユニオンリーグに所属していた。さらに1894年から1899年まで独立リーグのウェスタンリーグに在籍した2代目セントポールセインツはその後シカゴに移転し、シカゴホワイトソックスの前身となった。さらに1915年に設立された3代目セントポールセインツは60年まで独立リーグのアメリカンアソシエーションに所属していた。

現在のセントポールセインツは4代目。1993年に設立された。日本の独立リーグと異なり、アメリカの独立リーグ球団は、長い歴史を有し、地域住民にしっかりと溶け込んでいるケースが多い。

現在の4代目セントポールセインツは独立リーグの一つノーザンリーグの球団として誕生した。隣接するミネソタ州最大都市のミネアポリスにはミネソタツインズがあり、興行的には疑問を呈する人も多かったが、ユニークなプロモーションを次々と打ち出して、アメリカの独立リーグ屈指の成功を収めた。

野球指導者の根鈴雄次氏(四章4-7参照)は2001年にセントポールセインツに在籍したが、ミネアポリスにレッドソックスが遠征した際に、当時レッドソックスに在籍していた野茂英雄に会うために、ミネアポリスのツインズ本拠地メトロドームに行ったことがある。

根鈴氏は「ツインズ対レッドソックスの試合よりも、セインツの方がお客がたくさん入っていたので驚いたよ」と語った

セインツのこの時期の観客動員は不明だが、当時の独立リーグ球団本拠地球場の観客席は数千人程度であり、セインツは常に観客席を満員にしてきた。この年のミネアポリスでのツインズ対レッ

ドソックス戦は1・5万人から2万人程度の入りであり4・6万人収容のメトロドームの半分にも満たなかった。少なくとも賑わいという点で、セインツの方が勝っていたのだ。

セントポールセインツのプロモーション

セントポールセインツ経営者のマイク・ヴィークはシカゴカブスの社長を務めたウイリアム・ヴィークを祖父に、シカゴホワイトソックスなどの経営者として手腕を振るったビル・ヴィークを父に持ち、1993年からセインツの経営に参加している。そして観客動員のための「あらゆる手を打った」と言われている。

一例をあげるならば、

・ジャグジーで野球観戦
・ボールボーイならぬボールピッグの採用
・試合終了後にファンに「終球式」をさせる
・子供だけしか入場できない日を設ける(大人は外でバーベキュー)
・女子の左腕投手アイラ・ボーダーズを入団させる
・試合を見ながらマッサージを受けることができる

など。またMLBのかつての有名選手を獲得することも多く、殿堂入りしたミニー・ミノーソをはじめ、ケビン・ミラー、ダリル・ストローベリー、J・D・ドリューなどの名前が過去のロースターには並んでいる。

2009年、セインツは市内に新球場を建設すると発表。これに対しセントポール市は、ミネソタ州議会に2,500万ドルの拠出を求め、議会は承認。セインツは2014年から、州が建設した新球場CHSフィールドを本拠地としている。

CHSフィールドの定員は7210人。1試合当たりの動員数は2014年4962人、2015年8091人、2016年8270人、2017年8130人、2018年8178人、2019年7899人、2020年1061人(コロナ禍の影響)、2021年6051人、2022年6036人を動員している。2015年から19年までは定員を上回るお客を動員していた。「セインツの試合はチケットが取れない」と言われていた。

セントポールセインツの取り組みは、2018年には「For The Fun Of The Game」と言うドキュメント映画になっている。

MLBツインズの傘下になったセインツ

セントポールとミネアポリスは隣接するだけでなく「ツインシティ」と呼ばれ、経済、文化的にも一体化した地域と見なされている。

それだけにMLBアメリカン・リーグに所属するミネソタツインズにとって、セントポールセインツは気になる存在だった。事実ツインズが好調な時はセインズの観客動員が落ちるなど、ライバル関係にあったとされる。

2020年、MLBは参加のマイナーリーグとの関係を見直し、多くのマイナー球団とのアフィリエイト(提携)を解除したが、当時独立リーグだったセインツは、逆にミネソタツインズとアフィリエイト契約を結び、ツインズのマイナーリーグ球団となった。

現在のセントポールセインツはAAAインターナショナルリーグに所属している。ツインズがドラフトなどで獲得した選手がセインツに派遣されている。監督のトビー・ガーデンハイヤもツインズから派遣された。

ツインズが傘下に収めたのも、セインツが経営的に優秀で、ツインズにとってもメリットが大きいと判断したからだろう。


2008年に四国アイランドリーグに参加した長崎セインツは、長崎市がセントポール市の姉妹都市であることと、セントポールセインツの成功にあやかって同じニックネームとしたが、3年で撤退した。

日本の独立リーグとアメリカでは事情が大きく異なる。そのまま真似をすることができないだろうが、独立リーグでも「お客を一杯にし、経営的に成功することができる」事例として、学ぶことは多いのではないか?

２００１年当時のセントポールセインツ（根鈴雄次氏提供）

コラム③　男、村田修一、栃木の晴れ姿

２０１７年シーズンオフ、通算２０００本まであと１６５本に迫った村田修一が巨人から自由契約を告げられた。この年も１００安打を打っていた村田は現役続行に意欲を見せたが、オファーをする球団は現れず、翌２０１８年３月、村田は栃木ゴールデンブレーブスへの入団が決まる。ただし、ＮＰＢへの復帰への望みも捨てずに契約期間は、ＮＰＢのトレード期限である7月末日までと発表された。

ＮＰＢで活躍した大物選手の独立リーグ参戦は、同じ松坂世代の藤川球児が２０１５年に高知ファイティングドッグスでプレーして以来。藤川は翌年に阪神への復帰となったが、村田の場合はどうなのか。

村田は4月7日の試合に初出場したが、栃木の観客動員は日を追って増加した。

栃木ゴールデンブレーブスの江部達也社長は

「村田選手は、奥様や日大時代の恩師も栃木出身というご縁もあって、うちに入団してくれました。人気もさることながら、若い選手に与えたいい影響も大きかったですね。

5月11日からの巨人3軍との3連戦は『男・村田祭り』と銘打ち、多くのお客様に来ていただきました。5月11日の試合はネット配信をして19万人に視聴いただきました」

村田は三塁を守ったが、試合前のファンとの交流にも積極的に参加し、気さくに記念撮影に応じていた。

また、試合では投手がピンチに陥るとマウンドで声をかけるなど、チームリーダーとしての役割も果たした。

右太ももの肉離れで一時期戦線離脱したが、それを除きほぼフル出場した。そして7月31日のトレード期限を待ったが、NPB球団からのオファーはなかった。

8月1日、村田修一は記者会見を行い

「NPB復帰を目指してきたが、7月31日までに誘いはなかった。9月9日の今季最終戦まではBCリーグにしっかり貢献したい」と述べた。また、これ以上NPBのオファーを待つ意志がないことも表明し、実質的に今季を以て現役引退することも明かした。

9月9日の最終戦は、栃木球団史上最多の6025人を動員した。4番三塁で最終戦もスタメン出場した村田は、試合後会見し、以下のように語った。

「今日をもって私は現役を引退します。

ベイスターズに入団して9年、ジャイアンツで6年、そしてゴールデンブレーブスで1年。本当にいい野球人生だったと思います。今日、満員の球場で野球ができて幸せだった。いろんな壁にぶつかりながら、必死に乗り越えてきた。いろんな指導者のもと野球ができた。幸せでした。

村田修一としての現役生活は今日で終わりますが、村田修一としての人生は、まだまだ終わりません。息子たちとともに勉強していくことがたくさんあると思っています。息子たちを一人前の男にしていく父親としての役割を全うしながら子どもたちとともに前を向いていきたいと思います。自分がやってきた30年間の野球人生に悔いはありません。皆さまに支えられて本当に楽しい現役生活を送ることが出来た。ありがとうございました」

栃木ゴールデンブレーブスにはその後も元阪神の西岡剛、元ソフトバンクの川崎宗則と、NPBのスター選手が入団したが、いずれもチームや選手に良い影響を与えた。2022年には漫才師のティモンディ高岸宏行がプレーしたが、野球に対する真摯な姿勢で好感を与えた。

2018年栃木ゴールデンブレーブスの村田修一

2018年栃木ゴールデンブレーブス　ノックを受ける村田修一

女子プロ野球と独立リーグ

日本の女子プロ野球リーグは2010年にリーグ戦を開始した。当初は京都アストドリームスと兵庫スイングスマイリーズの2チームでスタートし、4チームまで増えた。

NPB機構に所属しないプロ野球選手のリーグと言う点では、独立リーグと同じであり、2011年の東日本大震災の折には、当時の独立リーグ連絡協議会(JIBLA、四国九州アイランドリーグ、BCリーグ、ジャパン・フューチャーリーグからなる独立リーグ団体の協議会）とも共同歩調で復興支援に当たっていた。

ただ日本女子プロ野球機構（JWBL）は、株式会社わかさ生活1社の出資によって運営され、各チームはその傘下にあって個々のチームは経営権は有していなかった。

徐々にファンがつくなど人気は高まっていたが、リーグ戦の内容やチーム編成が度々変わるなど、リーグ運営は安定しなかった。

女子野球人口は増加しているので、参入を申し出る企業もあったが、実現せず、2021年を持って活動休止になった。11年に及ぶ歴史で、小西美加、里綾実、厚ヶ瀬美姫などの名選手を輩出した。

NPB球団の中には女子野球チームを保有するところが出てきているが、女子プロ野球の再開のめどは立っていない。

女子プロ野球も広い意味で「独立リーグ」の1カテゴリーと言えるだろう。

2012年若さスタジアム京都女子プロ野球のスコアボード　選手名は下の名前だけ

2013年の女子プロ野球公式戦(東大阪市)

第四章　独立リーグの「ビジネスモデル」はどうあるべきか？

ここでは、独立リーグ、機構の設立にかかわった経営者や、その後の運営に携わった経営者、さらには、スポーツビジネスの専門家の「ことば」を集めた。それぞれの立場から「独立リーグはかくあるべき」を聞いた。

2022年IPBLグランドチャンピオンシップ表彰式（岩国誠氏撮影）

4-1　鍵山誠・NPBとの連携で未来を目指せ

元株式会社IBLJ社長
前一般社団法人日本独立リーグ野球機構（IPBL）代表

鍵山誠氏は四国アイランドリーグの創設年に、石毛宏典氏から経営を引き継ぎ、リーグ運営会社の株式会社IBLJ社長として四国アイランドリーグをけん引してきた。また2014年には独立リーグを統括する一般社団法人日本独立リーグ野球機構（IPBL）を村山哲二氏らと設立、独立リーグ全体の地位向上や環境整備に尽力した。

今は独立リーグ界から離れ独立リーグの行く末を見守っている。まずは、独立リーグ「中興の祖」鍵山誠氏のことばから。

オーナーの信用が続いている間に信頼関係を作る

独立リーグの球団というのは、創設することよりも続けることが非常に難しい。資金面の苦労が特に大きいと思いますが、儲かることを度外視しないと存続できない面が多分にありますね。一般的なビジネスとは違う部分がある。

　そうなると有名な方が自分の信用を切り売りして資金に変えていかざるを得ない。地域の有力者、名士と言うような人の信用で、地元の企業にスポンサーになってもらうとか、そういうところから始めて、オーナーの信用が続いている間に、球団や運営者が地域との関係性を作っていく。信用が続いている間に、信頼関係を構築できるかどうかですね。

　残念なことに、独立リーグはビジネスとして収益を出すと言うビジネスモデルが確立できていない。入場料しかり、放映権料しかり、何かで収益が確立していかなければならないけど、それができていない。その部分を何とかするためには、人材が必要でした。

　そこで僕は、四国アイランドリーグの責任者になって、独立リーグを運営するようになってから、いろんな人をこの業界に引き入れてきました。

「誰が良い」と言う明確な基準はないんですけど、ちょっととんがった人がいいとは考えていました。独立リーグの運営はお金だけを考えたらできない。自身の給料も下がりますし、経験したこともない苦労もしますから。

　まずは情熱を持っていそうな人に独立リーグの実情について見てもらって、自分なりのグランドデザインを描いて、こうするんだ、と考えてくれるような人に来てもらおうと思っていました。いい方向に行く人もいれば、そうでない人もいますが、失敗してもそれをリカバリーできるような人がいいですね。

独立リーグの場合、普通に誰かがやっていること、同じことをずっと毎日やっていたら要らないものになってしまう。独立リーグはNPBに比べれば野球のレベルははるかに低いですが、そんな中でどんな面白いことができるか、それを考えられる人がいいですね。

そういう意味では高知ファイティングドッグスなんて藤川球児選手やマニー・ラミレス選手を呼んでくるなど、話題を次々作って面白いことするなあ、と思っていました。他の独立リーグ球団もいろんな工夫をしています。そういう個性が大事なんですね。

2014年の鍵山誠氏

独立リーグだけで解決できない問題も

四国アイランドリーグplusや独立リーグの役職を離れて見てみると、独立リーグは僕たちが始めたころに比べると、随分レベルが高くなっていると感じます。いい選手がプレーしています。そして、独立リーグそのものが地域の文化になってきたなとも感じています。

もちろん、お客さんで球場をいっぱいにすることができていないのは課題だけど、いっぱいに出来ないのは球場の問題、インフラの問題もあって、車で来るのに広い駐車場がないとか、公共交通機関で行けないとか。そもそも地方では野球場に人を集めることを想定していない部分があります。

バスケットのＢリーグ香川ファイブアローズは高松市の中心部にアリーナを作りましたが、野球の場合はそういうことができない。場所づくりがなかなか難しい。

それがクリアできて、駅の近くにスタジアムがあれば球場で野球を見てビールを飲もうとかできるけど、今は車で行かないといけないからビールも飲めない。そういうリーグや球団だけでは解決できない問題も多いですね。

インフラ整備のためにもNPB傘下に

そうしたインフラ整備のためにも、ＮＰＢ傘下に入るべきだと言うのが、僕の一貫した考えですね。

ＮＰＢ傘下となるとブランド力があって、地元の支援も得られるし、行政からのスポーツ予算もつきやすい。今、地域のお客さんは独立リーグの試合にはいかなくても、サッカーには行くんですよ。やはりＪリーグと言うブランドがありますから。そういう部分は残念ですね。

僕がやっていたころは、四国アイランドリーグ、ＢＣリーグとＩＰＢＬに入っていない関西独立リーグだけでしたが、今は九州、北海道、日本海にも独立リーグができた。リーグ、球団が増えるのを見ると、苦労しながらでも四国アイランドリーグを続けてきて良かったと思いますね。

いろんな人がチャレンジしてくれるのは、非常にうれしいことです。でも、失敗する経営者もいるでしょう。これまでもそうだったように「多産多死」していくんでしょうが、チャレンジしてくれる人が出てきているのは良いですね。その意味でも、ホリエモンこと堀江貴文さんが北九州の球団を設立したのは本当にいいことですね。

地域の野球、スポーツ文化として存続を

独立リーグに期待したいのは、やはりNPBさんとの一体化ですね。このことをずっと言い続けてきましたが、日本にNPB球団が12個しかないのはもったいない。独立リーグがプロ野球を47都道府県に広げていく役割をしながら、NPBさんに参加できればいいなと思っています。

独立リーグは「プロ野球」と名乗ってはいますが、NPBと別物だと思われている。そうじゃなくて日本のプロ野球の一カテゴリーだと認識されるようになってほしいと思います。

これはNPBさん次第と言う部分があります。こちらは提携したいとずっと思ってきたわけですから。どんな形にするかいろいろ考え方はあるでしょうが、NPBと組まない限り、独立リーグ球団の未来はないと思います。

エキスパンションをすることになれば手を上げると言う独立リーグ球団もあるでしょうし、2軍、3軍のようなマイナーリーグになってもいい。現実的には、アメリカのマイナーリーグのような形で、NPBの傘下になるのがいいと思いますね。

僕は、個人的には四国の4球団が1つになって、NPBに参加する形でもいいと思っています。四国アイランズみたいなチームでもいいと。地域の野球、スポーツ文化をそういう形で残していっ

てほしいと思います。

独立リーグを忘れないソフトバンク又吉克樹

今季（2022年）、中日からホークスにＦＡで移籍した又吉克樹が、ソフトバンクの開幕戦に僕を招待してくれました。

2012年、彼がドラフト2位で中日に指名された日に約束したんですよ。「頑張ってＦＡ権取れよ」「取ります」って。彼はそれを覚えていてくれて、昨年8月に電話がかかって来たんですよ「ＦＡ取れました」って。彼はプロに行っても、独立リーグ出身だと言うことを忘れていない。独立リーグの地位を向上させることも考えていてくれる。すごく格好いい生き方だなと思います。

監督でも、独立リーグに来た直後は「足りない足りない」って言うばかりで、順応することなくそのままやめてしまう人もいるんですが、そんな中で自分はこう生きていこうと変わっていく人もいます。独立リーグは人を成長させる場でもあるんですね。

今の選手は子供のころから独立リーグがあるのが当たり前になっています。そんな中で独立リーグを目指す選手もいます。そういう意味ではステータスも上がってきているのでしょう。ＮＰＢとの連携を実現させて、今後も発展していってほしいですね。

4-2　小崎貴紀・独立リーグ、IPBLの現在と未来

株式会社IBLJ代表取締役会長

小崎貴紀氏は株式会社データスタジアムを経て2005年9月に四国アイランドリーグの運営を担う株式会社　IBLJの取締役に就任、鍵山誠氏とともに四国アイランドリーグの運営に取り組んできた。現在はIBLJの取締役会長を務めている。

鍵山氏が退任したことで、小崎氏は四国アイランドリーグ設立当初からの事情を知る唯一の当事者となった。18年に及ぶ独立リーグを見つめてきた小崎氏の見解だ。

経営難を乗り越えて新しいビジネスモデルへ

もともと私はスカパー！でスポーツなどいろいろなコンテンツを買い付ける責任者の一人だったのですが、2001年頃、プロ野球OBクラブの故大沢啓二さんたちからプロ野球マスターズリーグの相談があって、このコンテンツを3年分買うという形でスカパー！出資しました。そのときに野球界との縁ができました。

私はその後2004年にスカパー！も出資していたデータスタジアムに移って事業責任者になったのですが、ここへマスターズリーグ以来のご縁で石毛宏典さんから四国アイランドリーグの構

想が持ち込まれて、出資および私の部署で登記協力をすることになりました。

部下も4人預けて、リーグの運営に携わらせました。当初は石毛さんもデータスタジアムのオフィスに出社していました。データスタジアムは当初IBLJの筆頭株主であり、IBLJを連結の対象にしていました。

しかし、四国アイランドリーグが開幕してすぐに経営に問題があることが分かった。

そこで私は高松に足を運び、赤字は全部こちらで吸収しますからと言って地元の株主さんに事業清算をお願いしたのですが、JR四国さんなど地元株主さんの多くが〝僅か一年で撤退されては、四国で新しいビジネスが育たない〟と難色を示されたので、改めて地元で出資者を探すことになったのです。

8月になって地元の企業さんから出資候補者として、当時の四国で著名だった若手経営者の鍵山誠氏を紹介してくださったわけです。

鍵山氏と私は三日三晩話し合って、四国アイランドリーグの経営方針を固めました。

それまで4球団は一つの会社で運営していましたが、これも4つの会社で持っていただく方が良いだろうということで、各県で経営者をさがすことになりました。愛媛と徳島に関しては新しいオーナーが見つかりました。香川は鍵山氏がやることになった。高知は見つからなかったのでリーグで運営することになりましたが、何とか事業の形ができてきました。

地域に根差した独立リーグの確立

以後10年、愛媛球団を筆頭に4つの球団も大変な努力をしたのは事実ですが、ここまでやってこられたのはリーグ全体が資金不足で苦しんでいるときに、鍵山氏がオーナーとなった株式会社セイアが資金を出し続けたのが大きいでしょうね。この資金援助がなかったらここまでは持たなかったと思います。

一方で、各球団の経営者の皆さんも、どうすればコストをかけずに運営できるか、スポンサーがつかなくても行政から援助をいただくことができるか、などノウハウを積み上げることができた。

小崎貴紀氏(株式会社セイア提供)

今では、各球団が地域に合わせた資金調達や収支健全化の方法論も確立して、特色ある経営をするようになっています。お互いに情報共有もしながら独自色も打ち出しています。

ただし、個々に個性を出しながらも、リーグとしては鍵山氏や私が、しっかりしたガバナンスを維持してきたところが良かったと思います。

リーグの経営をするにあたって、私たちはJリーグさんを参考にさせていただきました。Jリーグと各クラブの関係、リーグが各クラブをどうグリップしているか、とか、規約などいろいろと参考にさせていただきました。

経営者として必要なもの

私は２００６年末にはデータスタジアムを退社し、当時の四国アイランドリーグの運営に専念しましたが、歴代のＩＢＬＪ社長はじめ各球団のオーナーさんや社長さんと就任前に面談するなど、「四国アイランドリーグ(plus)はどうあるべきか」といったフィロソフィーのようなものを関わる人々に伝え続けてきました。

また私は、株式会社セイアの社業も鍵山氏から引き継ぎました。株式会社セイアは生コンクリート製造設計、品質管理業務を専門とする会社であり、日本のインフラ整備において重要な役割を担っています。そして現在も四国アイランドリーグ４球団のスポンサーになっています。セイアの社業は独立リーグとは全く関連性がありませんが、徳島で創業した企業であり、四国アイランドリーグを支援するのは、この地をルーツとする企業としての責務だと考えています。

独立リーグや球団を経営する当事者の場合は、限られた原資(ヒト・モノ・カネ)をいかに有効活用し、収支を整えていくかが問われると思います。例えば「カネ」を集めることに限りがあれば、「カネ」に代わる「ヒト」や「モノ」をどのように地域・行政、支援者から集めていくか、など。経営者として、考え抜く力や、周囲を巻き込む力が必要だと思います。

ＮＰＢとの建設的な関係構築を

今後の独立リーグをどう発展させていくか？　私に限らず多くの方々に様々なアイデアがあると

思います。現在も多くの意見交換がされていると聞いています。

元々は、独立リーグとしてのステイタスを向上させ、NPBやアマチュアの各団体と協議していく器として、鍵山誠氏や村山哲二氏と協議のうえ、私が「一般社団法人日本独立リーグ野球機構（IPBL）」をセイア社内に登記設立したのも、そうした考えからでした。

私案ではありますがこのたび、福岡ソフトバンクホークスさんが4軍まで設立されたように、NPBの他球団さんも育成組織を有することにネガティブではないと思っています。そうであれば、独立リーグが全国に多くの球団を展開している現在では、緩やかながらもNPBと独立リーグが、「育成組織」の面において協力できる形はあるのではないかと思っています。

NPBは、2022年11月に2024年度からイースタン、ウェスタン両リーグにファームだけの球団がそれぞれ1つ参加すると発表しました。イースタンの球団は参入する会社が決まっていますが、ウェスタンはこれからです。IPBLにはこの件について事前にNPBからご連絡いただきましたが、NPBのファームの再編には、独立リーグも今後とも関与していきたいと考えています。

双方に理想や希望もあるでしょうから、具体的なモデルについては、慎重かつ丁寧な協議が必要でしょう。必要なのは限られた国土、人口の日本において、野球界及び野球を取り巻く地域社会をどのように発展・活性化させていくべきか、という理想・構想においてそれぞれの提携の方法や役割について考える時期にあると思っています。

「独立リーグ」としては、ＩＰＢＬの馬郡会長のもとで一致団結してＮＰＢやアマチュア団体と真摯に向き合うことが重要と考えていますし、私自身、今後ともサポートしていく所存です。

4-3 村山哲二・存在意義は「地域創生」にある。選手育成はその「手段」

株式会社ジャパン・ベースボール・マーケティング代表取締役社長
一般社団法人日本独立リーグ野球機構（ＩＰＢＬ）副会長

２００７年、二つ目の独立リーグ、ベースボール・チャレンジリーグ（ＢＣリーグ）を創設した村山哲二氏。運営会社の株式会社ジャパン・ベースボール・マーケティングの代表を務める。一章のルートインＢＣリーグの歴史でもその奮闘ぶりは紹介したが、設立16年を過ぎて、リーグはどこを目指すべきか。トップの考えだ。

地域のために独立リーグを作った

独立リーグは、選手の育成とファンの醸成と言う二つの機能があると言われます。でも僕は、代表者会議などでは「地方創生」がその根底にある、と常々言っています。「地方創生」の意味でプロ野球事業を造ったという意識です。

極端な例で言うと観客が3000人入ってすごく賑わっているけどNPBへの選手の輩出がゼロの球団と、NPBときちんと協業関係が進んで、毎年毎年30人がNPBに行く、でも観客は50人しか入っていないけど成り立っている球団があるとすれば、僕は前者を取ります。だって3000人のお客さんが来ている方が、試合も盛り上がるし、地域にも経済やコミュニティの情勢などに様々な恩恵をもたらすことができます。「地方創生」に役立ちます。

その思いは2007年にリーグを起こしてから今に至るまで、変わっていない。

でも、現実はなかなかうまくはいかない。1試合平均で1000人を動員する球団は数えるしかなく現実は厳しいですが「地方創生」、そしてたくさんのお客に来てもらう言う目標は不変だと思います。NPBやMLBを志す若者が、独立リーグの舞台で苦しみながら自分の目標を叶える為に懸命にプレーをする、それをファンの皆様がスタジアム内外で一生懸命に応援する。つまりファンが主役であって欲しいのです。

選手の育成は「手段」だ

ビジネスは「ミッション」、「目的」と「手段」から成り立っています。僕らにとっては、選手の育成って「手段」なんですよ。「目的」でも「ミッション」でもない。でもそのことが、独立リーグ経営に携わる経営者たちみんなの腹に落ちているかと言えば、必ずしもそうじゃない。選手の育成を「目的」にしている球団もある。そういう球団もあっていいけど、独立リーグの本来の「目的」ではないと思っています。「目的」は今も言う「地域創生」ですね。「地域創生」をするには、しっかりした企業体が必要です。贅沢をするほどもうからなくてもいいけど、ある程度のきちんとしたビジネスモデルを作らないとだめですね。従業員の数もそれなりに居て、彼らの給料もちゃんと払って事務所を維持して、その上で試合もしっかり行っていく。それが多くのファンにつながり「地域創生」にもつながっていく。

各球団を見渡していくと、それなりにできている部分もあるけど、そうでない球団もある。経営できなくなって、球団を手放す経営者もいる。そしてそれを継承する経営者もいる。いろいろあるんですが、ファンの数をあまり増やせていないのは僕の責任だと思っています。

ただ率直に言って、各球団が観客動員を本当に目指しているのかどうか、という点もあります。諦めてしまっているのではないか。もちろん、ものすごく頑張っている球団もあるんですが、実際には1000人来ると言う球団がない。

この2年間はコロナ禍で、観客を増やす努力は十分にできなかったですが、そろそろもう一度観客動員について、新たに手を打つ時が来ていますね。

IPBL顧問の久保博さんも言っておられますが、本当は、自前のスタジアムがあってこそ初めて選手強化ができます。選手の育成だったり、インフラの整備もできる。BCリーグでも球場の指定管理者になっている球団はありますが、しっかりしたホーム球場を持っているところはない。さらに言えば、プロスポーツである限り、やはりナイター設備がある球場でやりたいですね。平日のデーゲームしかできないのは難しいでしょう。そういう部分で、整備すべきことはまだまだたくさんあります。

NPBとの交流は「信用」として重要

もちろん、ドラフトでNPBに選手を送り出すことは「手段」としては、非常に重要です。NPBのドラフトで指名されてプロに行く選手がいる球団は、レベルが高い選手が集まっていることを意味します。それは、お客さんに喜んでいただくために重要です。そしてもちろん、彼らを指導する素晴らしい指導者に来ていただくことも「手段」として重要ですね。

村山哲二氏

ルートインBCリーグは、巨人などNPB球団のファームチームと交流戦をしてきましたが、これも独立リーグのレベルの高さを証明することになります。たとえファームの選手とであっても好ゲームを演じることができれば、実力があることを証明することができますから。

結局、独立リーグにとって足りないのは「信用」だと言うことを痛感します。信用がないから、いろんな事業を推進することができない。でも信用と言うものは、相手がどう思ってくださるか、です。だから僕たちがもっと努力して、相手に信用してもらうしかないと思っています。

BCリーグを設立した当初は、JABA（公益財団法人日本野球連盟、社会人の統括団体）は、独立リーグでプレーした選手は、1年間はJABA所属の社会人野球チームに行けなかった。しかし3年くらい前からその制度を撤廃して頂いて独立リーグからJABAのチームにすぐに行けるようになったんです。それは、JABAの方々が僕たちのリーグ運営、活動をちゃんと見てくださっていて、そんなにおかしなことをする団体じゃないんだなと認めてくれたと言う部分が大きいと思うんですね。さらに四国アイランドリーグplusさんはJABA四国大会に1チームが参加させて頂いています。これからも小さな信用を積み重ねていきたいと思っています。

NPBさんとの関係もそうです。先ほどふれた交流戦でNPB球団と対戦することも「信用」を得る上で大事です。また「審判」でもNPBと提携しています。今、NPBは採用した審判を四国アイランドリーグplusとルートインBCリーグに毎年2人ずつ派遣して、そこで1年間審判をして、成果が出れば「育成契約」すると言う仕組みを作って頂いてます。

そういうフローができているんですね、これも「信用」だと思います。独立リーグで審判をすることが、審判技量を計る目安になっているんです。

NPBさんにも一緒に野球振興を考えていこうと言って頂いています。そうした積み重ねが大事なんですね。東京や大都市圏はNPBさんにお任せして、地方は僕たちが担うんだという意気込みを持っています。

コロナ禍の2年間は、NPBさんと関係を強化したり、さらなる連携を推進する話はできませんでしたが、コロナ禍が明ければ、働きかけをしていきたいと思います。

繰り返しになりますが、それも「手段」ですね。僕はやはり独立リーグの「目的」は「地方創生」だと思っています。

4-4 荒井健司・「NPBへの選手輩出」というビジネスモデル

徳島インディゴソックスオーナー
一般社団法人日本独立リーグ野球機構(IPBL)監事

徳島インディゴソックスは「スポンサー依存からの脱却、NPBへの選手輩出」という極めて特異なビジネスモデルを打ちだしている。一球団の事例ではあるが、他にないビジネスモデルであり球団オーナーの荒井健司氏に球団経営について聞いた。

構造改革するしかない

私は野球関係のネットメディアを運営しており、アメリカのサンディエゴでサマーリーグの球団を2シーズン、共同で運営していました。球団経営の経験はここからですね。

その後、メディア運営がきっかけで出版社の野球漫画のプロモーションも携わらせていただき、その一つとしてある漫画のプロモーションで「四国アイランドリーグPlusをプロモーションに活用でないか」ということで、当時の四国アイランドリーグPlua会長の鍵山誠さんにお目にかかって話を伺っているうちに、鍵山さんより「球団経営を手伝ってくれませんか」と言うことになりました。

当時、徳島インディゴソックスは以前の運営会社が撤退し、株式会社パブリックベースボールクラブ徳島という会社が新しくでき、共同オーナー制を敷いていました。その２年目の２０１３年に私が共同オーナーとして参画しました。

そして２０１６年に筆頭オーナーになり本格的に球団経営の中に入ってみると、それこそ「真っ赤」という言葉がぴったりで、資金繰りが本当に大変でした。キャッシュフローがまわらずショートして資金を入れていくことが毎月のように続き、これはもう構造改革するしかないという感じでした。

荒井健司氏

収益性を目指したチャレンジ

現在、徳島県の人口は約71万人で、実は東京の練馬区よりも人口が少ないんです。しかも、どんどん少子高齢化が進んでいる中で、昔と違って若い人たちを応援するためだけにお金を出してもらえる景況感でもない。その中で収益性をどうだしていくのか、いろいろチャレンジしていきました。

まず取り組んだのは選手の強化、育成です。選手の強化を目的としたトレーニングジム兼整骨院として『インディゴコンディショニングハウス』をつくりました。そしてこの施設を地元の方にも使ってもらい、プロスポーツのノウハウを地元の方に提供することで収益を上げ、球団に還元する仕組みを構築しました。

次に、徳島県内では最大規模となる商業施設「ゆめタウン徳島」でうどん店を運営して、そこで出た利益を球団に還元する仕組みも構築して、スポンサー依存の経営体質からの脱却を少しずつ図っていきました。

もちろんスポンサー収入も重要です。ただ徳島だけでなく全国に営業の範囲を広げました。現在ではスポンサー収入の約30％は県外の企業になっています。

例えば都市圏のスポンサーさんには、地方でのマーケティングの一つとして、インディゴソックスを活用してもらったりしています。地方にあるプロスポーツ団体を活用してどんなプロモーションができるかをテストするような感じですね。徳島で上手くプロモーションができれば他の地方でも転用できますから、地方マーケティングの場として使ってもらおうとしています。これまでにアパレル企業さんやIT企業さんにそのような活用をして頂きました。

収益の中身も改善しつつ、収益の柱をいくつか持とうとしたわけです。その一つに選手育成による育成フィーもありました。

スカウティング、育成、プロモーションの分業体制

おかげさまで２０２２年のプロ野球ドラフト会議で３名の選手が指名をうけ、10年連続でのドラフト指名となりましたが、アマチュアの有力選手を獲得してＮＰＢ球団にドラフトで指名してもらうモデルが本格化したのは、南啓介社長が就任してからですね。彼はボードメンバーとして東京で私と一緒に仕事をしていましたが、私が筆頭オーナーになるにあたり徳島インディゴソックスに携わってもらいました。

基本的に選手のスカウティングは、私がやります。入団後は現場（チーム）とインディゴコンディショニングハウスで、技術・フィジカルから強化していきます。そして選手のＮＰＢへのアピールは南社長が担当しています。

要するに徳島インディゴソックスにはスカウティング、育成、プロモーションの３つの役割があるんですね。３つとも重要です。どんなに育成環境が良くても、選手の素質がなければＮＰＢ入りは難しい。最速１２０㎞／ｈの投手が強化して２０㎞／ｈ球速がアップしても１４０㎞／ｈですが、１４０㎞／ｈの投手が10㎞／ｈアップすれば１５０㎞／ｈになりますから。

私はスカウティング担当として、今もほぼ週に1回のペースで全国各地を回って選手を見ています。私が筆頭オーナーになって1年目（２０１６年）に福永春吾が阪神タイガースにドラフト６位で、木下雄介が中日ドラゴンズに育成ドラフト１位で指名をうけましたが、翌年以降の指名の継続性を

勘案してこの年から本格的にスカウト部門を強化していきました。2017年に高卒1年目にしてドラフト3位で西武ライオンズに入団した伊藤翔(横芝敬愛卒)などはその象徴的な選手です。

こうしてNPBに選手を輩出すると契約金と年俸の一部が、育成費として球団に支払われます。当然、ドラフトは需要と供給の関係ですから計算はできませんが、毎年選手を送り出すことで、ある程度の収益性は担保できるようになりました。

ドラフト実績と共に今では「NPBを本気で目指したいから徳島でプレーしたい」と言う選手もだいぶ増えてきて、徐々に良い循環になってきています。

情報共有して次のステップへ

独立リーグの選手はどうしても時間との戦いになります。大卒の選手の場合、1年目にNPBに行くのがベストと考えています。2年目になるといきなりハードルが高くなります。「もう1年」という余裕はあまりありませんから、選手を壊さずに強化することが大事です。

そういう意味でインディゴコンディショニングハウスが凄く大きな役割を果たしています。この施設でフィジカルの強化とケアを同時にできるので、選手の故障を予防しつつ、強化ができています。数字がでやすい投手陣を例にいうと、ほとんどの選手がうちにきてから球速が上がっていると思います。

そして南社長がスカウトの皆さんに選手の特徴を誠実にプレゼンテーションしています。ここも非常に大きな要素と考えています。

そういう連携ですから、スカウティングと育成の現場と売り出しは密に連絡を取っています。ほぼ毎日連絡を取り合いますし、月2回ぐらいのペースで編成ミーティングと進捗報告を行っています。情報共有はとても重要ですね。

今も申し上げたとおり選手の獲得は独自のスカウティングが中心ですので、トライアウトで選手を獲得することはあまりありません。例外的に、2021年に育成でDeNAに入団した村川凪のように足が抜群に速いとか、飛びぬけた特色があればリーグのトライアウトでも選手を獲得しますが。

そして言うまでもなく現場の監督の力量は一番大きいです。監督によって選手の成長度合いも変わってきます。だから、選手だけでなく監督の人選も非常に重要です。歴代の監督さんには球団の育成方針を理解していただいています。

球団経営の方向性は、これからも変わりません。ここまでやってきた事が少しずつ成果に結びついてきました。ここからスクール事業など新しい展開も行いますが、これまでとおり一つ一つ丁寧にやっていこうと考えています。

4-5　馬郡健・「身の丈に合った経営」のさらに先を目指すべき

株式会社ＩＢＬＪ代表取締役社長
一般社団法人日本独立リーグ野球機構（ＩＰＢＬ）会長

馬郡健氏は２０１９年に鍵山誠氏の後を受けて四国アイランドリーグplus、一般社団法人日本独立リーグ野球機構（ＩＰＢＬ）の運営を担っている。独立リーグの歴史も10年を超え、新たなリーグも誕生している。コロナ禍など厳しい環境でのリーグ、機構運営の実際と将来展望について聞いた。

四国アイランドリーグplusは、サステナビリティに近づく努力を

電通での勤務を経てアメリカでシステム関係の事業に携わりました。大学時代は競泳の選手で、卒業後はビジネスの傍ら、慶應義塾大学体育会水泳部（競泳部門）の監督も務めました。

野球界の出身ではありませんが、帰国後、鍵山誠さんから四国アイランドリーグplusを運営する株式会社ＩＢＬＪの経営をゆだねられ、そののちにＩＰＢＬにも参画しました。

ＩＢＬＪの社長に就任し財務諸表をじっくり見た時、私が十数年勤務して学んだ電通の「スポン

サーを集める」というビジネスをいかせば「やっていけなくはないな」と思ったんですよ。だけどやはり出費が大きい。明日からどうやって費用を抑えていくか、を考えなければならない。まずはオフィス環境など基本コストも含めて、削減させていくことがスタートになりました。入りの数字は変わらないけど、出ていく数字をおさえることで会社の持続可能性を高めていく努力をしました。

ＩＢＬＪ本体の収入は、日本全国でビジネスを展開されている会社からいただくスポンサー収入が柱です。支出はリーグの事務局運営や記録管理をしている職員の費用、そして審判の費用などが主になります。

以前はＩＢＬＪが４球団の経営も担っていた時期があったようですが、今はそうではありません。個々の球団が独立して経営をしています。

リーグおよび各球団は18年培ったノウハウの積み重ねもあり、昨今では赤字が出たとしても回復可能なレベルで、もちろん黒字球団もあります。ＩＢＬＪの取締役会で４球団の決算数字を毎年確認していますし、監査法人にもアドバイザリーとしてチェックしていただいています。

代表者会議では四国４球団は各球団の成功事例を横展開するような連携もできています。ある球団でうまくいった事例があると４球団とリーグで話し合って他の３球団もやろうよ、という空気感です。使う方言も見ているテレビ放送局も全く異なるので４県それぞれの独自文化が育っているのですが、隣接した地域特性は十分活かされていると思います。そして現状に満足してはいけませんが、丁寧なリーグ・球団運営をやっていけば、持続可能な運営体制になっているとは思います。概況でいうと、四国よりはBCの方が球団個々の経済規模は大きいですね。大きな理由は移動費などの経費が異なるからだと思います。四国は4県隣接していて、それぞれ基本的には1日で往復ができる距離です。

同じ独立リーグ球団と言っても地域特性や、立地などによって経済規模も変わりますし、売り上げを見るだけではわからないこともありますね。

加盟リーグの増加に伴い様々な問題も

鍵山誠さんの後を受けてIPBLの会長になりましたが、四国アイランドリーグplusの代表がIPBLの会長になると決まっているわけではありません。たまたま私が就任しました。

会長になった当初は、四国とBCの2リーグの連合組織体だったのですが、その後、九州アジアリーグ、北海道フロンティアリーグが加入しました。また未加入のリーグもさわかみ関西独立リーグに続いて北海道ベースボールリーグ、日本海オセアンリーグもある。その中には今後加盟申請を検討しているリーグもある。機構としても国内に増えた独立リーグと球団に対応して変わっていかなければならない状況にあります。

これまではJABA(日本野球連盟)や学生野球協会やNPBなどとの折衝がメインでしたが、最近は、加盟リーグが増えたことで整備しなければならないこと、明文化しなくてはならないことが増えてきました。

またＩＰＢＬは、日本野球協議会にもオブザーバーで参加しています。新型コロナ禍の影響で少し立ち止まってしまいましたが、野球の裾野拡大を考えると今後、ＮＰＢやアマチュア球界とさらに提携する意義は大きいと思っています。

新しいビジネスモデルの模索もあっていい

馬郡健氏

独立リーグ球団は今30あります。来年度には32になりますが、まずは各球団が各地域に根ざした独自のビジネスモデルを模索して確立していくことが重要です。加えて独立リーグそのもののレピュテーション（評価、評判）を上げることが大事だと思います。

そもそも独立リーグとは何から独立しているのか。自ら「独立」リーグと名乗ってしまっていますが、リブランディングして、事業の経済規模をあげていく努力もしなくてはならない。

これまでは「身の丈に合った経営をするにはどうするか」を主に考えてきました。現実的な課題としては非常に大事なテーマです。一方で、まもなく落ち着くと思われるコロナ禍を乗り越えた先に、今の事業規模を超えてスケールアップさせることも考えていきたい。

世界に目を向けると放映権の活用に変化が生じている。スポーツを取り巻く経済状況もインターネットやIoTの活用によって進化している。日本でも地域活性の手段としてのスポーツ、一部ではベッティングの活用も議論されつつある。新しいビジネスと独立リーグ・球団を結びつけて価値を高めていく努力を惜しまずやっていきたい。

身の丈に合った経営だけを考えるだけが独立リーグのビジネスではないと思います。コロナで傷んだ側面はありますが、一方で骨太になったとも感じています。強固になった土台の上に「現状維持」だけでない展開も考えていきたいと思います。

4-6 小林至・NPBのマイナーリーグ化に向けて努力すべし

元福岡ソフトバンクホークス取締役
桜美林大学教授

東京大学卒3人目のプロ野球選手だった小林至氏は、引退後米コロンビア大学でMBAを取得。2005年からは福岡ソフトバンクホークスの取締役として、マーケティング、チーム編成に手腕を振るった。現在は桜美林大学教授。日米のプロ野球のビジネスモデルに精通する小林氏の独立リーグ論だ。

日米のビジネスモデルの相違

日本とアメリカの独立リーグの決定的な違いは「地域の娯楽として自立しているかどうか」でしょう。アメリカの独立リーグは入場料収入とグッズや飲食の販売が主要な収入源になっています。来場客を楽しませてお金をいただくことで成り立っているのですが、日本の独立リーグはご存じの通りスポンサー収入がメインになっています。

日本のプロスポーツは、オリンピックも含め、スポンサーモデルです。JリーグもBリーグもそうです。来場客のエンターテインメントとして成立しているのはプロ野球だけでしょう。日本とアメリカでは根本的なビジネスモデルが違うんですね。

その背景には、スタジアムの問題があると思います。アメリカでは基本的にスタジアムは行政が用意をする。VIP席やクラブシートなども含め、興行目的のスタジアムを行政が整備をして、そこにプロスポーツチームを誘致して地域の娯楽を展開します。

もちろん、税金を使って整備することにはアメリカでも批判はあります。最近もエンゼルスを誘致したアナハイムの前市長が、エンゼルスと土地の売却交渉をする際にキックバックを得たと言う疑惑が上がっていますが、行政とプロスポーツの癒着には厳しい目が向けられます。ほとんど、ただみたいな値段でアリーナを使わせるのは「税金泥棒だ」と言う声さえある。

でも、一方で、アメリカでは地域のプロスポーツチームは「行政の代替機能を果たすことができる」と言う根本的な概念があるんですね。つまり地域のコミュニティを醸成したり、治安を良くしたり、図書館や公園を作るのと同様の機能があると考えられている。

例えば私が取材したインディアナ州ゲーリー市は、全米で最も危険な都市のひとつに数えられる、荒廃した町です。そしてお金もない。それでも2002年にスタジアムを作って独立リーグのゲーリー・サウスショア・レイルキャッツを招聘して、市民に一つの娯楽を提供した。市長は、建設時の前市長が設定した賃貸料が安過ぎることについてボヤいてはいたものの、スタジアムが果たしてきた役割については認めていました。周辺の治安は改善し、地価は上がり、何よりも、市民が安心して集い、時間を過ごせる場は貴重だと言っていました。

日本の行政も、独立リーグなどプロスポーツチームを地域に作ることの意味をもっと認識してほしいと思います。

お客を呼ぶための努力をすべき

日本の独立リーグは観客動員ができていません。1試合当たり数百人しかお客が来ていません。「人が呼べない」のは大きな問題です。

ヒントはいくつかあって、例えばサバンナ・バナナズです。夏に大学生を集めてやるサマーリー

小林至氏

グはアメリカの地方都市の風物詩なのですが、バナナズのチケットは一瞬にしてソールドアウトになる。バントした瞬間にアウトとか、バッターが打席を外したらストライクとか、ファウルボールをスタンドのファンがキャッチすれば打者アウトとか、変わったルールを取り入れています。そもそも試合がイニングごとのマッチプレー方式という、野球ファンが喜びそうなことは何でもするわけです。

もちろん、日本の独立リーグがそのまま真似をすることはできないでしょうが、お客を呼ぶための努力をもっとすべきではないでしょうか。

労働市場においてポジションを確立した独立リーグ

労働市場においては、独立リーグは人材の供給源になっています。野球を継続したい、あわよくばプロに行きたいと言う選手の受け皿として、確固たるポジションを創り出しました。

そういった選手はかつて企業チームでプレーしました。雇用と言う安全弁も含めて社会人野球は日本独特の素晴らしいシステムではありましたが、経済環境の変化によって、そうもいかなくなった。その代わりにクラブチームが一時代、代替機能を果たしていました。

でも、クラブチームはやはり仕事しながら野球をすることになるし、専用グラウンドもない場合が多い。日本では硬式野球ができるグラウンドを確保するのは大変です。そういう部分を補完する存在として独立リーグが出てきたのだと思います。

独立リーグが誕生したのは２００５年、ちょうど球界再編と同じ時期でした。連動したわけではありませんが、社会人野球の変化などもあって必然性があったのではないでしょうか。

最近は「ＮＰＢに行きたいから、独立リーグに行く」と言う選手が増えているそうです。社会人は高卒なら３年、大卒でも２年経たないとドラフト指名されません。でも独立リーグなら１年目でも指名される。

これは日本野球界の硬直性を良く表しています。つまり高校野球をやめるともう終わり、大学野球もそうです。卒業後、社会人野球に行けなければ、野球をする道はない。クラブチームで野球をする道はあるけども、先ほど言ったように環境が厳しい。これまでは一度「失敗」の烙印を押されてしまうと、再チャレンジの機会がほとんどなかったんですね。そういう意味では独立リーグは労働市場の流動性を凄く高めましたね。

ただ、ＮＰＢへの移籍に関しては、もっとしっかりした取り決めができるのではと思います。例えばＭＬＢのフリーエージェントや、サッカーの移籍のように。今は独立リーグからＮＰＢにドラフト指名を受けて移籍する選手は、契約金、年俸の何パーセントかを独立リーグ球団に支払うことになっていますが、独立球団、選手と言う貧しい者同士がなけなしのお金を取りあうのではなくて、ＮＰＢ球団が育成に対して、正当な費用を支払う仕組みを作るべきでしょう。

独立リーグのマイナーリーグ化を

ＮＰＢには、独立リーグとの連携強化を推進してもらいたいですね。

プロ野球球団がない地域に、野球観戦の文化をつくったし、興行のノウハウもある。私が提唱しているのは、アメリカのマイナーリーグと全く同じ形です。つまり各球団は、提携先の独立リーグ球団に、監督・コーチと選手を送り込み、その人件費を負担する。また用具など野球関連の費用も負担する。独立リーグ球団は、球場使用料なども含めた興行経費を負担して、リーグ戦を戦う。そうすると、大方の独立リーグが、採算を取れるようになります。ＮＰＢ球団からしても、経費の削減になります。

私のホークス在任中、これを3軍でやってはどうかと実行委員会などＮＰＢの会議体で提案しました。いくつかの球団の反対で、残念ながら実現しませんでしたが、いまでもそうすべきだと思っています。

ソフトバンクが3軍を創設したのは、私が担当役員だったときです。王貞治会長のバックアップと、優秀な部下のおかげで実現しました。ちまたで報道されている通り、選手の育成に大きく寄与していますが、それも当然といえば当然のことです。ＭＬＢの球団は30球団すべて、最低でも5軍、さらにドミニカ共和国にアカデミーを保有しています。２０２1年の機構改革でマイナーリーグは大幅に削減されましたが、それでも各球団の配下の選手は１８０人もいます。余裕があるから囲い込んでいるというわけでなく、野球は、必要な人員が多く、かつ選手の成長予測が難しいため、多くの選手を保有するのが経営上、もっとも効率的だからそうしているのです。出来るのであれば、やったほうがいいに決まっているのです。

実際、日本においても、二軍は、一軍の調整機能がかなりの部分を占めますから、計画的な育成をする場所としては十分ではないのです。外国人やドラフトでの〝当たり〟に賭けるのではなく、計画的な、つまり不確定要素を出来る限り減じたチーム強化をするのであれば、アマチュア野球が盛んな日本であっても、最低でも3軍は必要です。

独立リーグは、野球人口が細り、プレーする環境も厳しくなっているなか、上を目指して頑張る人達が切磋琢磨する場として、重要な役割を果たしています。

2023年からソフトバンクが4軍を創設しました。他球団に先駆けた取組には、大いに拍手を送りたいですが、野球界全体の発展のためには、NPB全体として独立リーグをマイナーリーグ化して、ファーム組織を充実させて欲しいですね。

4-7　根鈴雄次・独立リーグからNPBにすぐに移籍できる道筋を

根鈴雄次氏は法政大学を卒業後、単身アメリカにわたりMLB球団とマイナー契約、競争を勝ち抜いてMLBのすぐ下のAAAまで昇格した。NPBを経ずにAAAまで進んで活躍した選手は根鈴氏だけだ。その後、アメリカ、日本の独立リーグでプレーし、今は横浜市で野球道場を開いている。日本の「フライボール革命」の担い手として、オリックスの杉本裕太郎など強打者が教えを乞うている。日米の独立リーグを知る根鈴氏の提言だ。

「春は独立リーグ、秋は日本シリーズ」が可能にならないと

僕が現役だったころと違い、独立リーグからNPBに行くのは普通になってきました。これはいいことだと思います。

試合数をたくさんこなして、ガチンコの競争で揉まれてやっている選手の方が、高校野球や大学野球の選手よりも成長すると思います。とにかく試合数が違います。高校はトーナメントだし、大学のリーグ戦なんて春秋で、10試合ずつしかないですし。

独立リーグは、もともとはあまり優秀ではない選手しか来ませんでしたが、最近はポテンシャルが高い選手が、独立リーグに行く方が野球うまくなるって気が付き始めたんですね。みんながそうなったら、甲子園ではないルートができるかもしれない。

ただ、日本の独立リーグがアメリカと決定的に違うのは、選手の移籍です。アメリカの独立リーグの場合、春は独立リーグで投げていた投手が、秋にはワールドシリーズで投げることが可能なんですね。移籍するだけですから。

それこそフリオ・フランコなんてロッテをやめてメキシカンリーグに移籍して、そこから独立リ

ーグに行ってまたワールドシリーズに出たりしている。力があれば、どこにだって移籍ができる。野球は実力の世界のはずですから、そうでなければいけない。独立リーグはプロ野球のはずですから、ドラフトではないと思います。2022年7月末まで育成契約だったオリックスの宇田川優希選手が、この年の日本シリーズで投げたのはジャパニーズドリームだとは思いますが、いい選手はどんどん上のステージに引き上げる制度を作らないと。

多くのルートがあるアメリカ野球

僕は法政大学を卒業してからモントリオール・エキスポズとマイナー契約をし、Aからスタートして、1シーズンでMLBのすぐ下のAAAまで昇格した。もう少しでメジャー昇格だったけど翌年春に解雇されて、アメリカ独立リーグのフロンティアリーグのエバンズビル・アターズとノーザンリーグのセントポール・セインツでプレーした。

もしそこで調子が良ければ、出戻りでAAくらいに移籍することも可能でした。MLBのドラフトにかからなくて、大学から独立リーグに行ったとしても、そこでいい成績を上げてメジャーの組織に入るなんてケースも普通にありました。アメリカではドラフト以外で入るルートがいっぱいあるんですね。

日本も昔はドラフト外入団とか、練習生とかいろんな制度があったけど、今はドラフトだけになってしまった。

それに、日本では2軍の選手にも年俸を払っています。アメリカのマイナーリーグでは、シーズン中の数か月しか報酬を払っていません。いわば日雇いです。彼らはそこから這い上がっていくわけです。

日本だって、年俸契約の選手を4割くらいにして、あとは日割り計算にすれば、ずいぶんコストダウンになるんじゃないかなあ。それに選手もハングリーになって育つと思うけど。

根鈴雄次氏

完成された「プロ」が求められる米独立リーグ

アメリカのマイナーリーグは、ルーキー、A^-、A^+くらいまでの選手と、その上のAAの選手では月とすっぽんくらいの差がありました。

ルーキーやAクラスの選手は、日本のプロ野球と比べると野球になっていないと言うか、これから野球を覚えていくレベルです。その点、日本だと野球のやり方を高校野球で全部覚えてしまう。すでに高校生から小さい五角形が成り立っていると言うか、走攻守みたいなものを一通り身に着けている。でもアメリカのAクラスの選手は、1個だけメジャー級であとは中学生みたいな感じですね。

そこからトライアンドエラーをいっぱいしながら這い上がっていく感じです。

ただし、アメリカの独立リーグは違います。育てるイメージはありません。独立リーグはチームが勝ってお客さんが入らないとやっていけませんから、今から勉強するような選手は必要ないんですね。ルーキーやA未満でクビになった選手は独立リーグでは生きていけない。せめてAAとかAAAまで行かないと難しい。だから独立リーグの主力級には当然メジャー経験者やAAAの選手が揃います。メキシカンリーグの経験者もいる。巨人を退団した陽岱鋼も今年はアメリカン・アソシエーションのレイクカントリー・ドックハウンズでプレーしましたが、レベルは低くないんです。アメリカの独立リーグでは、ロースタールールがあって、最低でもルーキーを10人くらい登録しなければならなかった。そうしないとベテラン選手ばかりになってしまいますから。

僕はAAAから独立リーグに行きましたから、報酬は月3000ドルとか4000ドルで、AAA当時とほぼ同じでした。でもミールマネーも別にくれますし、ホテルも球団が取ってくれますから、お小遣いみたいなもので、余り使わなかったですね。

NPBは独立リーグとの連携を

NPBでは、今、ファームだけの球団を2つ作って2024年からイースタン、ウェスタンに参加させると言っていますが、いい方向に行くのかな？　今の独立リーグ球団はずっとNPBとの連携を訴えてきたのに、どうなのかな？　と思います。

徳島インディゴソックスなんかソフトバンク3軍との交流戦で勝ち越したりしています。実力的には十分なんですから、独立リーグとの連携を考えるべきではないでしょうか。

とにかく、春先に独立リーグでプレーした選手が秋には日本シリーズに出場しているような、仕組みにしていかないと日本の野球は強くなりません。

そのためには、独立リーグの選手をドラフトでとると言う仕組みを変えるべきだと思いますね。

4-8　荒木重雄・スタジアムをいっぱいにするコンテンツ

元千葉ロッテマリーンズ執行役員・事業本部長
株式会社スポーツマーケティングラボラトリー　代表取締役
株式会社スポカレ　代表取締役
一般社団法人スポーツビジネスアカデミー（SBA）　代表理事

荒木重雄氏は千葉ロッテマリーンズの事業本部長として手腕を振るい、マリーンズを人気球団に育て上げた。またPLM（パシフィックリーグマーケティング株式会社）や、侍ジャパンの運営会社である株式会社NPBエンタープライズなど、球団の枠を超えた野球界の発展に尽力した。スポーツビジネスの専門家として独立リーグについて聞いた。

「指定管理者」として事業権を行使すること

私は2005年から2009年半ばまで千葉ロッテマリーンズで執行役員・事業本部長として球団の経営改革に取り組みました。

球団改革の前提は「球場と球団の一体経営」です。当時、NPB球団が球場を直接保有するケースはほとんどなく球場を試合で使用するたびに使用料を支払っていました。しかし球場内での物販収入や球場の看板などの広告収入は球団には入らず、「球場」は、大きなコストがかかり球団経営を圧迫していました。

千葉ロッテは日本のプロスポーツとしては初めて、千葉マリンスタジアムの「指定管理者」になりました。

これまで公的施設の管理運営は、地方自治法244条の2の規定によって公的機関や第3セクターしか担うことができませんでしたが、小泉純一郎政権の「骨太の改革」によって民間参入が認められるようになりました。この改革を利用して千葉ロッテは、千葉マリンスタジアムの「指定管理者」になりました。Jリーグの鹿島アントラーズと共に日本では初めてのケースでした。

以後、スポーツ団体が指定管理者となるケースは数多く見受けられるようになりましたが、行政から管理予算を任されてその範囲で施設運営をしているケースが多いように感じます。しかしそれではスポーツ団体に利潤は残りませんし、施設の自由な運用もできません。

同じ「指定管理者」になるのでも、球場内における事業権を認めてもらって好きなようにビジネスを展開することができなければ、メリットがありません。

指定管理者がリスクをとり、事業権を獲得することで、行政は管理予算を節約することや、新たな収益を獲得することも可能になります。運営側は自主事業によって利潤を追求できます。そして住民もスポーツの新しい楽しみ方を享受することができます。

ただし、自主事業をやって利益を出すためにはビジネスの手腕も熱量も必要になります。ビジネス感覚がなければ「指定管理者」になっても成功することは難しいでしょう。

荒木重雄氏(株式会社スポーツマーケティングラボラトリー提供)

「きっかけコンテンツ」と「感動コンテンツ」

「指定管理者」として自主事業をするうえでの一丁目一番地が「集客」です。集客があるから、モノ(グッズ、飲食)が売れる、スポンサーがつく、放送・配信がされる、メディアに出る、人気が出る、のスパイラルが起こります。スタジアムがにぎわっていれば、勝手に口コミで評判が広がります。賑わっていることが最大のプロモーションです。

しかしお客を集めるために「タダ券」を配るのは最悪です。多くの人はタダ券をもらっても大切な時間をつぶしてまで野球場に行くことはありません。タダ券を利用するのはもともと「野球観戦に行く」つもりだったお客です。本来の入場料収入が得られなくなって、タダのお客が増えるだけです。

集客の基本は「もう一人、もう一回」です。一人で球場に来ていた人に「もう一人」連れてきてもらうこと、そして「もう一回」来てもらうための集客策、コンテンツが必要です。

私はそのためには「きっかけコンテンツ」と「感動コンテンツ」が必要だと考えています。

「きっかけコンテンツ」は、行ったことがない人でも誘いやすいコンテンツです。私が千葉ロッテに入団する前の出来事ですが、こんな話を聞いたことがあります。千葉マリンスタジアムで行われたある試合の前にXジャパンのメンバーの始球式を行いました。その時はネット裏に真っ黒になるほどファンが集まったものの始球式が終わると試合を観ずに帰ってしまった。

私が入団してからも同様にイベントは矢継ぎ早に仕掛けました。例として日本ハム戦に合わせて「北海道物産展」をやり、多くのお客を呼ぶことができました。このように「きっかけコンテンツ」は、メディアやSNSを通じて「行ってみたい」と思っていただける話題性があって、ファンの方が家族や友達、知り合いを「誘いたくなる」「誘いやすい」コンテンツを用意することが大事です。野球との関連性は全く必要ありません。むしろ野球と無関係の方がよいと思います。

ただし「芸能人」や「北海道物産展」に惹きつけられてきた人は、それが終われば帰ってしまいます。引き留めるためには毎回その芸能人を呼んだり、物産展をしなければならないことになりますが、それは不可能です。そこで必要なのが「感動コンテンツ」です。「『北海道物産展』に惹かれて来たはずなのに、スタジアムに来てみたら面白いじゃん」と思ってもらえるような次のコンテンツが必要です。

最も大事なことは、来場者に、持って帰っていただく絶対的に自信のあるコンテンツを用意することです。

千葉ロッテの場合、それは「応援」でした。千葉ロッテマリーンズの応援は、今もユニークで話題になりますが、お客が一緒に応援したい、応援して感動したいと思ってもらうことで、球団に愛着を持ってもらえ、選手も覚えてもらえます。「応援」を「感動コンテンツ」にすることで、主力選手が移籍したり引退しても、ファンは引き続き球場に来てくれます。

独立リーグの「集客」を考えるうえでも「きっかけコンテンツ」と「感動コンテンツ」を切り分けて考え、計画することが大事だと思います。

アメリカの独立リーグも何度か視察にいったこともありますが、そこで観た光景は「With Baseball」でした。野球はメインコンテンツじゃなくて、遊びに行く、食事をしに行く、アトラクションを観に行くがメイン。その会場で野球をやっている。そこに通ううちに選手を覚えて球団に愛着を持ち、ファンになっていく。個々の選手に依存せずチームのファンになって、球団の一員になってもらう。これを目指すべきでしょう。

ポイントは「行政」といかに連携するか?

夢物語のようですが、私は独立リーグ球団が、47都道府県に一つずつあっても良いと思っています。

そのためには今も言った「球場と球団の一体経営」が前提になります。球団側の努力も大事ですが、それ以上に行政・自治体との連携が重要です。独立リーグ球団が公営球場の「指定管理者」になって、事業権を取得して事業を展開するためには行政の支援が必要です。

独立リーグに必要なのは「自治体が税金を使える意味、意義を持たせる事業設計」だと思います。最近は、企業版ふるさと納税や、ガバメントクラウドファンディング(個人版ふるさと納税=自治体が行うクラウドファンディング)などなどいろんな方法が出てきています。地域、自治体が「独立リーグ球団をもちたい」と思える仕掛けづくりがすべてではないでしょうか。

独立リーグ球団は「独立リーグを応援してほしい」「がんばります」と行政に言いに行くのではなく「自治体として、独立リーグ球団に施設を任せるメリット=地域住民にとってのメリット」を明示する必要があります。

現代は、地域の時代、プロセスエコノミーの時代、コミュニティの時代です。それらを包含したグランドデザインがあれば可能性は大いにあると考えます。

自分たちのためではなく地域のために

Ｊリーグは野球よりも行政とのつながりを強めています。それができるのは「Ｊリーグ１００年構想」で「あなたの町に、緑の芝生におおわれた広場やスポーツ施設をつくること」と言う目標を掲げていることが大きいでしょう。そして「サッカーに限らず、あなたがやりたい競技を楽しめるスポーツクラブをつくること」として、サッカーだけではなく「地域のために」を優先していることが重要です。

独立リーグ球団が行政に支援を依頼するときにはどうしても「下心」が見え隠れしてしまいます。「本当は、お前たちのファンを増やしたいから、お金を増やしたいから、支援を欲しがっているのだろう」と、それでは大きな支援は期待できません。「ＮＰＢに選手を輩出したいから」といっても「それでは税金は使えません」と言われかねません。

「Ｊリーグ１００年構想」は、行政によるスポーツ支援の「本質」を突いています。自分たちのためではなく地域のために税金を使うのが前提です。

リーグ、チーム、自治体の三位一体で地域をよくしていこうという協業体制、共創企画が描けるかが成功のカギのように感じます。

4-9　石毛宏典・独立リーグの創設、志半ばとはなったが

元西武ライオンズ、ダイエーホークス選手
元オリックス・バファローズ監督
元株式会社ＩＢＬＪ代表取締役

石毛宏典氏は黄金期の西武ライオンズのチームリーダーとして活躍。ダイエーを経て引退後は指導者となるが、福岡ダイエーホークス二軍監督を辞任し、解説者になったころから、独立リーグ構想を抱くようになった。石毛氏の構想が四国アイランドリーグ、そして日本の独立リーグの創設へとつながっていく。石毛氏の胸中にあった構想と、現実について聞いた。

独立リーグの構想を抱くまで

私は引退直後にダイエーホークスからのコーチ留学としてロサンゼルス・ドジャースに派遣されて1年間、メジャーからマイナーまでアメリカのプロ野球をじっくり視察しました。コーチ留学の終了時にはピーター・オマリー社長から「ドジャースのコーチにならないか」と誘われましたが断って帰国し、ダイエーホークスの二軍監督を1年務めました。

そして1999年から3年間、スポーツニッポンとNHKの解説者になりましたが、2000年にもう一度アメリカに行きマイナーリーグと独立リーグを中心に見てきました。アメリカの独立リーグには日本の若者がたくさん来ていました。彼らを日本で受け止めるものがあればいいと思い、そのころから日本版独立リーグの構想を温めていました。

日本に独立リーグを創るならどこでスタートしようかと考えました。コンサドーレ札幌を立ち上げた札幌JCの人に会って話を聞きましたが、やはり北海道は遠すぎる。東北6県は東北自動車道があるから動線はいいなと思いました。そこで選手の給料いくらだ、監督コーチは？　と具体的な試算をしていたんですが、その矢先に2001年9月11日、ニューヨークで同時多発テロが起こりました。

これから先何が起こるかわからないな、と感じていたときにオリックス・バファローズの球団社長から監督就任の話がありました。当時のオリックスは、イチローが抜けてアリアスや田口壮もいなくなって、エース格の加藤伸一も移籍して、戦力は大幅に低下していました。でも、9・11同時多発テロがあって、この先何があるかわからないから、まず以前からやりたいと思っていたNPBの監督をやろうと思って要請を受けました。

チームを3年計画で立て直す契約だったのですが、成績不振を理由に2年目の2003年4月に解任されました。

オリックス監督としての報酬を元手に独立リーグを創設

3年契約にもかかわらず1年4カ月で解任されたから、1年8カ月分の給料が手元に残りました。これを原資にして独立リーグの会社を設立しようと2003年の後半くらいから動き出しました。翌年に日本プロ野球界は「球界再編」が起こりました。プロ野球も2リーグ12球団から1リーグ10球団になると言っている。社会人野球も縮小して、野球をやりたい人があぶれている。スポーツが衰退するとモラルハザード的な社会になるのではないか。準備期間はタイトだけれど、今やるべきだと構想を立ち上げました。当初考えていた東北6県はやはり移動距離も長いし、いきなり6チームは難しいかと思って昔から野球が盛んな四国4県4チームで行こうと思いました。

球団の収益モデルは、年間90試合(うちホーム45試合)を行い、監督、コーチには5～600万円、選手には月20万円程度の給料を支払うことを想定しました。1球団あたりの年間のコストは1億～1・5億円。リーグ全体の運営コストは6億円、入場者は平均800人、スポンサー収入は全体で2・4億円程度、それに加えて球団グッズの販売で収支均衡を図る計画をたてました。

プロ野球1軍の年俸が最低1600万円、2軍の選手で440万円、そこにいくまでの3軍的な扱いだとすると年間240万円は高いのか、月12万から15万くらいか、みたいな議論をしました。最終的にコーチが600万円、監督が1000万円前後かな、チーム運営費全部でこれくらいかな、みたいな試算をして、1球団あたりの運営費が1億1000万円くらいになりました。

4球団を各県で設立して事業を開始するのは時間的に難しいと思い、4球団を統括する株式会社

ＩＢＬＪを２００４年４月に設立し、ここに４県の球団をぶら下げることとしました。四国は４県のいずれも野球どころという自負があるから、対抗意識を持って競ってくれるだろうと期待しました。そして、事業が軌道に乗ればゆくゆくは分社化することも考えていました。

そして私の人脈の中で、四国選出の政治家に相談をしました。政治家の方は「四国を一つにしようということだから」と四国経済連合会にお引き合わせくださいました。また４県の知事や市長にも会いに行って自治体も応援する体制ができました。

２００４年８月以降、スポンサーとして四国コカ・コーラボトリングや太陽石油、四国明治乳業等が協賛してくれました。

石毛宏典氏

２００４年12月から４球団の合同セレクションを香川、東京、大阪、北海道、福岡で開催し、広岡達朗さんや藤田元司さんなどいろんなプロ野球ＯＢの方に審査員として見ていただき、頑張れ、応援するぞとも言っていただきました。そんな中で２０００人超の応募者から４球団１００人の選手を選びました。彼らを４球団に25人ずつ振り分けるために、開幕直前の２００５年３月に合同合宿をしました、ＮＰＢ出身者である４球団の監督、コーチが合宿に参加し、合宿終了後にドラフト指名を行って戦力均衡となるように選手をより分けていきました。実質的な準備期間が１年間とバタバタだったけれども、こうして四国アイランドリーグの設立にこぎつけたわけです。

開幕早々に経営危機に見舞われる

でも、四国アイランドリーグは開幕早々、資金ショートの危機に見舞われることになりました。開幕すれば入金されるはずのスポンサー料が一部入金されなかったのです。

この誤算が大きかった。口約束ではなくてちゃんと契約をしたはずだったのですが、協賛金の振り込みではなく製品の現物支給の様な形で支援することを認める内容になっており、その契約書の内容確認を経営陣がしっかり行っていなかったことが原因でした。契約締結で数千万円の協賛金が入ると思っていたのに、全然お金が入っていませんでした。

私の理念に共感して動いてくれた人が、スポンサー獲得のプレッシャーに負けて「協賛金がとれました」と事実と異なる報告をあげていたのです。その辺は猛反省です。結局、私がオリックスから持ってきた活動資金は、赤字の補塡のためにあっという間になくなりました。

運営体制の見直しへ

石毛氏は事業立て直しのために新たな出資先を探した。ここにホワイトナイトとして現れたのが、徳島球団のスポンサー企業の代表だった鍵山誠氏（のち株式会社ＩＢＬＪ社長、一般社団法人日本独立リーグ野球機構＝ＩＰＢＬ代表）だった。鍵山氏は石毛氏以外の経営陣を解任し、体制を立て直した。

役員構成がかわると私の意見が通らなくなりました。そして社長退任へとつながっていきます。

私はリーグ設立に際しては、NPBに仁義を通したつもりです。私は本来なら独立リーグの選手は「移籍」によってNPB球団に行くものだと思っていましたが、NPBはどのようなレベルのリーグになるかわからない独立リーグを自分たちと同じプロ野球とは認めませんでした。その結果、独立リーグ出身の選手がNPBに入る場合は、アマチュア選手と同様にドラフト指名されることになりました。

一応プロリーグとしてスタートしているわけですから、プロとプロで「移籍」じゃないのかと言いに行きましたが、通りませんでした。それが心残りでした。

BCリーグ、関西独立リーグ(初代)にも助言を与える

石毛氏は株式会社IBLJの社長を2007年3月に退任。四国アイランドリーグのコミッショナー専任となったが、これもこの年の末には退いた。

並行して二つ目の独立リーグであるベースボールチャレンジングリーグ(BCリーグ)が設立された。このリーグの創設者である村山哲二氏は駒澤大学出身であり、石毛氏はアドバイザーとしてリーグ創設を支援した。さらに、2009年の関西独立リーグ(初代)の設立にあたっても、石毛氏は

アドバイザーとして参画した。

ＢＣリーグは四国のように全部同じ会社で運営するのではなく、県別に球団を設立し、各球団が独立採算で運営することになりました。また、四国は大口スポンサーを募っていましたが、ＢＣリーグではＪＣ（日本青年会議所）の仲間が連携し、小口の出資者やスポンサーを集めました。大口スポンサーが1社こけたら全部だめになるのではなくて、たくさん支援者を集めましょうと言うアドバイスをしました。

また、関西独立リーグの設立の際にもアドバイスはしましたが、リーグを立ち上げるときには一緒に動くけど、経営には絶対に参画しないからな、もう金は出せないから、と言いました。

その後、関西独立リーグは経営破綻しましたが、やはり大口のスポンサー頼りとなっていて経営陣がしっかりしていなかったんじゃないかなと思いました。

「スポーツの夢」を追い続ける

その後も一部球団にアドバイスをすることはありましたが、独立リーグの経営には関わっていません。

２０１５年に当時の安倍晋三総理が「地方創生プロジェクト」の中で「16球団構想」を打ち出した。僕はいい話だなと思いました。政令指定都市に16球団を置いて、50万都市に二軍を16置いて、

3軍を30万都市に32置いて、15万都市に四軍を32置くと、日本国内に96のプロ球団ができる。野球だけじゃなくサッカー、バスケットボールと3つのプロスポーツがマイナー組織を各都市に置き、これを統合して総合型地域スポーツクラブにすることで、地方にスポーツ、若者の流れができて経済効果も生んでくれる。経済の流れもできる。地方創生はここからできるんじゃないかと思いました。

今、私はプロ野球OBクラブと言う歴史のある組織で野球界の発展に取り組んでいます。よく、野球少年をいかに増やしていくか、と言われますが、「ちょっと待ってくれ、俺たちはプロ野球OBだけど、これから野球振興だけのいいのか」と言っています。そうじゃなくて、スポーツ全体の振興を目指して、他のスポーツ団体ともタッグを組んで大きな塊で推進しなければだめなんじゃないかと思っています。

66歳になりましたが、私はこれからも「スポーツの夢」を追い続けるつもりです。

寄稿

『ビッグバンの波は、いまも――』

スポーツライター　高田博史

1969年生まれ、徳島県出身。プロ野球独立リーグ、高校野球、ソフトボールなどを取材しながら専門誌、スポーツ紙などに原稿を寄稿している。四国アイランドリーグplusは2005年の開幕年より現場にて取材。「現場取材がすべて」をモットーに四国内を駆け回っている。

2005年に四国アイランドリーグplusが誕生してから、18年という歳月が流れた。この18年間のうちに「何が最も変わったか？」と尋ねられれば、それはやはり「あのころには考えもしなかった、多くのことが現実となった」というべきだろう。

2004年まで『プロ野球独立リーグ』と聞かれても、それが一体どんな組織なのか。どんな活動をするのか。明確に答えられる方は、そう多くはいなかったと思う。筆者も04年の秋、初めて

『四国に独立リーグが設立される』との報道を目にしたとき、「独立リーグ？　何それ？」と思ったことをよく覚えている。

四国リーグがパイオニアとなって走り続けた18年間のうちに、『プロ野球独立リーグ』というカテゴリーは、球界や世間において、はっきりと認知されるようになった。これは何と言っても、NPBで活躍する角中勝也（ロッテ）、又吉克樹（ソフトバンク）、増田大輝（巨人）らOBたちの影響が大きい。

「お前たちはNPBになんて行けないんだよ」

幸いなことに、創設された05年から四国リーグを現場で取材するチャンスをいただいてきた。何もなかった荒野のような1年目からスタートし、これまでドラフト会議で延べ63人（育成枠を含む）が指名を受けている。NPBへの復帰をかなえた元プロ選手が4人。海外から挑戦し、NPBの舞台へと進んでいった外国人選手は6人を数える。

創設されたころ、誰も積極的に口に出すことこそしないが、「本当にドラフトで指名なんてされるのか？」という意見が圧倒的だった。そんなネガティブな空気に覆われていたのは、リーグを傍観していたマスコミだけではない。

初年度の優勝球団、高知ファイティングドッグスの初代監督、藤代和明氏（元巨人ほか）は、普段の練習から選手たちに猛練習を課していた。高知は四国でも、とりわけ夏の日差しがきつい。そのうえ、初年度は現在よりも試合数が多く、1シーズン90試合の通年制で行われていた。選手たちにとって、それはキツい日々であったはずだ。

藤城監督が猛練習を課していたことには訳がある。

「これだけやっても、お前たちはNPBになんて行けないんだよ……そういうことです」

06年、クローザーとして毎試合のようにマウンドに送り出される上里田光正を評して、藤城監督はこうも話していた。

「壊れたら、そこで終わり。プロに行くレベルじゃなかったということ。ここは壊れるか、それとも上へ行くか。そういう場所だから」

05年に中谷翼（愛媛）が広島から（育成1巡目）。西山道隆（愛媛）がソフトバンクから（育成2巡目）指名を受け、2人の育成選手が生まれた。翌06年には初めてのドラフト指名選手が誕生する。深沢和帆（香川）が5巡目で巨人へ。角中勝也（高知）が7巡目でロッテへ。伊藤秀範（香川）が育成1巡目でヤクルトへと、前年を上回る3人がNPBへの切符を勝ち取った。

この辺りから、NPBは『いくら頑張っても手の届かない場所』から「そこに続く道は確かにある」と実感され始めたように思う。その後、「四国リーグからドラフト指名選手は生まれるのか？」から、現在の「果たして、今年は何人が指名を受けるのか？」まで変わっていったことも、創設された当初にはとても想像できなかったことだ。

NPBとの信頼感

これまで経験してきた17回のドラフト会議において、一度も途切れることなく選手をNPBに輩出し続けている。だが、そこに至るには、四国リーグに対するNPB側の評価が変化したことも大きいのではないか。

かつては、たとえ四国リーグで3割を打っても、投手が15勝を挙げても、スカウトにしてみれば「それはアイランドリーグだからでしょ？」と考える偏見があった。

それを覆したのは、ひとえにリーグ関係者の多大なる努力だろう。NPBと何度も交渉を続けながら関係性を深め、選手たちの実力を評価してもらうための場所を構築してきた。

2年目の06年からNPB2軍との交流戦が始まり、現在も続くソフトバンク3軍との定期交流戦へとつながっていく。07年からは選抜チームが『みやざきフェニックス・リーグ』(プロ野球秋季教育リーグ)に参戦した。08年からコロナ禍で中止される前年の19年まで行われていた、夏の首都圏遠征も貴重なアピールの場として機能した。フューチャーズ(イースタン・リーグ選抜チーム)やNPB2軍らを、ときには圧倒する力を見せつけている。

NPB2軍との交流戦は、選手たちが自身の実力差を計る〝ものさし〟となるだけでなく、お互いにとって得られるものが多くある。また、NPBの球団と対戦する試合は、興行的な意味合いも大きい。今年、コロナ禍を乗り越えて、3年ぶりにフェニックス・リーグへの参戦が復活したことは、非常に喜ばしいことだ。

リーグの努力と野球に対する真摯な姿勢によってＮＰＢからの信頼が高まると、四国リーグ公式戦での個人成績が、一定の評価を受け始めるようになった。学生野球、社会人野球とは一線を画した試合数の多さが認められるようになり、現在のようにシーズンを通じてスカウトが足を運んでくれる場所として、成長することができた。ただし、そこで求められるレベルは、依然として高い。

広がりはいまも続く——

もう1つ、大きく変わったなと感じることがある。いまでも思い出すのは05年、スタジアムに足を運んでいた観客に話を伺ったときのことだ。ある男性が感慨深げに話してくれた。

「こうして目の前で野球が見られることがうれしいんです。僕らは野球なんて、テレビで見るもんやと思っていたから。仕事帰りに球場に来たら、野球が見られる。それがうれしいんです」

本当に何もないところから始まり、度重なる経営不安や、大災害の余波、コロナ禍などを乗り越えながら、ここまで続いて来た。新球団の設立、参入だけでなく、脱退、消滅も経験してきた。最初に四国に生まれた4球団は、いまもリーグ戦を戦い、ＮＰＢに選手を輩出する挑戦を続けている。それらはほんの17年前まで、影も形もなかったものだ。

小学生だった当時、球団のイベントに参加していた少年が、やがてアイランドリーガーとなり、地元球団でプレーした例も少なくない。ＮＰＢを目指したいと、高校卒業と同時に四国リーグに挑戦する十代の選手も確実に増えている。

05年、創設時の選手100人のうちの1人だった近藤智勝（香川）は引退後、下部組織のコーチ、香川のコーチを経て、いまでは監督として香川を率いている。

徳島で主将を務めた松嶋亮太は引退後、故郷・島根で教職の道へ進み、今年の夏、浜田高校硬式野球部部長として甲子園で勝利を収めた。女子硬式野球チームの監督としてチームを率いる篠原慎平（元愛媛、香川）、故郷の久留米市で少年野球の指導にあたる流大輔（元高知、愛媛）ら、指導者となったOBの数も増えた。

そして野球だけにとどまらず、ジムを経営しながらトレーナーとして指導にあたる酒井亮（元徳島）らの姿もある。さらに選手だけでなく審判員、ウグイス嬢、スタジアムDJ、カメラマン、ライターなど、ここで経験を積み、プロフェッショナルとして羽ばたいていった関係者、スタッフが何人もいる。

四国リーグに触れたことで「人生の何かが変わった」という方は、ファンのなかにも多いのではないだろうか。05年に起こった四国リーグという『ビッグバン』の波は、いまも広がりながら、多くの人たちに影響を与え続けている。

ジャパンウィンターリーグ

2022年12月24日、沖縄県を舞台としてジャパンウィンターリーグが開幕した。

これは高校生、大学生、社会人、クラブチーム、独立リーグなどの選手を対象として1か月間リーグ戦を戦い「次のステージを目指す」トライアウトリーグだ。

アメリカではこの種のリーグはいくつも行われているが、日本では本格的なトライアウトリーグは初めてだ。

選手はリゾートホテルに宿泊し、4チームに分かれて試合を行う。試合の模様は、Youtubeでオンタイム配信される。またラプソードなど先進の機器を使って選手のパーソナルデータも同時に配信される。

NPBや独立リーグ、CPBL（台湾プロ野球）、社会人などのスカウト、関係者が現地に集まったが、同時にデータ付きの動画を配信することでリモートスカウティングも可能となる。

選手は参加費として15万円～36万円を支払う。安い出費ではないが、自分の力を存分にアピールできる機会となる。NPBや独立リーグを目指す選手もいるが、この機会に「野球をやり切って」新しい仕事に就く選手もいる。独立リーグにとって選手スカウティングの新しいチャネルができたと言えよう。

またこの大会の運営は、極めて優秀で、収益も上がった。主催者は31歳の慶應義塾大学野球部出身の鷲崎一誠氏。独立リーグ経営者にとってはビジネスモデルの構築、マネジメントも大いに参考になるのではないか。

アンバサダーの斉藤和巳氏（右）、GMの大野倫氏

試合風景

第五章　独立リーグ球団の戦績、変遷

2005年の四国アイランドリーグ創設以来、独立リーグ球団は消滅したものも含め、40に上る。その戦績、変遷をコンパクトに紹介する。人名は敬称略

２０２２年四国ILで総合優勝し、胴上げされる高知主将のサンフォ・ラシィナ

5－1　四国アイランドリーグ Plus

■開始　2005 年

■ＩＰＢＬ加盟　2014 年

■リーグ創設者　石毛宏典

■リーグ運営法人　株式会社ＩＢＬＪ

■リーグトップの変遷

石毛宏典（2005 年）→鍵山誠（2005 年）→中村俊洋（2017 年）→坂口裕昭（2018 年）→馬郡健（2019 年）

■リーグ名の変遷

四国アイランドリーグ（2005 年）→四国・九州アイランドリーグ（2007 年）→四国アイランドリーグ plus（2011 年）

■球団数

4（2005 年）→ 6（2008 年）→ 5（2010 年）→ 4（2012 年）

● 年度優勝　◉ グランドチャンピオンシップ優勝

	2005	2006	2007	2008	2009	2010	2011	2012	2013	2014	2015	2016	2017	2018	2019	2020	2021	2022
高知	●	○	○	○	◉	○	○	○	○	○	○	○	○	○	○	○	○	●
徳島	○	○	○	○	○	○	●	○	●	◉	○	○	◉	○	◉	●	○	○
香川	○	●	◉	◉	○	◉	○	●	○	○	○	○	○	●	○	○	●	○
愛媛	○	○	○	○	○	○	○	○	○	○	◉	●	○	○	○	○	○	○
長崎				○	○	○												
福岡				○	○													
三重							○											

2014 年、四国アイランドリーグ Plus10 周年記念式典に出席した又吉克樹（現ソフトバンク）

□高知ファイティングドッグス・2005年リーグ参加

・運営法人　高知ファイティングドッグス株式会社(2006年)→株式会社高知犬(2019年)

・球団トップ　武政重和

・本拠地球場　高知市野球場(高知県高知市)

・戦績　前後期優勝5回、リーグ優勝2回　独立リーグGC優勝1回(2009年)

GC優勝　リーグ優勝

年度	期	監督	順位	試合	勝利	敗戦	引分	勝率
2005	全	藤城和明	1	90	46	31	13	0.597
2006	前	藤城和明	1	45	27	13	5	0.675
	後	藤城和明	2	44	24	17	3	0.585
2007	前	藤城和明	3	45	19	22	4	0.463
	後	藤城和明	3	45	21	19	5	0.525
2008	前	定岡智秋	2	40	22	16	2	0.579
	後	定岡智秋	2	40	22	15	3	0.595
2009	前	定岡智秋	5	40	17	21	2	0.447
	後	定岡智秋	1	40	22	12	6	0.647
2010	前	定岡智秋	2	38	22	9	7	0.710
	後	定岡智秋	4	38	16	19	3	0.457
2011	前	定岡智秋	4	32	12	16	4	0.429
	後	定岡智秋	4	32	11	19	2	0.367
2012	前	定岡智秋	4	40	9	26	5	0.257
	後	定岡智秋	4	40	7	27	6	0.206
2013	前	定岡智秋	4	40	14	23	3	0.378
	後	定岡智秋	4	40	9	26	5	0.257
2014	前	弘田澄男	3	40	13	23	4	0.361
	後	弘田澄男	3	40	12	21	7	0.364
2015	前	弘田澄男	4	34	12	17	5	0.414
	後	弘田澄男	4	34	13	21	0	0.382
2016	前	駒田徳広	4	31	10	17	4	0.370
	後	駒田徳広	3	34	15	13	6	0.536
2017	前	駒田徳広	2	34	17	13	4	0.567
	後	駒田徳広	3	31	12	13	6	0.480
2018	前	駒田徳広	2	36	17	14	5	0.548
	後	駒田徳広	3	30	9	15	6	0.375
2019	前	駒田徳広	2	34	16	15	3	0.516
	後	駒田徳広	4	36	12	19	5	0.387
2020	全	吉田豊彦	2	76	35	34	7	0.507
2021	前	吉田豊彦	2	34	19	12	3	0.613
	後	吉田豊彦	1	34	22	8	4	0.733
2022	前	吉田豊彦	1	34	17	13	4	0.567
	後	吉田豊彦	4	34	13	18	3	0.419
			2.85	1355	584	617	154	0.486

・高知ドラフトでのＮＰＢへの選手輩出　2022年まで８人

現役

年度	高知	年齢	指名球団	指名順位	Po	打撃成績 試	打	安	本	点	盗	率	投手成績 登	勝	敗	SV	HD	回	率
2006	角中勝也	19	ロッテ	7	外	1307	4350	1220	57	500	65	0.280							
2007	小山田貴雄	23	ヤクルト	育1	捕														
2007	宮本裕司	23	ロッテ	育2	捕														
2007	白川大輔	19	ロッテ	育4	内														
2010	安田圭佑	23	SB	育1	外														
2011	飯田一弥	25	SB	育7	捕														
2020	石井大智	23	阪神	8	投	36	1	0	0	0	0	0.000	36	0	2	0	0	41.1	3.05
2021	宮森智志	23	楽天	育1	投	26	0	0	0	0	0		26	1	1	1	8	23.1	1.54

□徳島インディゴソックス・2005年リーグ参加

・運営法人　徳島インディゴソックス球団株式会社(2006年)→株式会社パブリックベースボールクラブ徳島(2012年)

・球団トップ　南啓介

・本拠地球場　むつみスタジアム(徳島県徳島市)

・戦績　前後期優勝８回、リーグ優勝６回　独立リーグＧＣ優勝３回(2014、17、19年)

・ドラフトでのＮＰＢへの選手輩出　2022年まで24人

現役

年度	徳島	年齢	指名球団	指名順位	Po	打撃成績 試	打	安	本	点	盗	率	投手成績 登	勝	敗	SV	HD	回	率
2007	小林憲幸	22	ロッテ	育3	投														
2009	荒張裕司	20	日ハム	6	捕内														
2010	弦本悠希	21	広島	7	投	4	0	0	0	0	0		4	0	0	0	0	4.0	4.50
2011	富永一	22	広島	育1	投														
2013	東弘明	21	オリックス	育1	内														
2014	入野貴大	25	楽天	5	投	30	0	0	0	0	0		30	1	1	0	1	37.1	5.79
2014	山本雅士	20	中日	8	投	3	0	0	0	0	0		3	0	0	0	0	4.1	10.38
2015	吉田嵩	19	中日	育2	投														
2015	増田大輝	20	巨人	育3	内外	263	129	27	1	10	57	0.209	1	0	0	0	0	0.2	0.00
2016	福永春吾	22	阪神	6	投	7	1	0	0	0	0	0.000	7	0	0	0	0	9.0	17.00
2016	木下雄介	23	中日	育1	投	37	0	0	0	0	0		37	0	0	1	1	40.2	4.07
2017	伊藤翔	18	西武	3	投	47	0	0	0	0	0		47	3	3	0	2	79.0	3.76
2017	大蔵彰人	23	中日	育1	投														

2018	鎌田光津希	23	ロッテ	育1	投														
2019	上間永遠	18	西武	7	投	5	1	0	0	0	0	0.000	5	1	1	0	0	21.1	6.33
2019	岸潤一郎	21	西武	8	外	150	379	82	11	37	3	0.216							
2019	平間隼人	22	巨人	育1	内	1	0	0	0	0	0								
2020	行木俊	19	広島	5	投														
2020	戸田懐生	20	巨人	育7	投	17	0	0	0	0	0		17	1	0	0	0	25.0	5.76
2021	村川凪	23	DeNA	育1	外														
2021	古市尊	19	西武	育1	捕														
2022	日隈モンテル	22	西武	育2	外														
2022	中山晶量	23	日ハム	育2	投														
2022	茶野篤政	23	オリックス	育4	外														

GC優勝　リーグ優勝

年度	期	監督	順位	試合	勝利	敗戦	引分	勝率
2005	全	小野和幸	2	90	38	36	16	0.513
2006	前	小野和幸	4	45	12	30	3	0.285
	後	小野和幸	4	45	12	29	4	0.292
2007	前	白石静生	4	45	12	29	4	0.293
	後	白石静生	4	45	7	33	5	0.175
2008	前	白石静生	5	40	11	22	7	0.333
	後	白石静生・森山一人	6	40	9	29	2	0.237
2009	前	堀江賢治	6	40	13	23	4	0.361
	後	堀江賢治	6	40	12	23	5	0.343
2010	前	堀江賢治	3	38	20	15	3	0.571
	後	堀江賢治	3	38	17	17	4	0.500
2011	前	斉藤浩行	1	32	22	8	2	0.733
	後	斉藤浩行	2	32	18	11	3	0.621
2012	前	島田直也	3	40	15	23	2	0.395
	後	島田直也	3	40	21	15	4	0.583
2013	前	島田直也	2	40	20	17	3	0.541
	後	島田直也	1	40	24	9	7	0.727
2014	前	島田直也	1	40	22	14	4	0.611
	後	島田直也	1	40	23	11	6	0.676
2015	前	中島輝士	3	34	12	15	7	0.444
	後	中島輝士	2	34	17	14	3	0.548
2016	前	中島輝士	2	31	19	11	1	0.633
	後	中島輝士	4	34	14	14	6	0.500
2017	前	養父鐵	1	34	21	9	4	0.700
	後	養父鐵	4	31	12	14	5	0.462
2018	前	石井貴	4	36	9	23	4	0.281
	後	石井貴	2	30	16	11	3	0.593
2019	前	牧野塁	1	34	18	14	2	0.563
	後	牧野塁	3	36	14	19	3	0.424
2020	全	吉田篤史	1	76	35	30	11	0.538
2021	前	吉田篤史	3	34	15	17	2	0.469
	後	吉田篤史	3	34	12	18	4	0.400
2022	前	岡本哲司	3	34	15	16	3	0.484
	後	岡本哲司	1	34	18	11	5	0.621
			2.88	1356	575	630	151	0.477

□香川オリーブガイナーズ・2005年リーグ参加

・運営法人　香川オリーブガイナーズ株式会社(2006年)

・球団代表　和泉亨

・本拠地球場　レクザムスタジアム(香川県高松市)

・戦績　前後期優勝13回、リーグ優勝7回、独立リーグGC優勝3回(2007、08、10年)

GC優勝　リーグ優勝

年度	期	監督	順位	試合	勝利	敗戦	引分	勝率
2005	全	芦沢真矢	3	89	36	41	12	0.468
2006	前	芦沢真矢	2	45	22	18	5	0.550
	後	芦沢真矢	1	44	29	11	4	0.725
2007	前	西田真二	1	45	27	10	8	0.730
	後	西田真二	1	45	28	13	4	0.683
2008	前	西田真二	1	40	26	10	4	0.722
	後	西田真二	3	40	20	16	4	0.555
2009	前	西田真二	2	40	21	16	3	0.568
	後	西田真二	2	40	20	15	5	0.571
2010	前	西田真二	1	38	23	9	6	0.719
	後	西田真二	1	38	25	11	2	0.694
2011	前	西田真二	3	32	13	17	2	0.433
	後	西田真二	1	32	19	9	4	0.629
2012	前	西田真二	1	40	25	10	5	0.714
	後	西田真二	2	40	21	14	5	0.600
2013	前	西田真二	1	40	22	14	4	0.611
	後	西田真二	3	40	16	21	3	0.432
2014	前	西田真二	2	40	22	14	4	0.611
	後	西田真二	4	40	13	24	3	0.351
2015	前	西田真二	1	34	21	9	4	0.700
	後	西田真二	3	34	11	17	6	0.393
2016	前	西田真二	3	31	13	18	0	0.419
	後	西田真二	2	34	15	13	6	0.536
2017	前	西田真二	3	34	13	18	3	0.419
	後	西田真二	1	31	15	13	3	0.536
2018	前	西田真二	1	36	23	9	4	0.719
	後	西田真二	4	30	10	17	3	0.370
2019	前	西田真二	3	34	13	17	4	0.433
	後	西田真二	2	36	17	16	3	0.515
2020	全	近藤智勝	3	76	31	34	11	0.477
2021	前	近藤智勝	1	34	22	9	3	0.710
	後	近藤智勝	2	33	15	15	3	0.500
2022	前	近藤智勝	2	34	16	14	4	0.533
	後	近藤智勝	3	34	14	17	3	0.452
			2.03	1353	677	529	147	0.561

・ドラフトでのＮＰＢへの選手輩出　2022 年まで 23 人(24 回、松澤裕介が 2 回指名された)

現役

年度	所属	香川	年齢	指名球団	指名順位	Po	打撃成績							投手成績						
							試	打	安	本	点	盗	率	登	勝	敗	SV	HD	回	率
2006	香川	深沢和帆	23	巨人	5	投														
2006	香川	伊藤秀範	24	ﾔｸﾙﾄ	育1	投	6	0	0	0	0	0		5	0	1	0	0	7.0	12.86
2007	香川	三輪正義	23	ﾔｸﾙﾄ	6	外内	418	263	62	0	16	23	0.236							
2008	香川	森田丈武	27	楽天	育1	内	13	27	6	0	4	0	0.222							
2008	香川	塚本浩二	26	ﾔｸﾙﾄ	育2	投														
2008	香川	生山裕人	23	ロッテ	育4	内														
2008	香川	堂上隼人	26	SB	育5	捕	8	8	2	0	0	0	0.250							
2009	香川	福田岳洋	26	横浜	5	投	25	0	0	0	0	0		25	0	0	0	1	35.1	5.35
2010	香川	大原淳也	26	横浜	7	内	1	0	0	0	0	0								
2010	香川	上野啓輔	24	ﾔｸﾙﾄ	育2	投														
2011	香川	冨田康祐	23	DeNA	育1	投	1	0	0	0	0	0		1	0	0	0	0	0.2	27.00
2011	香川	亀澤恭平	23	SB	育2	内	421	941	249	2	40	25	0.265							
2011	香川	西森将司	23	DeNA	育2	捕	38	36	2	0	1	1	0.056							
2012	香川	星野雄大	24	ﾔｸﾙﾄ	5	捕	1	0	0	0	0	0								
2012	香川	水口大地	23	西武	育1	内	113	75	18	0	5	8	0.240							
2013	香川	又吉克樹	22	中日	2	投	431	26	5	0	1	0	0.192	431	44	29	11	157	523.1	2.82
2014	香川	寺田哲也	27	ﾔｸﾙﾄ	4	投	3	0	0	0	0	0		3	0	1	0	1	5.0	10.80
2014		篠原慎平	24	巨人	育1	投	30	0	0	0	0	0		30	1	1	0	0	37.1	4.34
2015	香川	松本直晃	24	西武	10	投	30	1	0	0	0	0	0.000	30	0	0	0	1	31.2	6.25
2015	香川	大木貴将	24	ロッテ	育1	内	10	13	2	0	0	1	0.154							
2015	香川	赤松幸輔	23	ｵﾘｯｸｽ	育2	捕														
2015	香川	松澤裕介	24	巨人	育3	外							入団辞退							
2016	香川	松澤裕介	25	巨人	育8	外														
2019	香川	畝章真	24	広島	育3	投														

2014 年、香川の選手を応援するファン

2020 年松中信彦総監督(背番号 3)

□愛媛マンダリンパイレーツ・2005年リーグ参加

・運営法人　愛媛マンダリンパイレーツ株式会社（2006年）→愛媛県民球団株式会社（社名変更　2010年）

・球団代表　薬師神績

・本拠地球場　松山坊っちゃんスタジアム（愛媛県松山市）

GC優勝　リーグ優勝

年度	期	監督	順位	試合	勝利	敗戦	引分	勝率
2005	全	西田真二	4	89	32	44	13	0.421
2006	前	沖泰司	3	45	20	20	5	0.500
	後	沖泰司	3	45	16	24	5	0.400
2007	前	沖泰司	2	45	22	19	4	0.537
	後	沖泰司	2	45	26	17	2	0.605
2008	前	沖泰司	4	40	18	17	5	0.514
	後	沖泰司	1	40	22	13	5	0.629
2009	前	沖泰司	3	40	16	14	10	0.533
	後	沖泰司	5	40	15	21	4	0.417
2010	前	沖泰司	4	38	13	22	3	0.371
	後	沖泰司	2	38	22	12	4	0.647
2011	前	星野おさむ	2	32	18	10	4	0.643
	後	星野おさむ	3	32	15	14	3	0.517
2012	前	星野おさむ	2	40	21	15	4	0.583
	後	星野おさむ	1	40	23	14	3	0.622
2013	前	星野おさむ	3	40	19	18	3	0.514
	後	星野おさむ	2	40	23	13	4	0.639
2014	前	弓岡敬二郎	4	40	12	25	3	0.324
	後	弓岡敬二郎	2	40	24	13	3	0.649
2015	前	弓岡敬二郎	2	34	14	16	4	0.467
	後	弓岡敬二郎	1	34	23	9	2	0.719
2016	前	弓岡敬二郎	1	31	19	10	2	0.655
	後	弓岡敬二郎	1	34	16	12	6	0.571
2017	前	河原純一	4	34	11	20	3	0.355
	後	河原純一	2	31	13	12	6	0.520
2018	前	河原純一	3	36	11	23	2	0.324
	後	河原純一	1	30	15	10	5	0.600
2019	前	河原純一	4	34	11	16	7	0.407
	後	河原純一	1	36	16	13	7	0.552
2020	全	河原純一	4	76	27	35	14	0.435
2021	前	河原純一	4	34	5	26	3	0.161
	後	河原純一	4	34	8	20	6	0.286
2022	前	弓岡敬二郎	4	34	9	17	8	0.346
	後	弓岡敬二郎	2	34	16	14	4	0.533
			2.65	1355	591	598	166	0.497

・戦績　前後期優勝７回、リーグ優勝２回、独立リーグＧＣ優勝１回(2015年)

・ドラフトでのＮＰＢ　への選手輩出　2022年まで８人

現役

年度	愛媛	年齢	指名球団	指名順位	Po	打撃成績							投手成績						
						試	打	安	本	点	盗	率	登	勝	敗	SV	HD	回	率
2005	中谷翼	21	広島	育1	内	4	7	1	0	1	0	0.143							
2005	西山道隆	25	SB	育2	投	8	1	0	0	0	0	0.000	7	0	2	0	0	21.1	7.59
2007	梶本達哉	21	ｵﾘｯｸｽ	育1	投	1	0	0	0	0	0		1	0	0	0	0	1.1	20.25
2008	西川雅人	26	ｵﾘｯｸｽ	5	投	14	0	0	0	0	0		14	0	1	0	0	17.1	6.75
2010	靍岡賢二郎	23	横浜	8	捕	24	45	12	0	2	0	0.267							
2010	岸敬祐	23	巨人	育2	投														
2011	土田瑞起	21	巨人	育2	投	30	0	0	0	0	0		30	2	0	1	0	32.2	6.89
2022	上甲凌大	21	DeNA	育1	捕														

□福岡レッドワーブラーズ·2008年リーグ参加·解散　2009年
・運営法人　福岡レッドワーブラーズ球団株式会社(2008年)
・球団代表　成松広隆
・本拠地球場　特定ナシ
・戦績

年度	期	監督	順位	試合	勝利	敗戦	引分	勝率
2008	前	森山良二	3	40	20	16	4	0.556
	後	森山良二	4	40	20	17	3	0.541
2009	前	森山良二	4	40	15	18	7	0.455
	後	森山良二	3	40	20	18	2	0.526
			3.50	160	75	69	16	0.521

・ドラフトでのＮＰＢへの選手輩出　２人

年度	福岡	年齢	指名球団	指名順位	Po	打撃成績							投手成績						
						試	打	安	本	点	盗	率	登	勝	敗	SV	HD	回	率
2008	金無英	22	SB	6	投	89	0	0	0	0	0		89	2	2	0	6	112.1	2.88
2011	中村真崇	27	広島	育2	外内														

□長崎セインツ・2008年リーグ参加・脱退　2010年

・運営法人　株式会社県民球団長崎セインツ(2008年)

・球団代表　地頭薗哲郎

・本拠地球場　佐世保野球場(佐世保市)

・戦績　前後期優勝１回

年度	期	監督	順位	試合	勝利	敗戦	引分	勝率
2008	前	河埜敬幸	6	40	8	24	8	0.250
	後	島田誠・前田勝宏	5	40	18	21	1	0.461
2009	前	長冨浩志	1	40	22	12	6	0.647
	後	長冨浩志	4	40	17	17	6	0.500
2010	前	長冨浩志・古屋剛	5	38	13	23	2	0.361
	後	古屋剛	5	38	11	24	3	0.314
			4.33	236	89	121	26	0.424

・ドラフトでのＮＰＢへの選手輩出　１人

年度	長崎	年齢	指名球団	指名順位	Po	打撃成績 試	打	安	本	点	盗	率	投手成績 登	勝	敗	SV	HD	回	率
2009	松井宏次	24	楽天	育1	内外														

□三重スリーアローズ・2010年ＪＦＢＬから移転・解散 2011年

・運営法人　株式会社三重ベースボールサポート(2010年)

・球団代表　壁矢慶一郎

・本拠地球場　津球場公園内野球場(三重県津市)

・戦績

年度	期	監督	順位	試合	勝利	敗戦	引分	勝率
2011	前	長冨浩志→古屋剛	5	32	8	22	2	0.267
	後	古屋剛	5	32	9	19	4	0.321
			5.00	64	17	41	6	0.293

5-2　ルートインＢＣリーグ

■開始　2007年
■ＩＰＢＬ加盟　2014年
■リーグ創設者　村山哲二
■リーグ運営法人　株式会社ジャパン・ベースボール・マーケティング
■リーグトップ　村山哲二(2007年)
■リーグ名の変遷
北信越ベースボール・チャレンジ・リーグ(2007年)→ベースボール・チャレンジ・リーグ(2008年)→ルートインＢＣリーグ(2014年)
■球団数
4(2007年)→6(2008年)→8(2015年)→10(2017年)→11(2019年)→12(2020年)→8(2022年)

● 年度優勝　◙ グランドチャンピオンシップ優勝

	2007	2008	2009	2010	2011	2012	2013	2014	2015	2016	2017	2018	2019	2020	2021	2022
石川	●	○	○	●	◙	○	●	○	○	○	○	○	○	○	○	NOL
富山	○	●	○	○	○	○	○	○	○	○	○	○	○	○	○	NOL
信濃	○	○	○	○	○	○	○	○	○	○	●	○	○	○	○	●
新潟	○	○	○	○	○	◙	○	○	●	○	○	○	○	○	○	○
群馬		○	●	○	○	○	○	●	○	◙	○	◙	○	○	●	○
福井		○	○	○	○	○	○	○	○	○	○	○	○	○	○	NOL
武蔵									○	○	○	○	○	○	○	○
福島									○	○	○	○	○	○	○	○
滋賀											○	○	○	○	○	NOL
栃木											○	○	●	○	○	○
茨城													○	○	○	○
神奈川														●	○	○

□石川ミリオンスターズ・2007年リーグ参加・2022年、日本海オセアンリーグに移転

・運営法人　株式会社石川ミリオンスターズ(2007年)

・球団代表　端保聡

・主たる球場　金沢市民野球場(石川県金沢市)

・戦績　前後期優勝10回、リーグ優勝4回、独立リーグGC優勝1回(2011年)

GC優勝　リーグ優勝

年度	地区	期	監督	順位	試合	勝利	敗戦	引分	勝率
2007	全	全	金森栄治	1	72	43	22	7	0.662
2008	北陸	前	金森栄治	2	36	15	14	7	0.517
	北陸	後	金森栄治	2	36	16	16	4	0.500
2009	北陸	前	金森栄治	1	36	21	13	2	0.618
	北陸	後	金森栄治	1	36	21	15	0	0.600
2010	北陸	前	森慎二	1	36	20	13	3	0.606
	北陸	後	森慎二	2	36	18	16	2	0.529
2011	北陸	前	森慎二	1	36	14	16	6	0.467
	北陸	後	森慎二	2	36	15	17	4	0.469
2012	北陸	前	森慎二	1	36	21	12	3	0.636
	北陸	後	森慎二	3	36	13	22	1	0.371
2013	北陸	前	森慎二	1	36	19	14	3	0.576
	北陸	後	森慎二	3	36	15	21	0	0.417
2014	北陸	前	森慎二	3	36	14	22	0	0.389
	北陸	後	森慎二	1	36	17	16	3	0.515
2015	西	前	フリオ・フランコ	3	37	16	19	2	0.457
	西	後	フリオ・フランコ	3	35	15	19	1	0.441
2016	西	前	渡辺正人	1	36	20	12	4	0.625
	西	後	渡辺正人	1	36	21	14	1	0.600
2017	西	前	渡辺正人	5	35	10	22	3	0.313
	西	後	渡辺正人	4	36	12	22	4	0.353
2018	西	前	武田勝	3	34	16	16	2	0.500
	西	後	武田勝	4	34	13	19	2	0.406
2019	西	前	武田勝	3	36	20	14	2	0.588
	西	後	武田勝	2	34	20	13	1	0.606
2020	西	全	田口竜二	2	60	24	27	9	0.471
2021	西	全	田口竜二	3	71	25	34	12	0.424
				2.19	1060	494	480	88	0.507

・ドラフトでのＮＰＢへの選手輩出　９人

現役

年度	石川	年齢	指名球団	指名順位	Po	打撃成績 試	打	安	本	点	盗	率	投手成績 登	勝	敗	SV	HD	回	率
2007	内村賢介	20	楽天	育1	内外	596	1384	340	1	97	100	0.246							
2015	長谷川潤	24	巨人	育8	投	3	1	0	0	0	0	0.000	3	0	1	0	0	6.1	8.53
2016	大村孟	24	ﾔｸﾙﾄ	育1	捕	14	13	2	1	1	0	0.154							
2016	安江嘉純	24	ロッテ	育1	投														
2016	坂本一将	25	ｵﾘｯｸｽ	育4	内														
2017	寺田光輝	25	DeNA	6	投														
2017	寺岡寛治	24	楽天	7	投	25	0	0	0	0	0		25	1	1	0	10	23.0	3.91
2017	沼田拓巳	23	ﾔｸﾙﾄ	8	投	1	0	0	0	0	0		1	0	0	0	0	1.0	9.00
2021	髙田竜星	19	巨人	育2	投														

□富山ＧＲＮサンダーバーズ・2007年リーグ参加・2022年日本海オセアンリーグに移転

・運営法人　株式会社富山サンダーバーズベースボールクラブ(2007年)

・球団代表　永森茂

・球団名の変遷　富山サンダーバーズ(2007年)→富山ＧＲＮサンダーバーズ(2015年)

・主たる球場　ボールパーク高岡(富山県高岡市)

・戦績　前後期地区優勝７回、リーグ優勝１回

富山ＧＲＮサンダーバーズ

リーグ優勝

年度	地区	期	監督	順位	試合	勝利	敗戦	引分	勝率
2007	全	全	鈴木康友	2	72	43	26	3	0.623
2008	北陸	前	鈴木康友	1	36	19	15	2	0.559
	北陸	後	鈴木康友	1	36	16	12	8	0.571
2009	北陸	前	鈴木康友	2	36	21	13	2	0.618
	北陸	後	鈴木康友	2	36	17	18	1	0.486
2010	北陸	前	横田久則	3	36	14	20	2	0.412
	北陸	後	横田久則	2	36	14	18	4	0.438
2011	北陸	前	横田久則	3	36	15	18	3	0.455
	北陸	後	横田久則	3	36	10	21	5	0.323
2012	北陸	前	進藤達哉	3	36	16	19	1	0.457
	北陸	後	進藤達哉	2	36	13	21	2	0.382
2013	北陸	前	進藤達哉	2	36	20	15	1	0.571
	北陸	後	進藤達哉	2	36	15	20	1	0.471
2014	北陸	前	吉岡雄二	1	36	16	20	0	0.444
	北陸	後	吉岡雄二	3	36	14	20	2	0.412
2015	西	前	吉岡雄二	4	37	12	22	3	0.353
	西	後	吉岡雄二	1	35	18	12	5	0.600
2016	西	前	吉岡雄二	4	36	12	21	3	0.364
	西	後	吉岡雄二	3	36	15	19	2	0.441
2017	西	前	吉岡雄二	1	35	22	13	0	0.629
	西	後	吉岡雄二	2	36	22	12	2	0.647
2018	西	前	伊藤智仁	4	34	16	17	1	0.485
	西	後	伊藤智仁	1	34	22	10	2	0.688
2019	西	前	二岡智宏	2	36	20	13	3	0.606
	西	後	二岡智宏	3	34	16	18	0	0.471
2020	西	全	田畑一也	1	60	31	22	7	0.585
2021	西	全	吉岡雄二	2	68	36	26	6	0.581
				2.22	1057	505	481	71	0.512

・ドラフトでのＮＰＢへの選手輩出　８人

現役

年度	石川	年齢	指名球団	指名順位	Po	打撃成績							投手成績						
						試	打	安	本	点	盗	率	登	勝	敗	SV	HD	回	率
2007	内村賢介	20	楽天	育1	内外	596	1384	340	1	97	100	0.246							
2015	長谷川潤	24	巨人	育8	投	3	1	0	0	0	0	0.000	3	0	1	0	0	6.1	8.53
2016	大村孟	24	ﾔｸﾙﾄ	育1	捕	14	13	2	1	1	0	0.154							
2016	安江嘉純	24	ロッテ	育1	投														
2016	坂本一将	25	ｵﾘｯｸｽ	育4	内														
2017	寺田光輝	25	DeNA	6	投														
2017	寺岡寛治	24	楽天	7	投	25	0	0	0	0	0		25	1	1	0	10	23.0	3.91
2017	沼田拓巳	23	ﾔｸﾙﾄ	8	投	1	0	0	0	0	0		1	0	0	0	0	1.0	9.00
2021	髙田竜星	19	巨人	育2	投														

□信濃グランセローズ・2007年リーグ参加

・運営法人　株式会社長野県民球団(2007年)

・球団代表　竹内羊一

・球団名　信濃グランセローズ(2007年)

・主たる球場　長野県営野球場(長野県長野市)

リーグ優勝

年度	地区	期	監督	順位	試合	勝利	敗戦	引分	勝率
2007	全	全	木田勇	3	72	31	35	6	0.470
2008	上信越	前	木田勇	3	36	15	17	4	0.469
	上信越	後	木田勇	3	36	11	17	8	0.393
2009	上信越	前	今久留主成幸	3	36	14	19	3	0.424
	上信越	後	今久留主成幸	3	36	13	21	2	0.382
2010	上信越	前	佐野嘉幸	2	36	14	21	1	0.400
	上信越	後	佐野嘉幸	3	36	13	20	3	0.394
2011	上信越	前	佐野嘉幸	2	36	15	13	8	0.536
	上信越	後	佐野嘉幸	2	36	18	12	6	0.600
2012	上信越	前	佐野嘉幸	2	36	16	18	2	0.471
	上信越	後	佐野嘉幸	2	36	19	17	0	0.528
2013	上信越	前	岡本哲司	3	36	13	22	1	0.371
	上信越	後	岡本哲司	2	36	18	18	0	0.500
2014	上信越	前	大塚晶文	3	36	12	18	6	0.400
	上信越	後	大塚晶文	2	36	17	15	4	0.531
2015	西	前	岡本克道	2	37	18	16	3	0.529
	西	後	髙橋信二(代行)	4	35	11	20	4	0.355
2016	西	前	本西厚博	3	36	16	17	3	0.485
	西	後	本西厚博	2	36	15	18	3	0.455
2017	西	前	本西厚博	2	35	21	14	0	0.600
	西	後	本西厚博	1	36	26	10	0	0.722
2018	西	前	本西厚博	2	34	20	10	4	0.667
	西	後	本西厚博	3	34	15	17	2	0.469
2019	西	前	柳沢裕一	1	36	21	13	2	0.618
	西	後	柳沢裕一	1	34	24	10	0	0.706
2020	中	全	柳沢裕一	1	60	37	13	10	0.740
2021	中	全	柳沢裕一	2	64	36	20	8	0.643
2022	北	全	柳沢裕一	1	63	37	21	5	0.625
				2.25	1116	536	482	98	0.527

・戦績　前後期地区優勝５回　リーグ優勝２回

現役

年度	信濃	年齢	指名球団	指名順位	Po	打撃成績							投手成績						
						試	打	安	本	点	盗	率	登	勝	敗	SV	HD	回	率
2008	鈴江彬	27	ロッテ	育2	投														
2009	高田周平	24	阪神	育1	投														
2009	星野真澄	25	巨人	育1	投	43	3	0	0	0	0	0.000	43	1	0	0	2	47.1	4.37
2012	原大輝	24	ｵﾘｯｸｽ	育1	捕														
2013	柴田健斗	24	ｵﾘｯｸｽ	7	投														
2016	笠井崇正	21	DeNA	育1	投	20	2	1	0	0	0	0.500	20	0	0	0	0	27.1	5.93
2020	赤羽由紘	20	ﾔｸﾙﾄ	育2	内	10	10	1	0	0	0	0.100							
2020	松井聖	25	ﾔｸﾙﾄ	育3	捕外														
2021	岩田幸宏	24	ﾔｸﾙﾄ	育1	外														
2022	山本晃大	23	日ハム	育4	投														

・ドラフトでのＮＰＢへの選手輩出　10人

□新潟アルビレックス・ベースボール・クラブ・2007年リーグ参加

・運営法人　株式会社新潟アルビレックス・ベースボール・クラブ(2007年)

・球団代表　池田拓史

・球団名　新潟アルビレックス・ベースボール・クラブ(2007年)

・主たる球場　HARD OFF ECOスタジアム新潟(新潟県新潟市)

・戦績　前後期優勝８回、リーグ優勝２回、独立リーグＧＣ優勝１回(2012年)

GC優勝　リーグ優勝

年度	地区	期	監督	順位	試合	勝利	敗戦	引分	勝率
2007	全	全	後藤孝志	4	72	18	52	2	0.257
2008	上信越	前	芦沢真矢	1	36	19	15	2	0.559
	上信越	後	芦沢真矢	2	36	16	12	8	0.571
2009	上信越	前	芦沢真矢	2	36	15	19	2	0.441
	上信越	後	芦沢真矢	2	36	18	17	1	0.514
2010	上信越	前	芦沢真矢	3	36	10	22	4	0.313
	上信越	後	芦沢真矢	2	36	18	16	2	0.529
2011	上信越	前	橋上秀樹	3	36	14	14	8	0.500
	上信越	後	橋上秀樹	1	36	21	12	3	0.636
2012	上信越	前	高津臣吾	1	36	21	13	2	0.618
	上信越	後	高津臣吾	1	36	29	7	0	0.806
2013	上信越	前	内藤尚行	1	36	26	9	1	0.743
	上信越	後	内藤尚行	1	36	26	7	3	0.788
2014	上信越	前	内藤尚行	2	36	20	13	3	0.606
	上信越	後	内藤尚行	1	36	21	8	7	0.724
2015	東	前	赤堀元之	1	37	23	11	3	0.676
	東	後	赤堀元之	2	36	19	17	0	0.528
2016	東	前	赤堀元之	3	36	16	17	3	0.485
	東	後	赤堀元之	3	36	15	18	3	0.455
2017	東	前	加藤博人	2	35	18	16	1	0.529
	東	後	加藤博人	3	36	15	13	8	0.536
2018	東	前	加藤博人	3	35	14	17	4	0.452
	東	後	加藤博人	3	35	15	19	1	0.441
2019	東	前	清水章夫	2	34	22	9	3	0.710
	東	後	清水章夫	2	36	21	12	3	0.636
2020	中	全	清水章夫	2	60	21	35	4	0.375
2021	中	全	橋上秀樹	3	67	22	42	3	0.344
2022	北	全	橋上秀樹	2	64	30	28	6	0.517
				2.07	1123	543	490	90	0.526

現役

年度	新潟	年齢	指名球団	指名順位	Po	打撃成績							投手成績						
						試	打	安	本	点	盗	率	登	勝	敗	SV	HD	回	率
2011	雨宮敬	24	巨人	育5	投														
2011	渡辺貴洋	19	巨人	育6	投														
2016	髙井俊	21	巨人	育1	投														
2017	渡邉雄大	26	SB	育6	投	32	0	0	0	0	0		41	3	1	0	11	24.0	2.63
2018	知野直人	19	DeNA	6	内	52	47	8	1	3	1	0.170							
2019	樋口龍之介	25	日ハム	育2	内	47	102	18	1	4	0	0.177							
2019	長谷川凌汰	23	日ハム	育3	投	5	0	0	0	0	0		5	0	0	0	2	3.2	7.36

・ドラフトでのＮＰＢへの選手輩出　７人

□群馬ダイヤモンドペガサス・2008年リーグ参加
・運営法人　株式会社群馬スポーツマネジメント(2008年)
・球団代表　糸井丈之
・球団名　群馬ダイヤモンドペガサス(2008年)
・主たる球場　高崎市城南野球場(群馬県高崎市)
・戦績　前後期地区優勝15回、リーグ優勝5回、独立リーグＧＣ優勝2回(2016、18年)

GC優勝　リーグ優勝

年度	地区	期	監督	順位	試合	勝利	敗戦	引分	勝率
2008	上信越	前	秦真司	3	36	19	15	2	0.559
	上信越	後	秦真司	1	36	18	9	9	0.667
2009	上信越	前	秦真司	1	36	20	14	2	0.588
	上信越	後	秦真司	1	36	22	13	1	0.629
2010	上信越	前	秦真司	1	36	25	8	3	0.758
	上信越	後	秦真司	1	36	19	15	2	0.559
2011	上信越	前	秦真司	1	36	21	9	6	0.700
	上信越	後	秦真司	3	36	14	18	4	0.438
2012	上信越	前	五十嵐章人	3	36	12	23	1	0.343
	上信越	後	五十嵐章人	3	36	13	22	1	0.371
2013	上信越	前	五十嵐章人	2	36	16	18	2	0.471
	上信越	後	五十嵐章人	3	36	15	19	2	0.441
2014	上信越	前	川尻哲郎	1	36	22	11	3	0.667
	上信越	後	川尻哲郎	3	36	15	17	4	0.469
2015	東	前	川尻哲郎	3	37	16	17	4	0.485
	東	後	川尻哲郎	3	36	15	18	3	0.455
2016	東	前	平野謙	1	36	19	16	1	0.543
	東	後	平野謙	1	36	23	11	2	0.676
2017	東	前	平野謙	1	35	19	11	5	0.633
	東	後	平野謙	1	36	23	10	3	0.697
2018	東	前	平野謙	1	35	21	11	3	0.656
	東	後	平野謙	1	35	25	5	5	0.833
2019	東	前	平野謙	1	34	24	8	2	0.750
	東	後	平野謙	3	36	21	13	2	0.618
2020	東	全	牧野塁	2	60	20	30	10	0.400
2021	中	全	牧野塁	1	67	39	19	9	0.672
2022	北	全	牧野塁	3	65	29	30	6	0.492
				1.81	1052	545	410	97	0.571

・ドラフトでのＮＰＢへの選手輩出　５人

現役

年度	群馬	年齢	指名球団	指名順位	Po	打撃成績							投手成績						
						試	打	安	本	点	盗	率	登	勝	敗	SV	HD	回	率
2011	廣神聖哉	22	阪神	育1	捕														
2011	清水貴之	27	SB	育4	投														
2012	八木健史	22	SB	育1	捕														
2021	速水隆成	24	日ハム	育2	捕														
2022	西濱勇星	19	ｵﾘｯｸｽ	育1	投														

□福井ワイルドラプターズ・2008年リーグ参加・2022年　日本海オセアンリーグに移転

・運営法人　株式会社スポーツコミュニティ福井(2008年)→株式会社福井県民球団(2010年)→株式会社ＦＢＡ

・球団代表　小松原鉄平

・球団名の変遷　福井ミラクルエレファンツ(2008年)→福井ワイルドラプターズ(2020年)

・主たる球場　福井市スポーツ公園野球場(福井県福井市)

・戦績　前後期地区優勝７回

年度	地区	期	監督	順位	試合	勝利	敗戦	引分	勝率
2008	北陸	前	藤田平	3	36	9	22	5	0.290
	北陸	後	藤田平	3	36	12	17	7	0.414
2009	北陸	前	天野浩一	3	36	10	23	3	0.303
	北陸	後	天野浩一	3	36	13	21	2	0.382
2010	北陸	前	野田征稔	2	36	17	16	3	0.515
	北陸	後	野田征稔	1	36	18	15	3	0.545
2011	北陸	前	野田征稔	3	36	11	20	5	0.355
	北陸	後	野田征稔	1	36	18	16	2	0.529
2012	北陸	前	酒井忠晴	2	36	17	16	3	0.515
	北陸	後	酒井忠晴	1	36	17	18	1	0.486
2013	北陸	前	酒井忠晴	3	36	8	24	0	0.250
	北陸	後	酒井忠晴	1	36	17	16	3	0.515
2014	北陸	前	酒井忠晴	2	36	15	20	1	0.429
	北陸	後	酒井忠晴	3	36	13	21	3	0.382
2015	西	前	吉竹春樹	1	37	21	14	2	0.600
	西	後	吉竹春樹	2	35	17	12	6	0.586
2016	西	前	吉竹春樹	2	36	20	14	2	0.588
	西	後	吉竹春樹	4	36	15	20	1	0.429
2017	西	前	北村照文	3	35	19	14	2	0.576
	西	後	北村照文	3	36	15	19	2	0.441

福井ワイルドラプターズ

2018	西	前	田中雅彦	1	34	22	11	1	0.667
	西	後	田中雅彦	2	34	19	11	4	0.633
2019	西	前	田中雅彦	5	36	9	23	4	0.281
	西	後	田中雅彦	4	34	14	20	0	0.412
2020	西	全	福沢卓宏	1	58	43	9	6	0.827
2021	西	全	福沢卓宏	4	72	21	32	12	0.350
				2.42	987	430	464	83	0.481

・ドラフトでのＮＰＢへの選手輩出　６人

現役

年度	福井	年齢	指名球団	指名順位	Po	打撃成績							投手成績						
						試	打	安	本	点	盗	率	登	勝	敗	SV	HD	回	率
2008	柳川洋平	22	SB	育3	投	8	0	0	0	0	0		8	0	0	0	0	7.0	1.29
2009	前田祐二	23	ｵﾘｯｸｽ	4	投	61	0	0	0	0	0		61	7	7	0	4	130.0	2.98
2012	森本将太	20	ｵﾘｯｸｽ	5	投	27	0	0	0	0	0		27	2	1	0	1	31.0	6.68
2012	西川拓喜	25	ｵﾘｯｸｽ	育2	外	1	1	0	0	0	0	0.000							
2018	片山雄哉	24	阪神	育1	捕	2	2	0	0	0	0	0.000							
2018	松本友	23	ﾔｸﾙﾄ	育2	内	43	61	20	0	2	1	0.328							

2019年、球場に掲示された横断幕

2021年福井　﨑山颯人

□埼玉武蔵ヒートベアーズ・2015年リーグ参加

・運営法人　株式会社埼玉武蔵ヒートベアーズ(2015年)

・球団代表　山﨑寿樹

・球団名の変遷　武蔵ヒートベアーズ(2015年)→埼玉武蔵ヒートベアーズ(2018年)

・主たる球場　熊谷さくら運動公園野球場(埼玉県熊谷市)

・戦績　地区優勝1回

年度	地区	期	監督	順位	試合	勝利	敗戦	引分	勝率
2015	東	前	星野おさむ	2	37	21	14	2	0.600
	東	後	小林宏之(代行)	4	36	14	17	5	0.452
2016	東	前	小林宏之	4	36	12	22	2	0.353
	東	後	小林宏之	4	36	10	19	7	0.345
2017	東	前	小林宏之	3	35	15	17	3	0.469
	東	後	小林宏之	5	36	12	23	1	0.343
2018	東	前	角晃多	4	35	13	20	2	0.394
	東	後	角晃多	5	35	7	25	3	0.219
2019	東	前	角晃多	4	34	15	18	1	0.455
	東	後	角晃多	4	36	16	18	2	0.343
2020	東	全	角晃多	2	59	24	27	8	0.471
2021	東	全	角晃多	1	60	33	22	5	0.600
2022	南	全	角晃多	3	58	24	29	5	0.453
				3.46	533	216	271	46	0.444

・ドラフトでのＮＰＢへの選手輩出　８人

現役

年度	武蔵	年齢	指名球団	指名順位	Po	打撃成績							投手成績						
						試	打	安	本	点	盗	率	登	勝	敗	SV	HD	回	率
2015	小林大誠	21	巨人	育2	捕														
2015	三ツ間卓也	23	中日	育3	投	78	5	0	0	0	0	0.000	77	4	3	0	15	87.2	5.24
2015	田島洸成	19	巨人	育4	内														
2015	大竹秀義	27	巨人	育5	投														
2015	矢島陽平	25	巨人	育7	投														
2019	松岡洸希	19	西武	3	投	7	0	0	0	0	0		7	0	0	0	0	6.0	12.00
2019	加藤壮太	21	巨人	育2	外														
2020	小沼健太	22	ロッテ	育2	投	21	0	0	0	0	0		21	1	1	0	1	25.1	6.04

□福島レッドホープス・2015年リーグ参加

・運営法人　株式会社福島野球団（2015年）

・球団代表　岩村明憲

・球団名の変遷　福島レッドホープス（2015年）

・主たる球場　須賀川市牡丹台野球場（福島県須賀川市）

・戦績　前後期地区優勝2回

年度	地区	期	監督	順位	試合	勝利	敗戦	引分	勝率
2015	東	前	岩村明憲	4	37	8	25	4	0.242
	東	後	岩村明憲	1	36	20	13	3	0.606
2016	東	前	岩村明憲	2	36	17	18	1	0.486
	東	後	岩村明憲	2	36	18	15	3	0.545
2017	東	前	岩村明憲	3	35	15	17	3	0.469
	東	後	岩村明憲	2	36	18	12	6	0.600
2018	東	前	岩村明憲	2	35	19	11	5	0.633
	東	後	岩村明憲	2	35	21	11	3	0.656
2019	東	前	岩村明憲	4	34	15	18	1	0.455
	東	後	岩村明憲	5	36	10	22	4	0.313
2020	中	全	岩村明憲	1	60	27	27	6	0.500
2021	中	全	岩村明憲	4	61	17	40	4	0.298
2022	北	全	岩村明憲	4	60	19	41	0	0.317
				2.77	537	224	270	43	0.453

・ドラフトでのＮＰＢへの選手輩出　２人

現役

年度	福島	年齢	指名球団	指名順位	Po	打撃成績 試	打	安	本	点	盗	率	投手成績 登	勝	敗	SV	HD	回	率
2020	古長拓	26	ｵﾘｯｸｽ	育6	内														
2021	園部佳太	22	ｵﾘｯｸｽ	育2	内														

□オセアン滋賀ブラックス・2017年リーグ参加・2022年　日本海オセアンリーグに移転

・運営法人　株式会社滋賀ユナイテッド(2017年)→株式会社オセアン滋賀(2020年)

→オセアンスリーマネジメント株式会社(2021年)

・球団代表　黒田翔一

・球団名の変遷　滋賀ユナイテッドベースボールクラブ(2017年)→オセアン滋賀ブラックス(2020年)

・主たる球場　オセアンＢＣスタジアム(滋賀県彦根市)

・戦績　地区優勝１回

年度	地区	期	監督	順位	試合	勝利	敗戦	引分	勝率
2017	西	前	上園啓史	4	35	11	22	2	0.333
	西	後	上園啓史	5	36	11	24	1	0.314
2018	西	前	松本匡史	5	34	5	28	1	0.152
	西	後	成本年秀(代理)	5	34	7	24	3	0.226
2019	西	前	成本年秀	4	36	11	20	5	0.355
	西	後	成本年秀	5	34	11	21	2	0.344
2020	西	全	成本年秀	2	58	7	47	4	0.130
2021	西	全	柳川洋平	1	67	37	20	10	0.649
				3.88	334	100	206	28	0.327

・ドラフトでのＮＰＢへの選手輩出　１人

現役

年度	滋賀	年齢	指名球団	指名順位	Po	打撃成績 試	打	安	本	点	盗	率	投手成績 登	勝	敗	SV	HD	回	率
2017	山本祐大	19	DeNA	9	捕	85	144	21	2	9	0	0.146							

2017年開幕戦に臨む
滋賀ユナイテッド

□栃木ゴールデンブレーブス・2017年リーグ参加

・運営法人　株式会社栃木県民球団(2017年)

・球団代表　江部達也

・球団名の変遷　栃木ゴールデンブレーブス(2017年)

・主たる球場　小山運動公園野球場(栃木県小山市)

・戦績　前後期地区優勝2回、リーグ優勝1回

リーグ優勝

年度	地区	期	監督	順位	試合	勝利	敗戦	引分	勝率
2017	東	前	辻武史	5	35	7	28	0	0.200
	東	後	辻武史	4	36	12	20	4	0.375
2018	東	前	辻武史	5	35	9	19	7	0.321
	東	後	辻武史	3	35	15	19	1	0.441
2019	東	前	寺内崇幸	3	34	18	15	1	0.545
	東	後	寺内崇幸	1	36	22	9	5	0.710
2020	東	全	寺内崇幸	1	60	41	13	6	0.759
2021	東	全	寺内崇幸	2	60	31	23	6	0.574
2022	南	全	寺内崇幸	2	64	29	28	7	0.509
				2.89	395	184	174	37	0.514

・ドラフトでのＮＰＢへの選手輩出　２人

現役

年度	栃木	年齢	指名球団	指名順位	Po	打撃成績							投手成績						
						試	打	安	本	点	盗	率	登	勝	敗	SV	HD	回	率
2018	内山太嗣	22	ﾔｸﾙﾄ	育1	捕														
2020	石田駿	23	楽天	育1	投														

栃木ゴールデンの本拠地
小山ベースボールビレッジ

□茨城アストロプラネッツ・2019年リーグ参加

・運営法人　株式会社茨城県民球団（2019年）

・球団代表　山根将大

・球団名　茨城アストロプラネッツ（2019年）

・主たる球場　牛久運動公園野球場（茨城県牛久市）

・戦績　地区優勝1回

年度	地区	期	監督	順位	試合	勝利	敗戦	引分	勝率
2019	東	前	坂克彦	6	34	6	27	1	0.182
	東	後	坂克彦	6	36	6	28	2	0.176
2020	東	全	坂克彦	2	60	7	49	4	0.125
2021	東	全	ジョニー・セリス	4	65	22	35	8	0.386
2022	南	全	松坂賢	1	66	40	24	2	0.625
				3.80	261	81	163	17	0.332

・ドラフトでのＮＰＢへの選手輩出　３人

現役

年度	茨城	年齢	指名球団	指名順位	Po	打撃成績							投手成績						
						試	打	安	本	点	盗	率	登	勝	敗	SV	HD	回	率
2021	山中尭之	22	ｵﾘｯｸｽ	育1	外														
2021	大橋武尊	20	DeNA	育3	外														
2022	渡辺明貴	22	DeNA	育4	投														

3球団合同トライアウトに集結した（左から）火の国・神田康範、堺・夏凪一仁、茨城・山根将大の各代表　独立リーグ経営の希望の星だ

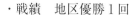

□神奈川フューチャードリームス・2020年リーグ参加

・運営法人　株式会社神奈川県民球団(2019年)
・球団代表　藤本伸也
・球団名　神奈川フューチャードリームス(2020年)
・主たる球場　バッティングパレス相石スタジアムひらつか(神奈川県平塚市)
・戦績　地区優勝1回、リーグ優勝1回

年度	地区	期	監督	順位	試合	勝利	敗戦	引分	勝率
2020	東	全	鈴木尚典	1	59	34	17	8	0.667
2021	東	全	鈴木尚典	3	58	26	25	7	0.510
2022	南	全	川村丈夫	4	62	22	35	5	0.386
				2.67	179	82	77	20	0.516

リーグ優勝

2012年長野県での信濃公式戦

2019年、栃木で力投する北方悠誠、この後、MLBドジャースとマイナー契約する

5－3　ヤマエグループ九州アジアリーグ(KAL)

■開始　2021年
■ＩＰＢＬ加盟　2021年
■リーグ創設者　田中敏弘
■リーグ運営法人　一般社団法人九州アジアプロ野球機構
■リーグトップ　田中敏弘(2021年)→徳丸哲史(2022年)
■リーグ名の変遷
九州アジアプロ野球リーグ(2021年)→ヤマエ久野九州アジアリーグ(2022年)→ヤマエグループ九州アジアリーグ(2022年)
■球団数
2(2021年)→3(2022年)→4(2023年)

◎ 年度優勝　● グランドチャンピオンシップ優勝

	2021	2022
火の国	◎	●
大分	○	○
北九州		○
宮崎		

2021年九州アジアリーグ開幕戦

2021年火の国と大分の公式戦

□火の国サラマンダーズ・2021年リーグ参加
・運 営 法 人　KPB Project 株 式 会 社 (2021年)
・球団代表　神田康範
・球団名　火の国サラマンダーズ(2021年)
・本拠地球場　リブワーク藤崎台球場(熊本県熊本市)
・戦績　リーグ優勝１回、独立リーグＧＣ優勝１回(2022年)

GC優勝　リーグ優勝

年度	期	監督	順位	試合	勝利	敗戦	引分	勝率
2021	全	細川亨	1	32	23	9	0	0.719
2022	全	馬原孝浩	1	78	46	31	1	0.597
			1.00	110	69	40	1	0.633

・ドラフトでのＮＰＢへの選手輩出　１人

現役

年度	火の国	年齢	指名球団	指名順位	Po	打撃成績 試	打	安	本	点	盗	率	投手成績 登	勝	敗	SV	HD	回	率
2021	石森大誠	23	中日	3	投														

□大分Ｂ－リングス・2021年リーグ参加
・運営法人　株式会社大分Ｂ－リングス(2021年)
・球団代表　森慎一郎
・球団名　大分Ｂ－リングス(2021年)
・本拠地球場　別大興産スタジアム(大分県大分市)
・戦績

年度	期	監督	順位	試合	勝利	敗戦	引分	勝率
2021	全	廣田浩章	2	32	9	23	0	0.281
2022	全	小野真悟	3	74	28	44	2	0.389
			2.5	106	37	67	2	0.356

□福岡北九州フェニックス・2022年リーグ参加

・運営法人　福岡北九州フェニックス株式会社(2022年)

・球団代表　竹森広樹

・球団名　福岡北九州フェニックス(2022年)→北九州下関フェニックス(2023年)

・主な球場　北九州市民球場(福岡県北九州市)

・戦績

年度	期	監督	順位	試合	勝利	敗戦	引分	勝率
2022	全	西岡剛	2	74	39	35	0	0.527
			2.00	74	39	35	0	0.527

2022年九州アジアリーグ開幕戦
始球式をする堀江貴文氏

2021年火の国と大分の公式戦

□宮崎サンシャインズ・2023年リーグ参加予定

・運営法人　宮崎県民球団をつくる会(2023年)

・球団代表　堀之内秀一郎

・球団名　宮崎サンシャインズ(2023年)

・主な球場　都城運動公園野球場(宮崎県都城市)

5‐4　北海道フロンティアリーグ(ＨＦＬ)

■開始　2022年
■ＩＰＢＬ加盟　2022年
■リーグ創設者　荘司光哉
■リーグ運営法人　一般社団法人北海道プロ野球独立リーグ
■リーグトップ　荘司光哉(2022年)
■リーグ名の変遷　北海道フロンティアリーグ(2022年)
■球団数　3(2022年)

●	年度優勝
	2022
石狩	○
士別	●
美唄	○

□石狩レッドフェニックス・HBLから2022年リーグ参加
・運営法人　株式会社石狩レッドフェニックス(2022年)
・球団代表　老田よし枝
・球団名　石狩レッドフェニックス(2022年)
・主な球場　青葉公園野球場(北海道石狩市)
・戦績

年度	期	監督	順位	試合	勝利	敗戦	引分	勝率
2022	全	坪井智哉	1	46	27	18	1	0.600
			1.00	46	27	18	1	0.600

□士別サムライブレイズ・ＨＢＬから2022年リーグ参加

・運営法人　株式会社志ＢＥＴＳホールディングス(2022年)
・2023年からKAMIKAWA・士別サムライブレイズ
・球団代表　菅原大介
・球団名　士別サムライブレイズ(2022年)
・主な球場　士別市ふどう野球場(北海道士別市)
・戦績　リーグ優勝１回

リーグ優勝

年度	期	監督	順位	試合	勝利	敗戦	引分	勝率
2022	全	Rブライアント	2	46	20	23	3	0.465
			2.00	46	20	23	3	0.465

HFL 公式戦

□美唄ブラックダイヤモンズ・ＨＢＬから2022年リーグ参加

・運営法人　特定非営利活動法人美唄ブラックダイヤモンズ(2022年)

・球団代表　荘司光哉

・球団名　美唄ブラックダイヤモンズ(2022年)

・主な球場　美唄市営野球場(北海道美唄市)

・戦績

年度	期	監督	順位	試合	勝利	敗戦	引分	勝率
2022	全	河上敬也	3	46	19	25	2	0.432
			3.00	46	19	25	2	0.432

士別ラルフ・ブライアント監督(2022年)

2022年9月30日IPBLグランドチャンピオンシップでの士別

5-5　関西独立リーグ(初代／ＫＡＮＤＯＫ)

■開始　2009年

■活動停止　2013年

■リーグ創設者　中村明、石毛宏典

■リーグ運営法人　株式会社ステラ(2009年)→株式会社関西独立リーグ(2009年)→特定非営利活動法人和歌山野球振興協会・夢クラブ(2011年)

■リーグトップ　木村竹志

■リーグ名の変遷　関西独立リーグ(2009年)

■球団数　4(2019年)→5(2011年)→3(2013年)

● 年度優勝

	2009	2010	2011	2012	2013
大阪G	●				
神戸9	○	●			
紀州	○	○	○	○	○
明石	○	○			
ソウル		○	○		
兵庫			●	●	○
神戸			○	○	
大阪H			○		
06				○	●
大和侍				○	

□大阪ゴールドビリケーンズ・2009年リーグ参加・2010年ＪＦＬに移転

・運営法人　株式会社独立リーグ大阪球団(2009年)

・球団代表　浦野聖史

・球団名　大阪ゴールドビリケーンズ(2009年)

・主な球場　住之江公園野球場(大阪府大阪市)

・戦績　リーグ優勝１回

年度	期	監督	順位	試合	勝利	敗戦	引分	勝率
2009	前	村上隆行	1	36	19	15	2	0.559
	後	村上隆行	1	36	22	12	2	0.647
			1.00	72	41	27	4	0.603

リーグ優勝

□神戸９クルーズ・2009年リーグ参加・2010年解散

・運営法人　神戸ベースボール倶楽部(2009年)→サン神戸ウォーターサプライ株式会社

・球団代表　広田和代

・球団名　神戸９クルーズ(2009年)

・主な球場　スカイマークスタジアム(兵庫県神戸市)

・戦績　リーグ優勝１回

年度	期	監督	順位	試合	勝利	敗戦	引分	勝率
2009	前	中田良弘	2	36	16	14	6	0.533
	後	村上眞一	3	36	14	19	3	0.424
2010	前	池内豊	1	35	20	15	0	0.571
	後	池内豊	3	30	13	16	1	0.448
			2.25	137	63	64	10	0.496

リーグ優勝

□紀州レンジャーズ・2009年リーグ参加・2013年脱退

・運営法人　株式会社紀州レンジャーズ(2009年)→特定非営利活動法人和歌山野球振興協会・夢クラブ(2011年)

・球団代表　木村竹志

・球団名　紀州レンジャーズ(2009年)

・主な球場　和歌山県営紀三井寺野球場(和歌山県和歌山市)

・戦績

年度	期	監督	順位	試合	勝利	敗戦	引分	勝率
2009	前	藤田平	3	36	17	17	2	0.500
	後	藤田平	4	36	13	20	3	0.394
2010	前	石井毅	2	35	17	15	3	0.531
	後	石井毅	1	32	22	7	3	0.759
2011	前	石井毅	2	24	12	9	3	0.541
	後	石井毅	2	24	17	6	1	0.739
2012	前	石井毅	4	32	13	17	3	0.433
	後	石井毅	4	32	12	16	4	0.429
2013	前	石井毅	3	32	11	18	3	0.379
	後	石井毅	3	32	10	20	2	0.310
			2.55	315	144	145	27	0.498

□明石レッドソルジャーズ・2009年リーグ参加・2010年活動休止

・運営法人　株式会社明石市民球団(2009年)

・球団代表　大村節二

・球団名　紀州レンジャーズ(2009年)

・主な球場　明石公園野球場(兵庫県明石市)

・戦績

年度	期	監督	順位	試合	勝利	敗戦	引分	勝率
2009	前	北川公一	4	36	14	20	2	0.412
2009	後	北川公一	2	36	18	16	2	0.529
2010	前	北川公一	3	33	13	14	6	0.412
2010	後	北川→藤本博史（代）	2	33	18	11	4	0.621
			2.75	138	63	61	14	0.508

・ドラフトでのＮＰＢへの選手輩出　２人

年度	明石	年齢	指名球団	指名順位	Po	打撃成績							投手成績						
						試	打	安	本	点	盗	率	登	勝	敗	SV	HD	回	率
2010	深江真登	23	オリックス	5	外	81	81	22	0	3	8	0.272							
	福泉敬大	22	巨人	育3	投														

□ソウル・ヘチ・2010年リーグ参加・2011年活動休止
・運営法人
・球団代表　金珍希
・球団名　コリア・ヘチ（2010年）→韓国ヘチ（2010年）→ソウル・ヘチ
・主な球場　万博公園野球場（大阪府吹田市）
・戦績

年度	期	監督	順位	試合	勝利	敗戦	引分	勝率
2010	前	朴哲祐	4	35	13	19	3	0.406
	後	2コーチ代行	4	31	5	24	2	0.172
2011	前	崔在鳳	4	24	10	12	2	0.455
	後	白雲燮	3	24	9	14	1	0.391
			3.75	114	37	69	8	0.349

□兵庫ブルーサンダーズ・2011年リーグ参加・2013年ＢＦＬに移転
・運営法人　特定非営利活動法人三田・だ・エスペランサ（2011年）
・球団代表　高下沢
・球団名　兵庫ブルーサンダーズ（2011年）
・主な球場　アメニキッピースタジアム（兵庫県三田市）

・兵庫戦績　リーグ優勝２回

年度	期	監督	順位	試合	勝利	敗戦	引分	勝率
2011	前	池内豊	3	24	12	11	1	0.522
	後	池内豊	1	24	17	5	2	0.773
2012	前	池内豊	1	32	20	9	3	0.690
	後	池内豊	1	32	18	8	6	0.692
2013	前	山崎章弘	1	32	18	11	3	0.621
	後	山崎章弘	2	31	13	16	2	0.448
			1.50	175	98	60	17	0.620

リーグ優勝

□神戸サンズ・2011年リーグ参加・2012年活動休止
・運営法人　株式会社フォレストホーム（2011年）
・球団代表　中西剛
・球団名　神戸サンズ（2011年）
・主な球場　洲本市民球場（兵庫県洲本市）
・戦績

年度	期	監督	順位	試合	勝利	敗戦	引分	勝率
2011	前	マック鈴木	1	24	15	8	1	0.652
	後	マック鈴木	4	24	7	15	2	0.318
2012	前	金崎泰英	5	32	8	20	4	0.286
	後	金崎泰英	5	32	7	21	4	0.250
			3.75	112	37	64	11	0.366

2011年の神戸サンズ

□大阪ホークスドリーム・2011年リーグ参加・2011年脱退

・運営法人　株式会社ホークスドリーム
・球団代表　岡田茂樹
・球団名　大阪ホークスドリーム(2011年)
・主な球場　高師浜野球場(大阪府高石市)
・戦績

年度	期	監督	順位	試合	勝利	敗戦	引分	勝率
2011	前	田中実→門田博光	5	24	7	16	1	0.304
	後	門田博光	5	24	5	15	4	0.250
			5.00	48	12	31	5	0.279

□ 06BULLS・2012年リーグ参加・2013年ＢＦＬに移転

・運営法人　特定非営利活動法人スポーツクリエイション
・球団代表　中野彰
・球団名　06BULLS(2012年)
・主な球場　花園セントラルスタジアム(大阪府東大阪市)
・戦績　リーグ優勝１回

リーグ優勝

年度	期	監督	順位	試合	勝利	敗戦	引分	勝率
2012	前	村上隆行	2	32	18	10	4	0.643
	後	村上隆行	2	32	17	11	4	0.607
2013	前	村上隆行	2	32	15	15	2	0.500
	後	村上隆行	1	31	21	8	2	0.724
			1.75	127	71	44	12	0.617

2011年の大阪ホークスドリーム

5-6　ジャパン・フューチャーベースボールリーグ（ＪＦＢＬ）

■開始　2010年
■活動停止　2010年
■リーグ創設者　壁矢慶一郎
■リーグ運営法人　株式会社ベースボールフューチャー（2010年）
■リーグトップ　壁矢慶一郎
■リーグ名の変遷　ジャパン・フューチャーベースボールリーグ(2010年)
■球団数　2(2010年)

●	年度優勝
	2010
三重	●
大阪	○

□三重スリーアローズ・2010年参加　2011年四国アイランドリーグに移転
・運営法人　株式会社三重ベースボールサポート(2010年)
・球団代表　壁矢慶一郎
・本拠地球場　津球場公園内野球場(三重県津市)
・戦績　リーグ優勝1回

年度	期	監督	順位	試合	勝利	敗戦	引分	勝率
2010	全	松岡弘→藤波行雄	1	54	22	27	5	0.449
			1.0	54	22	27	5	0.449

（リーグ優勝）

□大阪ゴールドビリケーンズ・2010年関西独立リーグ（初代）から参加・2010年解散

・運営法人　株式会社独立リーグ大阪球団（2009年）
・球団代表　浦野聖史
・球団名　大阪ゴールドビリケーンズ（2010年）
・主な球場　住之江公園野球場（大阪府大阪市）
・戦績

年度	期	監督	順位	試合	勝利	敗戦	引分	勝率
2010	全	村上隆行	2	54	16	32	6	0.333
			2.0	54	16	32	6	0.333

2009年開幕戦

5-7　さわかみ関西独立リーグ（KANDOK）

■開始　2014年
■リーグ創設者　中野彰、高下沢
■リーグ運営法人　一般社団法人関西独立リーグ（2018年）
■リーグトップ　仲木威雄
■リーグ名の変遷　BASEBALL FIRST LEAGUE（2014年）→関西独立リーグ（2018年）→さわかみ関西独立リーグ（2020年）
■球団数　3（2014年）→4（2019年）→5（2023年）

● 年度優勝

	2014	2015	2016	2017	2018	2019	2020	2021	2022
兵庫	○	○	○	○	○	○	○	○	○
06	○	○	○	○	○	○	○	○	○
姫路	○	○	○						
和歌山				○	○	○	○	○	○
堺						○	○	○	○
淡路									

2020年公式戦

□兵庫ブレイバーズ・2014年関西独立リーグ(初代)から参加

・運営法人　特定非営利活動法人三田・だ・エスペランサ(2014年)→一般社団法人兵庫ブルーサンダーズ(2020年)

・球団代表　川崎大介

・球団名　兵庫ブルーサンダーズ(2014年)→神戸三田ブレイバーズ(2021年)→兵庫ブレイバーズ(2022年)

・主な球場　アメニキッピースタジアム(兵庫県三田市)

・戦績　前後期、リーグ優勝5回

リーグ優勝

年度	期	監督	順位	試合	勝利	敗戦	引分	勝率
2014	全	山崎章弘	1	35	20	9	6	0.690
2015	前	山崎章弘	1	23	17	5	1	0.773
	後	山崎章弘	1	22	16	5	1	0.762
2016	全	山崎章弘	1	36	25	10	1	0.714
2017	全	続木敏之	1	36	24	9	3	0.727
2018	全	鈴木伸良	2	33	15	17	1	0.469
2019	全	山崎章弘	1	45	23	15	7	0.690
2020	全	橋本大祐	4	27	9	17	1	0.346
2021	全	橋本大祐	3	48	21	22	5	0.488
2022	全	橋本大祐	4	48	15	30	3	0.333
			1.73	353	185	139	29	0.571

・ドラフトでのNPBへの選手輩出　3人

年度	兵庫	年齢	指名球団	指名順位	Po	打撃成績							投手成績						
						試	打	安	本	点	盗	率	登	勝	敗	SV	HD	回	率
2016	向谷拓巳	19	楽天	育3	内														
	山川和大	21	巨人	育3	投														
2017	田中耀飛	21	楽天	5	外														

□06BULLS・2014年関西独立リーグ(初代)から参加

・運営法人　特定非営利活動法人スポーツクリエイション(2014年)→株式会社ゼロロク(2020年)

・球団代表　矢白木崇行

・球団名　06BULLS(2014年)→大阪ゼロロクブルズ(2023年)

・主な球場　花園セントラルスタジアム(大阪府東大阪市)

・戦績

年度	期	監督	順位	試合	勝利	敗戦	引分	勝率
2014	全	村上隆行	2	35	18	12	5	0.600
2015	前	村上隆行	2	24	10	12	2	0.455
2015	後	村上隆行	2	23	14	9	0	0.609
2016	全	村上隆行	2	36	21	14	1	0.600
2017	全	村上隆行	2	36	13	19	4	0.406
2018	全	村上隆行	3	33	14	18	1	0.438
2019	全	村田辰美	2	45	24	17	5	0.585
2020	全	村田辰美	3	27	11	15	1	0.423
2021	全	桜井広大	4	48	20	23	5	0.465
2022	全	桜井広大	3	48	18	27	3	0.400
			2.50	355	163	166	27	0.495

□姫路GoToWORLD・2014年参加　・2016年活動休止

・運営法人　特定非営利活動法人ベストベースボールアソシエーション(2014年)

・球団代表　斎藤誠

・球団名　姫路GoToWORLD　(2014年)

・主な球場　姫路市立姫路球場(兵庫県姫路市)

・戦績

年度	期	監督	順位	試合	勝利	敗戦	引分	勝率
2014	全	伊藤文隆	3	36	7	24	5	0.226
2015	前	射手園眞一	3	23	6	16	1	0.273
	後	射手園眞一	3	23	3	19	1	0.136
2016	全	射手園眞一	3	36	7	29	0	0.194
			3.00	118	23	88	7	0.207

□和歌山ウェイブス　・2017年参加

・運営法人　特定非営利活動法人ＡＮＦＵＴＵＲＥ(2017年)→株式会社ＣＭＤＦＢ(2019年)→株式会社Benk

・球団代表　北岡大伸

・球団名　和歌山ファイティングバーズ(2017年)→和歌山ウェイブス(2022年)

・主な球場　田辺スポーツパーク野球場(和歌山県田辺市)

・戦績　リーグ優勝1回

リーグ優勝

年度	期	監督	順位	試合	勝利	敗戦	引分	勝率
2017	全	山崎章弘	3	36	12	21	3	0.364
2018	全	山崎章弘	1	30	17	11	2	0.607
2019	全	川原昭二	3	43	17	23	3	0.425
2020	全	川原昭二	2	25	12	10	3	0.545
2021	全	川原昭二	2	48	23	22	3	0.511
2022	全	川原昭二	2	48	21	25	2	0.457
			2.17	230	102	112	16	0.477

□堺シュライクス　・2019年参加

・運営法人　株式会社つくろう堺市民球団(2019年)

・球団代表　夏凪一仁

・球団名　堺シュライクス(2019年)

・主な球場　くら寿司スタジアム堺(大阪府堺市)

・戦績　リーグ優勝3回

リーグ優勝

年度	期	監督	順位	試合	勝利	敗戦	引分	勝率
2019	全	大西宏明	4	45	18	27	0	0.400
2020	全	大西宏明	1	27	18	8	1	0.692
2021	全	大西宏明	1	48	23	20	5	0.535
2022	全	大西宏明	1	48	37	9	2	0.804
			1.75	168	96	64	8	0.600

□淡路島ウォリアーズ　・2023年参加
・運営法人　淡路島球団株式会社(2023年)
・球団代表　堂本昌由
・球団名　淡路島ウォリアーズ(2023年)
・主な球場　淡路佐野野球場(兵庫県淡路市)

堺シュライクスのマスコットらいぱち

2020年　新型コロナ禍　検温する06ブルズスタッフ

5-8　北海道ベースボールリーグ（ＨＢＬ）

■開始　2020 年
■リーグ創設者　出合祐太
■リーグ運営法人　一般社団法人 北海道ベースボールアカデミー（2020 年）
■リーグトップ　出合祐太
■リーグ名の変遷　北海道ベースボールリーグ（2020 年）
■球団数　2（2020 年）→ 4（2021 年）→ 3（2022 年）→ 4（2023 年）

● 年度優勝

	2020	2021	2022
美唄	●	○	HFL
富良野	○	○	○
石狩		●	HFL
士別		○	HFL
すながわ			●
奈井江・空知			○
旭川			

2022 年北海道ベースボールリーグ公式戦

□美唄ブラックダイヤモンズ・2020年リーグ参加・2022年ＨＦＬ移転

・運営法人　特定非営利活動法人美唄ブラックダイヤモンズ(2020年)

・球団代表　荘司光哉

・球団名　美唄ブラックダイヤモンズ(2020年)

・主な球場　美唄市営野球場(北海道美唄市)

・戦績　リーグ優勝１回

リーグ優勝

年度	期	監督	順位	試合	勝利	敗戦	引分	勝率
2020	全	なし	1	61	37	21	3	0.638
2021	全	なし	2	36	19	13	4	0.594
			1.50	97	56	34	7	0.622

□富良野ブルーリッジ・2020年リーグ参加

・運営法人　合同会社富良野ブルーリッジ(2021年)

・球団代表　篠田　信子

・球団名　レラハンクス富良野ＢＣ(2020年)→富良野ブルーリッジ(2021年)

・主な球場　富良野市民野球場(北海道富良野市)

・戦績

年度	期	監督	順位	試合	勝利	敗戦	引分	勝率
2020	全	なし	2	61	21	37	3	0.362
2021	全	なし	4	38	7	26	5	0.212
2022	全	田中勝久	2	38	17	17	4	0.500
			2.67	137	45	80	12	0.360

□石狩レッドフェニックス・2021年リーグ参加・2022年HFL移転

・運営法人　株式会社石狩レッドフェニックス(2022年)

・球団代表　老田よし枝

・球団名　石狩レッドフェニックス(2021年)

・主な球場　青葉公園野球場(北海道石狩市)

・戦績　リーグ優勝1回

リーグ優勝

年度	期	監督	順位	試合	勝利	敗戦	引分	勝率
2021	全	なし	1	37	29	5	3	0.853
			1.00	37	29	5	3	0.853

□士別サムライブレイズ・2021年リーグ参加・2022年HFL移転

・運営法人　株式会社志ＢＥＴＳホールディングス(2020年)

・球団代表　菅原大介

・球団名　士別サムライブレイズ(2021年)

・主な球場　士別市ふどう野球場(北海道士別市)

・戦績

年度	期	監督	順位	試合	勝利	敗戦	引分	勝率
2021	全	なし	3	39	12	23	4	0.343
			3.00	39	12	23	4	0.343

□すながわリバーズ・2022年リーグ参加

・運営法人　一般社団法人すながわリバーズ(2022年)

・球団代表　斎藤邦宏

・球団名　すながわリバーズ(2022年)

・主な球場　砂川市営野球場(北海道砂川市)

・戦績　リーグ優勝1回

リーグ優勝

年度	期	監督	順位	試合	勝利	敗戦	引分	勝率
2021	全	なし	1	37	29	5	3	0.853
			1.00	37	29	5	3	0.853

□奈井江・空知ストレーツ・2022年リーグ参加

・運営法人　奈井江・空知ストレーツ(2022年)

・球団代表　高谷秀虎

・球団名　滝川プレインウィンズ(2021年)→奈井江・空知ストレーツ(2022年)

・主な球場　浦臼町ふるさと運動公園野球場(北海道樺戸郡浦臼町)

・戦績

年度	期	監督	順位	試合	勝利	敗戦	引分	勝率
2022	全	なし	3	39	9	28	2	0.243
			3.00	39	9	28	2	0.243

□旭川Be:Stars・2023年リーグ参加

・運営法人　特定非営利活動法人法人たいせつＢＢＣ(2023年)

・球団代表　木下哲夫

・球団名　旭川Be:Stars(2023年)

・主な球場　花咲スポーツ公園硬式野球場(北海道旭川市)

5－9　日本海オセアンリーグ（ＮＯＬ）

■開始　2022年
■リーグ創設者　黒田翔一
■リーグ運営法人　NOLエンターテイメント株式会社(2022年)
■リーグトップ　黒田翔一(2022年)→柳川洋平(2022年)
■リーグ名の変遷　日本海オセアンリーグ(2022年)
■球団数　4(2022年)

●	年度優勝
	2022
滋賀	○
富山	○
福井	○
石川	○
千葉	

□滋賀GOブラックス・2022年ルートインBCリーグから参加
・2022年で活動休止
・運営法人　滋賀球団株式会社(2022年)
・球団代表　藤田拓也
・球団名の変遷　滋賀ＧＯブラックス(2020年)
・主たる球場　オセアンＢＣスタジアム(滋賀県彦根市)
・戦績　年度優勝１回

年度	期	監督	順位	勝点	試合	勝利	敗戦	引分	勝率
2022	全	柳川洋平	1	68	59	31	22	6	0.585
			1.00	68	59	31	22	6	0.585

□富山ＧＲＮサンダーバーズ・2022年ルートインＢＣリーグから参加

・運営法人　株式会社富山サンダーバーズベースボールクラブ(2022年)

・球団代表　永森茂

・球団名の変遷　富山ＧＲＮサンダーバーズ(2023年)

・主たる球場　ボールパーク高岡(富山県高岡市)

・戦績

年度	期	監督	順位	勝点	試合	勝利	敗戦	引分	勝率
2022	全	吉岡雄二	2	68	59	29	20	10	0.592
			2.00	68	59	29	20	10	0.592

□福井ネクサスエレファンツ・2022年ルートインＢＣリーグから参加

・2022年で活動停止、解散

・運営法人　株式会社ＳＳ マネジメント福井(2022年)

・球団代表　杉山慎

・球団名の変遷　福井ネクサスエレファンツ(2022年)

・主たる球場　福井市スポーツ公園野球場(福井県福井市)

・戦績

年度	期	監督	順位	勝点	試合	勝利	敗戦	引分	勝率
2022	全	早坂圭介(代行)	3	62	59	28	25	6	0.528
			3.00	62	59	28	25	6	0.528

・ドラフトでのＮＰＢへの選手輩出　２人

年度	明石	年齢	指名球団	指名順位	Po	打撃成績							投手成績						
						試	打	安	本	点	盗	率	登	勝	敗	SV	HD	回	率
2010	深江真登	23	ｵﾘｯｸｽ	5	外	81	81	22	0	3	8	0.272							
	福泉敬大	22	巨人	育3	投														

□石川ミリオンスターズ・2022年ルートインBCリーグから参加

・運営法人　株式会社石川ミリオンスターズ(2022年)

・球団代表　端保聡

・主たる球場　金沢市民野球場(石川県金沢市)

・戦績

年度	期	監督	順位	勝点	試合	勝利	敗戦	引分	勝率
2022	全	後藤光尊	4	38	59	14	35	10	0.286
			4.00	38	59	14	35	10	0.286

日本海オセアンリーグ開幕戦であいさつをする三日月大造滋賀県知事

2022年4月7日福井と滋賀の開幕戦

日本海オセアンリーグは2022年に開幕したが、2022年オフに福井が活動停止、滋賀が活動を休止。

残った石川と富山は、日本海オセアンリーグを離脱し「日本海リーグ」を設立。

さらに千葉県と神奈川県に新球団が設立され、日本海オセアンリーグの後継リーグ「ベイサイドリーグ」となった。

代表者は黒田翔一氏から柳川洋平氏に変更された。

□千葉スカイセラーズ(千葉県船橋市)

・運営法人　千葉県民球団

・代表者　杉山慎

□ YKSホワイトキングス(神奈川県)

・代表者　小川健太

□琉球ブルーオーシャンズ

・2020年活動開始、2022年活動一時休止
・運営法人　株式会社ＢＡＳＥ沖縄野球球団(2019年)
・球団代表　北川智哉
・主たる球場　東風平運動公園野球場(沖縄県島尻郡八重瀬町)
・戦績　なし

琉球ブルーオーシャンズ監督に就任した清水直行氏（2020年）

5－10　IPBL グランドチャンピオンシップ戦績

2007 年から 2019 年までは四国アイランドリーグとＢＣリーグの年度優勝者が 3 戦先勝でチャンピオンシップを戦ったが、2022 年から四国、ＢＣ、九州アジア、北海道フロンティアの 4 リーグの年度優勝者がトーナメントで争う方式となった。

年度	優勝チーム（所属リーグ）	勝敗	準優勝チーム（所属リーグ）
2007	香川オリーブガイナーズ（四国IL）	3勝1敗	石川ミリオンスターズ（BCL）
2008	香川オリーブガイナーズ（四国IL）	3勝2敗	富山サンダーバーズ（BCL）
2009	高知ファイティングドッグス（四国IL）	3勝2敗	群馬ダイヤモンドペガサス（BCL）
2010	香川オリーブガイナーズ（四国IL）	3勝1敗	石川ミリオンスターズ（BCL）
2011	石川ミリオンスターズ（BCL）	3勝	徳島インディゴソックス（四国IL）
2012	新潟アルビレックスBC（BCL）	3勝	香川オリーブガイナーズ（四国IL）
2013	石川ミリオンスターズ（BCL）	3勝1敗	徳島インディゴソックス（四国IL）
2014	徳島インディゴソックス（四国IL）	3勝1敗1分	群馬ダイヤモンドペガサス（BCL）
2015	愛媛マンダリンパイレーツ（四国IL）	3勝2敗	新潟アルビレックス・ベースボール・クラブ（BCL）
2016	群馬ダイヤモンドペガサス（BCL）	3勝2敗	愛媛マンダリンパイレーツ（四国IL）
2017	徳島インディゴソックス（四国IL）	3勝2敗	信濃グランセローズ（BCL）
2018	群馬ダイヤモンドペガサス（BCL）	3勝1分	香川オリーブガイナーズ（四国IL）
2019	徳島インディゴソックス（四国IL）	3勝2敗	栃木ゴールデンブレーブス（BCL）
2020	コロナ禍で開催見送り		
2021	コロナ禍で開催見送り		

2022	優勝	火の国サラマンダーズ（KAL）	準優勝	信濃グランセローズ（BCL）
	3位	高知ファイティングドッグス（四国IL）	4位	士別サムライブレイズ（HFL）

寄稿

地域にとっての独立リーグの意味・役割

中村哲也（高知大学教育研究部総合科学系地域協働教育学部門准教授）
野水愛（元高知ファイティングドッグス職員）

中村哲也氏と野水愛氏

高知を拠点に活動する独立リーグ球団、高知ファイティングドッグス（高知ＦＤ）は、高知市営球場をはじめ、東部球場（高知市）、大方球場（黒潮町）、室戸マリン球場（室戸市）など、県内各地の球場で試合を行っている。高知県内はおろか、四国内ですらほとんどＮＰＢの一軍選手を見ることができない四国の人々に、高知ＦＤは高いレベルの野球を見る場を提供している。

独立リーグ選手の大半は、全国的には無名だが、彼らの球歴を辿れば、高校時代に甲子園に出場していたり、強豪の大学野球部に所属していることは多い。１５０㎞／ｈを超える速球投手や、長打力や俊足など、ＮＰＢでも通用する特徴を持つ選手もいる。時には、マニー・ラミレス（元ＭＬＢレッドソックス）や藤川球児（元阪神）といった超一流選手や、角中勝也（現・千葉ロッテ）、藤井皓哉（現・福岡ソフトバンク）や宮森智志（現・東北楽天）など、のちにＮＰＢで活躍する選手も在籍した。そうした選手たちが、高いレベルのプレーを見せるだけでなく、試合後にサインや写真撮影に気軽に応じてくれる光景は、独立リーグの醍醐味だ。

レベルの高い野球があるからこそ、仕事終わりに生ビールを飲みながらナイトゲームを見る、という贅沢を味わうこともできる。大人たちは、ビールを飲みながら野球やおしゃべりを楽しみ、子どもたちはライトアップされた球場で、「夜のお出かけ」の雰囲気を楽しんだり、ファウルボールを捕るために走り回ったりする。どこにでもある、何気ない日常の楽しみではあるが、ＮＰＢ球団のない高知でもそれを満喫できるのは、独立リーグが存在するからだ。

高知ＦＤにはプロ経験のある監督・コーチや、資格を持ったトレーナーが在籍し、専門的な能力を生かした指導を行っている。近年ではスピードガンや、回転数計測機などの最新機器も、積極的導入している。２０２１年からは小学生、翌年には中学生も対象とした野球スクールを開校し、初心者からプロを目指す子どもまで、多様なレベルの指導を行っている。高知県軟式野球連盟が主催する12歳以下（Ｕ－12）、10歳以下（Ｕ－10）の野球アカデミーでも、高知ＦＤのコーチ・トレーナーが協力しており、長期的な視野に立った科学的な技術指導が、高知県内でも確実に広がりつつある。

高知ＦＤの選手の宿舎は、高知市内から車で西に約30分離れた佐川町に、日常的な練習拠点はその西隣の越知町にあり、この二つの町が高知FDのホームタウンとなっている。両町は、高齢化や少子化、過疎化、人口減少に直面している。佐川小学校の全校児童は305人(2021年度)、越知小学校は174人(2021年度)で、20人を切る学年もある。人口減少が進んでいる中山間地域では、子どもだけで野球をすることが難しくなっており、野球に触れる機会もどんどん減少している。

高知FDは、こうした課題を抱えるホームタウンにおいて、様々な取り組みを行ってきた。コロナ前の2020年までは、越知小学校の体育授業に、高知FDの選手が定期的に参加し、児童と一緒にシャトルランをしたり、選手がボールの投げ方を教えたりしていた。選手たちは、田植えや稲刈り、運動会にも参加したりして児童らと交流した。

佐川小学校では、2018年から2019年にかけて、毎週火・木曜日に高知FDの選手と高知大学生が、佐川小学校前で朝の挨拶運動を実施した。回数を重ねるにつれて、選手と一緒に立ってくれる児童や、教室に荷物を置いた後に話をしに来る児童も増えていった。さらに選手は、児童らと一緒に給食を食べたり、昼休みに鬼ごっこやドッジボールで遊んだりして、児童たちの身近な存在となっていった。2019年には、佐川町出身の大原拓光選手が、児童たちに将来の夢や目標をもつことの重要さを伝えるキャリア教育(夢授業)も行った。

これらの取り組みの結果、児童のなかでの高知FDの認知度は、100ポイント以上も上昇して9割強にまで到達した。「試合観戦に行ってみたい」という児童の声も多く聞かれたため、高知大生が佐川小学校の児童を対象に、高知球場への応援ツアーを実施した。こうしたホームタウン活動により、野球や高知ＦＤが子どもたちにとって身近な存在となっていった。

さらに、高知ＦＤは「世界でもっとも愛される球団になる」ことをビジョンとして掲げ、副社長の北古味潤氏の主導のもと、国際交流にも力を入れている。２０１７年に、マニー・ラミレスが入団すると、外国人スタッフが所属していたこともあり、ＡＬＴをはじめとする高知県在住の外国人が、次々と球場に集った。外国人観客らがビールを片手に盛り上がる光景は、「ここは本当に高知県なのか?」と目を疑うものであった。

２０２１年からチームのキャプテンを務めるサンフォ・ラシィナは、世界最貧国の一つ、ブルキナファソ初のプロ野球選手だ。高知ＦＤは、アメリカや台湾、韓国からも選手を獲得したり、台湾への遠征、さらにはＪＩＣＡを通じて中南米から野球指導者を受け入れたりするなど、野球を通じた様々な国際交流を行ってきた。中南米の指導者を受け入れた際には、彼らに野球指導はもちろんのこと、地元の人々と交流し、高知の自然や文化を堪能してもらった。北古味氏は、高知ＦＤをスポーツというコンテンツを介したまちづくりの一要素として捉えており、野球を糸口にして、高知の人々と様々なかたちでの国際交流の機会を作っているのだ。

しかし、こうした高知ＦＤの地域密着活動、ファンサービスは、コロナ禍により激減せざるをえなくなった。ファンはもちろん、地元住民との接触機会が奪われたことに加え、選手が陽性となったことで、有観客試合の中断も余儀なくされた。寮で隔離された選手に対して、地元住民からは誹誇中傷が寄せられ、ボランティアをしていた筆者にさえ、批難の言葉は少なくなかった。しかしその反面、隔離中の選手たちに対して、地元の飲食店などが応援プロジェクトを企画し、選手約30人分の昼食と夕食を無償提供してくれた。地域に根付いて活動してきたからこそ、非難の声が耳に届く一方で、地元の人々からの温かい支援も寄せられたのだった。

コロナ禍において、有観客試合は制限され、観客数は激減した。しかし、YouTubeでの動画配信を導入したことで、日常的に高知市内までアクセスするのが難しいファンや、県外のファンでも試合観戦が可能になった。動画のコメント欄には、多くの応援メッセージや投げ銭が寄せられ、動画配信を見たファンから「あの試合よかったね！」「○○選手頑張りゆうね！」などの声も聞かれるようになっている。

2021年には、感染拡大に細心の注意を払いながら、人気アニメMAJOR 2ndとのコラボや、球場でのフラッシュモブなどのイベントも実施された。MAJOR 2ndとのコラボイベントでは、多くの県外ファンが球場に訪れた。フラッシュモブでは、ダンス教室に通う幼児から大人までが参加し、球場を大いに盛り上げた。未だコロナの影響は残るものの、感染拡大に配慮しつつも、新しい取り組みが次々と打ち出され始めている。

高知FDは、NPBほど知名度や注目度は高くないが、高知県内唯一のプロスポーツチーム、地域に根ざした球団として、様々な役割を果たしている。球団だけど野球だけじゃない。野球事業を中心にしながら、野球と野球以外の物事や人を掛け合わせ、地域を巻き込んでいくことこそ、独立リーグが地域に存在する意味であり、地域での役割なのだ。

高知市野球場でのビール販売

2021 年高知藤井皓哉の力投

高知市野球場観客後ろの通路にはホームベースが。

提言 ―― 僭越ながら

独立リーグウォッチャーとして独立リーグに対する「私見」をまとめて結びとしたい。
あくまで「個人の感想として」。

1．球団経営者に

独立リーグができて十数年、もはや「独立リーグが楽に儲かる」と思っている人はいないだろう。「独立リーグ」は、堅実な経営計画と、細やかなフットワークが必要な「中小企業」だといえる。しかしながら純粋な商売と言うのは難しい。人々に楽しみを与えるスポーツ事業であり、若い人の将来を後押しする育成事業でもあるのだ。

本書の副題である「夢だけじゃない」「ビジネスだけでもない」は、まさにその機微を現している。

では、独立リーグ経営者に求められるのはどんな資質なのか?

必須と言えるのは「マーケティング」だろう。筆者は一般企業でマーケティングを学んだが、この言葉は「売るためのすべての努力」と置き換えられると教わった。売り上げのためにあらゆる手を尽くすということだ。マーケット（市場、ターゲット）の属性や嗜好、行動特性などを調べ上げて、これに対応するための手段、方法論を徹底的に考える。もちろんコスト意識も大事だ。そういう思考で球団運営をする必要がある。

今、独立リーグの成功事例となっている経営者の多くが、広告代理店などマーケティング畑出身であることもそれを物語っている。マーケティング発想は「相手が欲するもの」を「提供する」が基本だ。「マーケットイン」と言っても良い。「自分はこうしたい」「こんなものを提供したい」という「プロダクトアウト」も重要だが、それはマーケットに一定程度の「支持」を得てからの話になるだろう。

独立リーグ球団は、ほぼすべて「観客動員」で苦しんでいる。独立リーグのマーケティングは非常に苦しい道ではあるが、これを突破しないと活路はない。

スポンサー営業にもマーケティングは必要だが、率直に言って、独立リーグは企業を説得できるだけの「メリット」を提示できない。「贔屓」「タニマチ」的なスポンサーになるのは仕方がないが、マーケティングによって観客動員を図り、タニマチ依存からの脱却をめざすべきだろう。

その次に欲しいのは「計画性」だ。年間、年度ごと、数年単位などの事業計画を立てて球団を運営すべきだ。ＩＰＢＬ（一般社団法人日本独立リーグ野球機構）は球団の事業計画をチェックしていると聞くが、数字や日時で球団を語ることができるのは、経営者の最低限の資質だろう。独立リーグは資金繰りが厳しいが、しっかりした事業計画がなければ融資も投資も受けることができないのは言うまでもない。

球団経営者の中には、数字が出てこない人、「夢」なのか「計画」なのかがわからない人もいるが、そういう経営者は大体消えていくと言う印象だ。

その上で欲しいのは「明確なビジネスモデル」と「使命感」だ。「うちはこれで生きていく」「このやり方で地域に貢献する、野球界に寄与していく」みたいな基本方針だ。コンセプトと言っても良い。

長く存続している球団の中には、損益分岐点を下げた「安値安定」だとみられる球団もあるが、高い志をもって明確な方針を打ちださないと「何のためにやっているのか」存在意義が不明瞭になる恐れもあるだろう。

「野球だけでは食えないが、野球がなくなっては存在意義がない」という、難しい独立リーグという業態では、とりわけコンセプトが大事だと思う。

最後に強調したいのは「独立リーグは、仲間、同志だ」ということだ。とかく野球界は自分たちのテリトリーを主張したがる。野球界は、プロ、アマ、セ・パ両リーグ、高校、大学、社会人など細かなカテゴリーに分立し、それぞれが異なる方針で運営されている。あたかもたくさんのサル山があってそれぞれにボスザルがいるようなありさまだ。

この点、Jリーグを頂点としてプロアマともにまとまっているサッカーと対照的だ。

独立リーグは野球界では最も後発で、社会的認知が進んでいない。もちろんリーグが分立するのには相応の事情があるのは理解できるが、その上で「同じ独立リーグの仲間」という認識を持ってほしい。例えば共通のシステムを使うとか、リーグを超えたキャンペーンを行うとか、手を携えることを考えてほしい。

「うちはあそことは手を組まない」「うちは別のやり方で行く」と言う人もいるようだが、一個のリーグ、球団だけで存続することは不可能なことを認識すべきだ。

基本的には経営者は「ＩＰＢＬのスタンダード」に準拠すべきだと思う。

2. 選手に

決して多くはないが、独立リーグ関係の書籍は、いくつか出版されている。「選手の体験記」も出されているが、その多くは「好きな野球をやれるだけやってみた」風のものだ。将来に不安はないわけではないが、自分の可能性を信じて独立リーグに身を投じ、挫折も味わいながら野球を楽しんだ、楽しかった、みたいな。

独立リーグに身を投じる選手の中には、球団を渡り歩く選手も多い。中には日本だけでなく海外の様々なリーグで野球をする選手もいる。そのうちに年齢も上がり、NPBやMLBに進むことを考えるのは現実的でなくなる選手も多い。そしていつしか「1年でも長く野球を続ける」ことが目的になったりする。それでも彼らは後悔していない。

しかし筆者はそういう考え方を是としない。個々の選手がどんな野球人生を選択しようと自由ではあるが、無責任のようにも思えるし、周囲に迷惑をかけている可能性もある。

「将来を考えることなく独立リーグで野球を続ける」選手は、独立リーガーの「ロールモデル」たりえない。後輩に、「彼のように野球人生を生きろ」とは言えない。

学校で学ぶのも、仕事をするのも同様だが、独立リーグに進む際も「目的意識」が必要だ。ただ「野球を続けたい」だけで入団するのではなく「NPBに行く」あるいは「自分の野球を極める」など、明確な「目的」をもって独立リーグに進むべきだ。

今の独立リーグ球団の多くは、2~3年程度で選手を入れ替える。新陳代謝はかなり激しい。そうしないとチームの空気が淀むからだ。現在の独立リーグにはNPB経験者などの例外を除いて「ベテラン」は必要ないのだ。チームの経営者や指導者は「独立リーグで選手に野球をあきらめさせることも目的の一つ」とはっきり言う。何年もチームに残る選手は、独立リーグの境遇に慣れて緊張感のない態度を見せる。若い選手がこれに感化されるのは好ましくないと考えているのだ。

1つ目のチームで諦めがつかなかった選手の中には、トライアウトなどを経て他の独立リーグに進むケースも多い。独立リーグ球団にとって、他の独立リーグ出身者は即戦力であり、チーム力を維持するうえではありがたい存在だが、チームの活力、将来性を考えればベストの選択ではないのも事実だ。

中には高知ファイティングドッグスに創設年から10年在籍した梶田宙氏のような例もあるが、梶田氏は愛知県出身ながら、地元高知の人々に受け入れられ、チームリーダーとしても責任を果たした。引退後は球団社長となり、その後も高知で球団経営に関わりながら事業家として活躍している。しかしこういう例は稀有だ。梶田氏の例を「ロールモデル」にすることはできない。

今後、独立リーグに進む人は高卒ならば「3年間」、大卒社会人なら「2年間」と年限を切って挑戦すべきだろう。そして夢がかなわなければ次の目標を定めるべきだ。具体的にはその年限でドラフトにもかからない、調査書も来なかった選手には、可能性はないと言っても良いだろう(例外はもちろんあるが)。

ちなみに「野球の技術を学ぶ」「指導法を学ぶ」ためなら、独立リーグより大学、大学院、専門学校などの方が良い。独立リーグは指導者が少なく、練習施設も整っていないことが多い。独立リーグで経験できるのは「毎日のように試合する」ことだ。これは日本ではプロ野球以外では、ここでしか経験できない。

「大学に行ったつもりで頑張る」という高卒選手も多いが、そういう選手は大体消えていく印象だ。怪我や故障がない限り、高卒だろうと大卒だろうと1年目から目の色を変えてポジション争いをし、夢中で頑張る選手でないとNPBには行けない。独立リーグに安住の地を見出すようでは先がないと認識すべきだ。スカウトも「伸び代」に注目している。

3. 日本野球界に

日本野球はお雇い外国人が、東京大学、第一高等学校にもたらしたのが最初だと言われている。以後、大学生が野球を覚えて地方の中等学校に野球を教えた。その歴史からもわかるように日本野球は「学閥主義」「エリート主義」だ。

大学、プロ、社会人は有名な高校、大学の出身者で大部分が固められている。そしてドロップアウトしたような選手はなかなか復帰がかなわない世界でもある。

野球部外者の筆者は、プロ野球界にアクセスをして残念な思いをすることが度々だったが、率直に言って野球界は「よそ者に対して、少しも優しくない社会」だと感じている。

独立リーグは野球界では新参者で、しかも「非エリート」の塊だ。そして経営者の多くは「野球界出身者」ではない。設立当初は、独立リーグを「仲間」と認めることは「ありえない」と言う感覚ではなかっただろうか？

しかしここ10年、野球の競技人口が減少し、野球のマーケットが減少する中で、独立リーグは多くの選手の受け皿となってきた。

そしてNPB球団も選手やコーチを派遣したり、交流戦をするなど、独立リーグとの関係を深めてはきた。

しかしNPBは独立リーグとの提携には踏み出そうとしない。自分たちに都合の良い部分は利用するが「仲間には入れてやらない」、「いいとこどり」という印象だ。

その一方で、独自にファームチームを増やす計画を進めている。要するにすそ野拡大もよそ者をまじえずに「自分たちの人脈、派閥」で推進したいのではないか。

しかしながら、野球界の衰退は激しい勢いで進んでいる。中学の競技人口はここ10年で57％にまで縮小した。社会人野球チームも減少し、独立リーグが肩代わりをしている。

そんな状況で野球界は大同団結して「立て直し」に取り組むべき時が来ている。どういう形であれ、NPB、日本野球界は独立リーグの存在を「認知」すべき時期に来ている。

それができないと言うのであれば、独立リーグは、MLBと手を組む可能性を模索すべきだろう。過去にオファーがあったことは鍵山誠氏も語っているが、巨大な経済力を有するMLBにとって独立リーグに出資し、これを参加とするのは難しい話ではない。十数年もの間、独力で「地方の野球の水脈」を維持してきた独立リーグが今後も報われないのだとすれば、それも一つの選択肢になるのではないか。

あとがき

本書は、四国アイランドリーグ、ＩＰＢＬのトップをつとめられた鍵山誠氏との出会いがなければできていなかった。

もう10年も前になるが、全く面識のない筆者が鍵山氏のＳＮＳに連絡をしたのがすべてのきっかけだった。

「今度東京に来たときに会いましょう」と言われ、ほどなく赤坂で会食をしたのだ。荒井健司氏が同席していた。当時の筆者はブログを書いていただけで主要メディアには書いていなかったが、取材の便宜を図っていただき、以後、頻繁に四国の取材に行くようになった。

その後、ＢＣリーグの村山哲二氏の知己も得て、次第に独立リーグの深い部分についても知るようになった。

２０１９年に、鍵山氏が馬郡健氏を四国アイランドリーグの後継者と決めた際には、鍵山氏、馬郡氏、村山氏の顔合わせの席にも筆者は呼ばれた。これも赤坂だった。迂闊なことに重要な席であることを認識せず、筆者は泥酔したためにその時のやり取りを一切覚えていないが、なんとなく

「独立リーグの味方」としてその将来を見届ける責務があるように思うようになった。

今回の本を著すにあたっては、これまでお世話になった関係者各位に改めて話を聞いた。独立リーグの十数年にわたる歴史が、人々の証言でつながったように思った。深く感謝したい。

ただ、今回の本に関しては、筆者が関西在住であることもあって「西地域」の取材がやや多く、とりわけBCリーグ関係の取材が少なかった嫌いがあると感じている。この部分については今後も継続して取材、執筆を続けていきたいと思う。

現場と言う点で言えば、四国アイランドリーグに草創期から密着取材をしているスポーツライターの高田博史は、筆者などとは比べ物にならない知識量を持っておられる。この機会にぜひ、と頼んで寄稿をしてもらった。また高知大学の中村哲也先生も「地域協働教育」の観点から寄稿をいただいた。筆者の貧弱なコンテンツには頼もしい補強となった。

独立リーグのファウンダーともいうべき石毛宏典氏には、取材すべきかどうか迷ったのだが、連絡をしたところ快諾していただき、東京でじっくりと話を聞かせていただくことができた。自らの失敗について屈託なく語られる石毛氏の度量の大きさに感服した次第だ。

今オフは、例年になく独立リーグ界に動きがあった。今春からスタートした日本海オセアンリーグで福井球団が解散し、千葉、神奈川に新球団を設立する動きがあった。また九州アジアリーグでも宮崎に新球団ができ、さわかみ関西独立リーグでも兵庫県淡路市に新球団ができる。北海道ベースボールリーグにも旭川に新球団ができる。どこで線を引くべきかと考えているうちに、２０２２

年秋の刊行の予定が大幅に遅れてしまった。

しかし2023年2月には刊行したいので、12月16日を入稿日に定めここで区切りを入れた次第だ。彩流社、河野和憲社長には何度も「待った」をかけて迷惑をおかけした。今度こそ入稿するので堪忍していただきたい。

福岡ソフトバンクホークス様のご厚意で、又吉克樹、藤井皓哉両選手のメッセージをいただいた。深く感謝したい。

この本が、若い方々が「独立リーグ」という興味深い題材に注目するきっかけとなれば幸いだ。

2022年12月16日　広尾　晃

表紙のデザイン

宍戸仁　デザイナー、イラストレーター

過去に独立リーグ２球団のマークのデザインをしました。知人がデザインコンペを紹介してくれました。球団のマークのデザインをする上ではオリジナリティを出すことに注力しています。長く付き合ってもらえることと「野球の格好良さ」は常に意識してデザインしているつもりです。

マークができて広く使用されるようになって嬉しさと感謝しかありません。そしてより良いものを作って野球界をより格好良く盛り上げて行きたいと思いを強くしました。

参考資料（順不同）

書籍

「石毛宏典の『独立リーグ』奮闘記」石毛宏典著　アトラス社
「もしあなたがプロ野球を創れと言われたら」村山哲二著　ベースボール・マガジン社
「スポーツの経済学」小林至著　PHP研究所
「プロ野球ビジネスのダイバーシティ戦略 改革は辺境から。地域化と多様化と独立リーグと」　小林至著、武藤泰明監修　PHP研究所
「合併、売却、新規参入。たかが…されどプロ野球！」小林至著　宝島社
「サクッとわかるビジネス教養 野球の経済学」小林至監修　新星出版社
「NPB以外の選択肢：逆境に生きる野球人たち（フィギュール彩）」宮寺匡広著　彩流社
「もうひとつのプロ野球」石原豊一　白水社
「ベースボール労働移民――メジャーリーグから「野球不毛の地」まで」石原豊一著　河出書房新社
「地域に根づくもう一つのプロ野球―BCリーグで汗を流し、笑い、ともに涙する野球人たち」岡田浩人著　ベースボール・マガジン社
「牛を飼う球団」喜瀬雅則著　小学館
「最速123キロ、僕は40歳でプロ野球選手に挑戦した」そうすけ著　ベストセラーズ
「サッカーで燃える国野球で儲ける国」ステファン・シマンスキー、アンドリュー・ジンバリスト著　ダイヤモンド社
「メジャー・リーグ球団史」出野哲也著　言視舎
「MLBでホームラン王になるための打撃論」根鈴雄次著　竹書房

ウェブサイト

各公式サイト
四国アイランドリーグPlus
ルートインBCリーグ
ヤマエグループ九州アジアリーグ（KAL）
北海道フロンティアリーグ（HFL）
さわかみ関西独立リーグ（KANDOK）
北海道ベースボールリーグ（HBL）
日本海オセアンリーグ（NOL）
NPB（日本野球機構）
IPBL（日本独立リーグ野球機構）
MLB
MiLB
Baseball Reference
Wikipedia

【著者】
広尾晃
…ひろお・こう…

1959年大阪市生まれ。立命館大学卒業。コピーライターやプランナー、ライターとして活動。日米の野球記録を取り上げるブログ「野球の記録で話したい」執筆。また文春オンライン、東洋経済オンライでも執筆中。主な著書に『プロ野球なんでもランキング「記録」と「数字」で野球を読み解く』(イースト・プレス、2013年)『プロ野球解説者を解説する』(イースト・プレス、2014年)『もし、あの野球選手がこうなっていたら - データで読み解くプロ野球「たられば」の世界』(オークラ出版、2014年)『巨人軍の巨人 馬場正平』(イースト・プレス、2015年)『ふつうのお寺の歩き方』(メディアイランド、2015年)『野球崩壊 深刻化する「野球離れ」を食い止めろ』(イースト・プレス、2016年)『奈良 徹底的に寺歩き 84ヶ寺をめぐるルート・ガイド』(啓文社書房、2017年)等がある。

Sairyusha

野球独立《やきゅうどくりつ》リーグの教科書《きょうかしょ》

二〇二三年二月二十日　初版第一刷

著者――広尾晃
発行者――河野和憲
発行所――株式会社 彩流社
〒101-0051
東京都千代田区神田神保町3-10大行ビル6階
電話：03-3234-5931
ファックス：03-3234-5932
E-mail：sairyusha@sairyusha.co.jp
印刷――明和印刷(株)
製本――(株)村上製本所
装丁――宍戸仁

ISBN978-4-7791-2830-1 C0075
http://www.sairyusha.co.jp